탐욕의
자본주의

탐욕의 자본주의

ⓒ 김용관, 2009

2009년 7월 22일 1쇄 찍음
2009년 7월 27일 1쇄 펴냄

지은이 | 김용관
펴낸이 | 강준우
기획편집 | 정지희, 김윤곤, 김수현, 이지선
교정교열 | 조영주
디자인 | 이은혜, 임현주
마케팅 | 이태준, 최현수
관리 | 김수연

펴낸곳 | 인물과사상사
출판등록 | 제17-204호 1998년 3월 11일

주소 | (121-839) 서울시 마포구 서교동 392-4 삼양E&R빌딩 2층
전화 | 02-325-6364
팩스 | 02-474-1413

www.inmul.co.kr | insa@inmul.co.kr
ISBN 978-89-5906-121-1 03300

값 12,000원

탐욕의
자본주의

김 용 관 지음

개인의 탐욕은 더 이상
공공의 이익이 될 수 없다

세상은 거칠고 험해졌습니다. 한 번 거꾸러진 경제는 다시 살아날 기미가 보이지 않습니다. 언론이나 정부에서는 경기가 바닥을 치고 상승하고 있다고 하지만 많은 사람들은 "뭐가 회복됐다는 거지?" 하며 고개를 갸웃거립니다. 회복세와 관련된 통계수치가 언급되어도 소용이 없습니다. 사람들은 더 이상 통계를 믿지 않으려 합니다. 통계란 자신들과 상관없다고 이야기합니다. 실제로 오늘날 평범한 사람들의 체감경기는 더 이상 중요하지 않은 듯 보이기도 합니다. 상층부의 몇 퍼센트가 전체 자본의 상당수를 이미 독점하고 있기 때문입니다. 오늘의 체제는 항상 상층부의 사람들만 생각합니다. 하지만 더욱 심각한 문제는 이 체제가 쉽게 끝날 것 같지는 않다는 점일 겁니다. 성장이 멈춘 자본주의는 극심한 갈등을 겪고 있지만, 자본을 독점하는 사람들은 여전히 성장만을 노래하고 있습니다. 그리고 앞으로도 그럴 것입니다. 그래야 현재의 체제를 유지해서 어떻게든 더 많은 이윤을 가져갈 수 있을 테니까요. 그래서 그들은 언론과 한 몸이 되어 국가 정책을 자신들에게 유리한 쪽으로 계획하고 집행합니다. 그 반대편에서 소비자들은 나쁜 기업은 골라내고 착한 기업들을 꾸려 건전한 자본주의를 만들어보자는 운동을 벌이고 있지만 쉽지 않은 듯 보입니다.

네덜란드 암스테르담에 주식거래소가 생긴 지 꼭 400년. 그렇게 시작된 탓인지 투기는 자본주의와 생사고락을 같이 했습니다. 사실상 투기는 자본주의 꽃이라고 이야기해도 될 것 같습니다. 거만한 자본은 노동에게 굴종을 요구하고, 노동 또한 자본 앞에 비굴해지면서 경제의 주체인 노동과 자본이 지난한 반목을 거듭해왔습니다. 그러는 사이, 노동과 자본은 서로를 증오하게 되었습니다. 그 증오와 반목 속에 자본은 이제 노동이 없이도 저희들끼리 살아갈 수 있다고 큰소리를 쳤습니다. 그것이 바로 금융(金融)의 탄생이었습니다. 돈끼리 화합하고 융합해서 만들어낸 금융자본주의의 질서는 땀과 노력을 필요로 하지 않습니다. 투기가 그 본질이니까요. 그들끼리 서로 띄워주고 키워주고 속이고 속아주며 신나게 흥청거리는 동안 자본의 탐욕은 더욱 강화되었고 노동은 더욱 소외되었습니다. 그리고 무너졌습니다. 2008년 세계경제를 뒤흔든 금융위기가 바로 그것이었죠.

그러나 여전히 금융경제는 세계경제규모의 약 40퍼센트를 차지한다고 합니다. 중산층은 붕괴일로를 걷고 있고, 성장동력은 고갈되었습니다. 사회적 · 산업적 패러다임이 바뀌지 않는 한 더 이상의 성장은 어려워 보이는 지경입니다. 그럼에도 여전히 자본은 성장만을 이야기합니다. 손발은 가늘고 배만 불룩한 괴물 같은 자본주의, 운동하지 않고 컴퓨터 앞에서 주식시세표만 바라보는, 마치 암환자 같은 모습을 한 이 자본주의가 언제까지 이대로 버틸 수 있을까요? 새로운 동력을 찾기 위해서는 소수 특권층이 엄청난 부를 차지한 이 구조를 좀 변경시켜야 하지 않을까요? 하지만 비굴해진 노동은 자꾸 자본에게 측은지심을 기대합니다.

　　우리는 『진보와 빈곤』의 저자 헨리 조지가, 노동자들의 임금은 자본가의 주머니가 아니라 소비자의 주머니에서 나온다고 했던 말을 기억해야 합니다. 앞서 말한 나쁜 기업을 골라 퇴출시키고 착한 기업을 키워야 하는 것은 소비자들 몫이며 노동자들의 몫입니다. 더불어 투표를 통해 착한 정부를 만들어야 합니다. 자본의 친절을 기대하기 전에 보다 공정한, 아니 보다 덜 편향된 룰을 만들어야 하기 때문입니다. 그런데 우리 안에 있는 냉소주의와 패배주의가 걱정입니다. 진보정권 10년의 실패로 강화된 불평등한 경제구조는 '그 밥에 그 나물' 이란 냉소주의를 만들었습니다. 그리고 경제회복에서 소외된 서민들 사이에 '배고픈 민주주의보다 배부른 독재가 차라리 낫다' 는 극단적 민주주의 회의론이 자리하게 된 것이지요. 이명박 정부는 '국민 여러분, 모두 부자 되세요' 라는 카드광고 문구로 당선됐습니다. 탐욕에 대한 국민적 집착으로 생겨난 정부가 과연 모두의 행복을 위해 이바지할 수 있을까요? 모두의 욕망이 충족되는 상황이라는 것이 과연 가능하기는 할까요?

대한민국 뿐 아니라 세계 곳곳에서 보수 우파들이 득세하고 있습니다. 경제적 불평등은 정치적 불평등으로 변화하여 구조적인 착취로 뿌리내리고 있습니다. 그러나 더욱 불행하게도 문제에 직면해 새로운 해결책을 모색하는 세계와는 달리 대한민국은 여전히 탐욕의 자본주의에 집착하고 있습니다. '진보정권이 들어서면 집값이 떨어진다'는 말로 대표되는 부자되기의 욕망은 각종 문제점을 노출한 지금도 여전히 다수의 사람들에게 강력한 힘을 발휘하고 있습니다. 개발독재에 대한 향수가 되살아나고, 토목건설이 일자리 생산의 진리로 통용되는 것은 그러한 이유 때문입니다. 아직도 대한민국은 탐욕의 투기꾼들에게는 천국 같은 곳입니다. 더구나 여전히 한국에서는 자본주의 미덕은 탐욕이라고 주장하는 경제학자들이 많습니다. 하지만 1723년 버나드 맨더빌이 말한 개인의 탐욕이 공공의 이익이라는 주장은 바뀌어야 합니다. 이제 건강한 자본주의를 위해, 그리고 공공의 이익을 위해 개인의 탐욕은 비난받아야 합니다. 투기를 통해 얻은 부는 자랑이 아니라 경멸의 대상이 되어야 합니다. 건강한 자본주의나 혹은 다른 대안의 체제가 등장하길 소원하며 지난 400년 동안 '탐욕의 자본주의'가 걸어온 시간들을 한 번 돌아보았습니다. 400년의 시공간, 그 풍경을 읽고 있지만 쉬운 말로 풀기 위해 노력했습니다.

이 책은 지난 연말에 썼지만 여러 가지 사정으로 포기하고 있던 터에 인물과사상사 강준우 사장님의 격려와 관심, 그리고 김윤곤 편집자님의 애정 어린 노력 덕분에 이렇게 세상에 나오게 되었습니다. 두

분께 이 자리를 빌려 감사의 인사를 하고 싶습니다. 그리고 '우리 집에는 공부하는 늙은 학생이 한 명 있다'고 말하지만 그래도 투정보다는 든든한 믿음으로 나를 바라보는 아내와, 여전히 이름도 없고 '부자 아빠'도 아니지만 그렇다고 '가난해서 못된 아빠'라고 생각하지 않는 두 아들에게도 입으로는 하기 쑥스러운 말을 이렇게 지면으로 하려 합니다. "고맙고 사랑한다."

2009년 7월

김용관

머리말

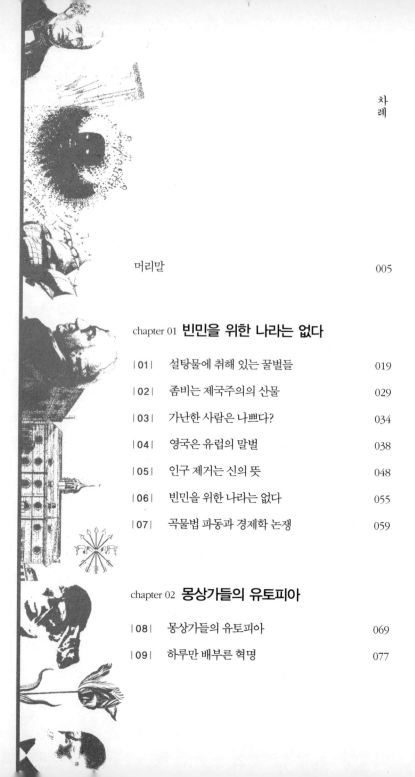

chapter 03 괴물의 탄생

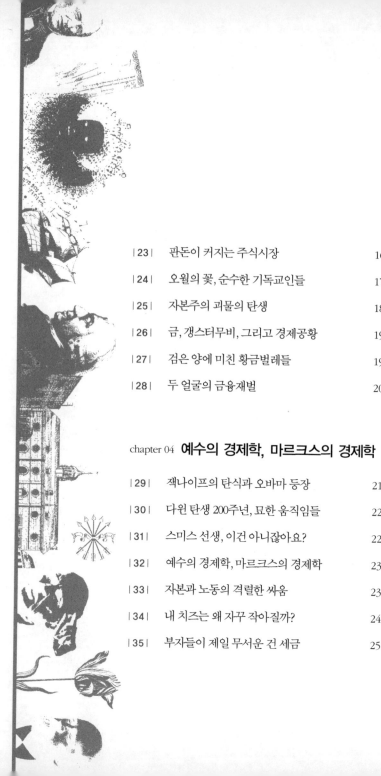

chapter 04 **예수의 경제학, 마르크스의 경제학**

chapter 05 두려워할 것은 두려움뿐?

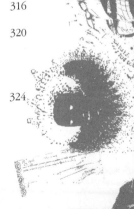

빈민을 위한 나라는 없다

설탕물에 취해 있는 꿀벌들

오늘날 금융위기로 시작된 경제위기는 바로 누군가의 탐욕 때문에 생겨났다. 그러나 위기의 주범을 인간의 탐욕으로 돌리기란 너무 아득한 일이다. 역사가 시작된 이래 탐욕이 없던 시절은 없었으니까. 자본주의 경제학을 만든 것은 애덤 스미스다. 애덤 스미스가 대중들을 상대로 경제학을 강연할 당시에 그는 '경제학'이라고 하지 않고 '정치경제학'이라 이름 붙였다. 경제는 일단 탐욕을 추구한다. 그렇지만 탐욕으로 이룩한 부를 어떻게 정치적으로 분배를 잘 할 것인가? 그렇게 고민스럽게 탄생한 학문이 '정치경제학'이다. 애덤 스미스에 의해 찬양되었던 상인들의 탐욕은 비판적인 사람들에 의해 돼지의 몰골로 표현됐다.

　잡식성 돼지들은 왜 항상 배고플까? 그들은 아무리 많이 먹어도 더 달라고 꿀꿀거린다. 돼지의 뇌를 살펴보면 채워지지 않는 욕망덩어리 하나가 어딘가에 꿈틀대고 있을지도 모르겠다. 돼지들은 단순하다. 복잡한 것을 싫어한다. 배고픈 소크라테스는 거리의 노숙자가 되었다. 철학은 사라지고 오직 돼지들의 탐욕만 강조되는 세상에 살고 있는 것이다. 돼지는 종종 꿀벌로도 비유된다. 일벌이 1리터 꿀을 모으기 위해서는 백만 번 이상의 비행을 통해 꽃에서 꿀을 채취해야 한다지만 오늘날의 일벌은 고난의 비행을 하지 않는다.

　기원전 4세기 알렉산드로스 대왕이 동방원정길에 발견하고 "아! 꿀벌이 일을 하지 않아도 꿀을 얻을 수 있다니"라고 감탄했다는 사탕수수. 사탕수수 재배는 제국주의 경제의 상징이다. 사탕수수를 재배하기 위해 제국은 넓은 경작지와 많은 노동력이 필요했다. 남아메리카와 서인도 제도에는 유럽의 이런 설탕에 대한 욕구 때문에 사탕수수를 재배하기 위해 많은 아프리카 흑인노예들이 끌려왔다.

　오늘날 일을 하지 않는 꿀벌들은 그저 설탕물에 취해 있다. 노동을 통해 자본을 획득하지 않고 투기만을 하면서 자본을 탐하는 오늘날의 자본주의 경제는 꿀벌의 모습 그것과 똑같다. 1723년 영국 사회를 꿀벌의 사회로 묘사한 책이 등장했다.

"그 옛날 꿀벌의 왕국이 있었네. 왕과 귀족들은 사치를 일삼았고, 법관들의 판결은 뇌물을 갖다 바치는 정도에 따라 결정되었네. 돈이 많은 꿀벌들은 돈을 내고 풀려났고, 돈이 없는 꿀벌들은 노동으로 대신했네. 법관뿐 아니라 모든 관료들이 부정한 돈을 아무 죄책감 없이 받았고 돈이 잘 돌자 꿀벌의 사회는 흥청망청 잘 돌아갔지. 그런 어느 날 꿀벌들은 자신들이 너무 부패하고 탐욕스럽다는 사실을 깨닫고 뉘우치기 시작했지. 그래서 그들은 결심했어. 사치하지 말고 정직하게 살자고. 그래서 그동안 잘못된 삶을 뉘우치고 그날부터 옷 한 벌 만으로 소박하게 살았고, 어떤 뇌물도 받지 않고 어떤 부끄러운 일도 하지 않고 청렴하게 살았지. 그렇게 1년이 지나자, 이 꿀벌의 왕국은 법관도 필요 없고 군인도 필요 없고 경찰도 필요 없게 되었지. 사회 전부가 너무 검소한 나머지 파티도 사라지고 요리사들은 일자리가 없어지고 탐욕에 물들었던 상인들도 사라지고 말았지. 그러자 국가는 가난하게 되었고 그 나라에 식민지 국가들이 침략했다네. 이미 군대도 없는 그들은 결국 붙들려 가서 노예로 평생 일만 하다가 죽었다네."

수도승의 근엄함보다 시장 상인의 탐욕이 더 낫다

맨더빌의 이 글은 자본주의가 막 태동되던 시절 영국 사회의 부패함을 꼬집고 있다. 버나드 맨더빌은 1670년 네덜란드에서 태어났다. "프랑스는 아이를 낳으면 군인이 되길 원하고 네덜란드는 아이를 낳으면 상인으로 키우려 한다." 이 말은 네덜란드 사람들은 천성적으로 상인 기질을 갖고 있다는 것을 뜻한다. 네덜란드에서 젊은 시절을 보냈던 맨더빌은 영국으로 와서 정신과 의사로, 또한 문필가로 활동했다. 그는 영국 사람들이 상인의 탐욕에 대해 비판적인 시각을 갖고 있는 것을 보고 1705년 『투덜거리는 꿀벌들』이란 책을 발표했다. 그는 이 책을 통해 이미 탐욕에 빠져 살고 있는 인간들이 도덕적인 것을 우러러 보는 현실을 비꼬았던 것이다. 그리고 1714년 '꿀벌의 우화' 라는 시를 지었다. 그러자 사람들 반응이 뜨거웠다. 맨더빌은 돈을 더 벌 생각으로 그 시를 늘여 1723년 『꿀벌의 우화』라는 작은 책자를 만들었다.

이 책이 발간되자 영국 개신교 목사들은 대중들의 건전한 가치를 모독했다는 이유로 법원에 판매 금지처분을 내려달라는 소장을 제출했다. 그러자 오히려 무관심하던 대중들까지 그 책을 사서 읽기 시작했다. 논쟁을 유발시켜 돈을 벌겠다는 맨더빌의 전략은 그대로 맞아떨어졌다. 『꿀벌의 우화』는 짧은 글이지만 그 안에는 시대를 관통하는 문제의식이 있었다. 중세의 가치가 신에 대한 엄격한 복종이라고 한다면 근대의 가치는 개인의 행복이며, 개인의 행복은 경제적 부를 추구하는 것에서 이루어진다고 본 것이다. 그리고 맨더빌은 수도승의 근엄함보다 시장 상인의 탐욕이 국가나 개인의 발전에 더 필요하다고 탐욕스런 시대정신을 옹호했다.

이는 영국이 아닌 자신의 고국 네덜란드의 생각을 반영한 것이었다. "우리가 도덕이란 것을 생각하지만 사실 그것이야말로 먹고살 만한 뒤에 이야기하는 것이다. 경제적 자립이 없는 사람들에게 도덕을 강요한다는 것은 너무 잔인한 일이다." 맨더빌의 책은 당시 사회가 갖고 있는 모순들을 풍자한 면이 있었다. 18세기까지 프랑스 성직자들은 초야권이란 것을 갖고 있었다. 그것은 처녀가 결혼하기 전에 성직자들에게 자신이 처녀임을 증명하는 절차, 즉 하룻밤 성직자들과 잠자리를 갖는 풍습이었다. 성직자들이 처녀임을 확인하면 결혼이 허락되었다. 교회는 고리대금업을 금지했지만 타락한 성직자들은 자신들의 품위를 유지하기 위해 그들에게 돈을 빌렸다. 판사들도 마찬가지였다. 치안판사들은 시장의 공정한 거래를 위해 올바른 판결을 내려야했지만 돈으로 매수된 판사들은 엉뚱한 판결로 돈이 없고 약한 시장 상인들을 울렸다. 의사들은 환자의 치료보다 진료비에 더 집착했으며 관리들은 공금횡령을 하기에 바빴다.

총체적으로 부도덕한 사회를 이끈 것은 국가였다. 당시 유럽의 많은 나라들은 식민지 원주민들의 재산을 강탈해서 자신들이 끌고 온

배에 가득 싣고 고국으로 돌아갔고, 그 배에 투자했던 사람들은 투자한 돈의 몇십 배에서 몇백 배의 이익을 얻었다. 배만 있으며 그 배를 끌고 나가서 항해를 한 뒤 약한 나라의 보물들을 약탈하는 약탈경제가 판을 치던 사회, 그런 국가와 사회를 풍자한 것이 맨더빌의 『꿀벌의 우화』란 책이다.

　'개인의 악덕이 공공의 이익이다' 라는 책의 부제는 제목의 빈약함을 잘 채워준다. 너무 솔직한 부제 때문일까? 영국의 성직자들과 지식인들은 자신들의 부도덕함을 드러낸 책에 대해 심한 혐오감을 나타내었으며 법원 역시 판매금지 처분을 내리고 유통된 책들은 모두 압수해서 소각하게 하는 처벌을 내렸다. 영국의 개신교가 가장 분노한 것은 근검절약을 강조하던 자신들의 종교적 가치체계를 완전히 무시한 책이라는 데에 있었다. 14세기 중반부터 영국에는 사치를 통제하는 법이 있었다. 이 법은 귀족들의 화려한 옷이 서민들에게까지 영향을 미쳐 국가의 금화가 자꾸 고갈되자 생긴 것이다. 그래서 기사작위를 받은 사람 이외에는 누구도 금으로 치장된 옷을 입지 못했으며 반지 역시 기사 이상의 신분에게만 허용됐다.

　그러나 경제학자들은 영국이 네덜란드에 비해 경제적으로 뒤떨어진 나라가 된 이유가 바로 이 사치법 때문이라고 보았다. 맨더빌 역시 그런 생각을 이렇게 우화 형식으로 표현한 것이다. 그러나 엄밀히 말하면 맨더빌의 책은 경제학 책이 아니라 인간의 심리를 연구한 책이라 볼 수 있다. 그는 인간의 이기심과 탐욕은 자연적인 것이며, 선한 사람이 불우한 이웃을 돕는 적선행위도 그의 자만심이나 이기심의 발로라고 말했다. 그래서 국가는 이런 인간의 본성을 잘 이용해서 국가발전을 기해야 한다는 주장이었다. 이런 부분을 고스란히 애덤 스미스가 『국부론』에 인용한 것이다.

애덤 스미스는 글래스고 대학생 시절 지도교수가 맨더빌의 경제이론을 비판하자 그에 반론을 제기했다. "교수님! 우리가 저녁식탁에서 기대하는 것은 사실 성경의 딱딱한 말씀보다 도축업자, 양조업자, 제빵업자들의 치열한 이기심이 아닌가요? 이들 때문에 풍성한 저녁식탁이 차려지는 것 아닌가요?" 두 사람의 논쟁이 어떻게 끝났는지는 잘 모른다. 그러나 애덤 스미스의 도발적인 질문은 젊음의 반항적 본능이었을 것이다. 그는 나이가 들면서 이런 상인들의 이기심보다 도덕심을 강조했다. 어쨌든 버나드 맨더빌은 18세기 애덤 스미스와 로버트 맬서스까지 영향을 미친 인물이다. 또한 마르크스는 노동문제를 이야기 할 때 그를 언급했고, 케인스는 소비문제를 이야기 할 때 그를 언급했다. 그러나 무엇보다 맨더빌의 『꿀벌의 우화』라는 책이 잘 팔린 것은 1720년 일어난 남해회사 주식 폭락사건 때문이었다. 이 이야기는 나중에 하도록 하자.

빈민을 위한 나라는 없다

맨더빌의 책들이 인기를 얻을 당시 영국의 문화는 풍자가 인기였다. 풍자문학과 막 등장한 익살스런 신문만평은 사회의 모순과 부도덕을 지적했고 대중들은 그것을 읽으면서 사회를 바라보았다. 그 무렵 풍자작가로 가장 이름을 날리던 사람은 바로 조나단 스위프트다. 그는 우리에게 『걸리버 여행기』로 잘 알려진 작가다. 조나단 스위프트는 1667년 아일랜드 더블린에서 태어났다. 그는 더블린의 트리니티 대학교를 졸업하고 영국이 아일랜드를 침공하자 영국으로 이주하면서 작가로의 삶을 꿈꾸었다. 배설문학이란 혹평을 들었던 『통 이야기』를 1704년에 쓴 뒤 영국 앤 여왕의 미움을 사 출세길이 좌절되자 그는 다시 아일랜드로 돌아왔다. 돌아온 더블린은 배고픈 거지들이 거리마다 넘쳐나는 사회였다. 분노로 가득한 스위프트는 영국에 저항하는 글들을 발표했다.

"영국 사람들아! 아일랜드의 가난을 욕하지 마라. 부탁하건대, 가난한 아일랜드 사람들을 구하기 위해 당신들은 자식을 많이 낳아라! 그리고 아이들을 통조림으로 만들어 이들 가난한 백성들에게 고기 맛을 보게 하라!"

조국 아일랜드의 가난을 보면서 영국 사람들에게 인구증가로 고민하지 말고 아이들을 있는 대로 다 낳아서 통조림으로 만들어 아일랜드 빈민구제에 나서라고 외치고 있는 것이다. 섬뜩한 것을 넘어 그야말로 엽기적인 글이다. 그는, 아일랜드의 빈곤이 영국의 수탈에서 이루어진 불행이란 것을 알고 풍자적인 글로 탐욕에 빠져 허우적거리고 있는 영국 사회를 비판한 것이다. 그는 『걸리버 여행기』에서 영국 사회의 사치와 방탕, 무절제 등을 꼬집으면서 자신들의 허영의 산물을 다른 나라에 억지로 강요하고 있다고 비난했다. '야후'는 이런 영국인들을 상징한 괴물이었다. 걸리버는 인간에게서 풍겨 나오는 참을 수 없는 악취 때문에 코를 막고 지내야 했다. 그러나 한편으로 스위프트의 이런 영국 사회 비판정신은 상대적인 면이 강하다. 당시 영국의 보수 작가들은 "아일랜드의 가난은 그들이 게을러서 생긴 것이다. 그들이 주로 먹는 감자를 보라! 그것은 하등의 노력이 필요 없는, 그저 던져 놓으면 제멋대로 잘 자라는 식물이다. 신은 그래서 이런 인간의 게으름을 상징하는 식물에 몹쓸 병을 내린 것이다. 그것이 바로 천연두다"라고 아일랜드 사람들을 비하하는 말을 서슴없이 했다.

아일랜드 하면 생각나는 감자, 그것은 가난의 상징이다. 페루에서 처음 발견된 감자는 식민지 국가의 게으름을 상징하기도 했다. 감자는 아무렇게나 길러도 잘 자라는 식물이다. 유럽을 지옥과도 같은 땅으로 만든 천연두로 인해 독실한 신자들이 검게 탄 얼굴로 쓰러져 죽어나가는 일이 벌어지자 성직자들은 근거 없이 그 책임을 감자로 돌렸다. 미신에 혹하는 사람들은 게으른 아일랜드인들이 뿌린 빈곤의 식

빈민을 위한 나라는 없다

물 때문에 신이 노여워서 천연두라는 무서운 병을 감자를 통해 퍼트렸다고 떠들고 다녔다. 평생 영국에 따돌림을 당하던 조나단 스위프트는 나이 예순 살이 되는 기념으로 자신의 삶을 통틀어 최대 역작을 준비했다. 그것 역시 영국을 풍자적으로 공격하기 위한 책이었다. 1726년 그는 자신의 이름이 아닌 익명으로 『걸리버 여행기』라는 책 출간에 대한 투자자를 공모했다. 공모방식은 영국 신문에 광고를 내는 것이었다. 런던의 한 인쇄업자가 신문광고를 보고 조나단 스위프트에게 연락을 했다. 그러자 그는 당시로는 거액이었던 200파운드(현재 화폐가치로 약 2000만 원 정도)를 요구했다.

이렇게 미리 인세를 챙긴 그는 수십 만 권 이상 책이 팔리자 10년 뒤 더블린의 출판업자에게 다시 책의 판권을 넘겼다. 이때 스위프트는 런던 출판업자가 판매를 위해 수정한 부분들을 원상복구 할 것을 요구했고, 그렇게 해서 온전한 『걸리버 여행기』 더블린 판이 나오게 되었다. 조나단 스위프트의 말년은 편안하지 못했다. 그는 실어증과 다른 여러 질병으로 불우한 말년을 보냈다. 탐욕에 물든 영국 사회를 풍자했던 이 아일랜드 작가가 1720년 영국 사회를 혼란에 빠트렸던 남해회사 주식에 책을 팔아 모은 돈 전부를 투자했다가 순식간에 가난뱅이로 전락했던 탓이다.

02

좀비는 **제국주의** 산물

조나단 스위프트의 『걸리버 여행기』에는 '영원히 죽지 않는 사람들' 이란 죽음이 없는 나라 이야기가 나온다. 동방의 신비한 나라에 도착한 걸리버는 왼쪽 눈썹 아래 붉은 점을 가지고 있는 사람들이 절대로 죽지 않는다는 것을 알게 된다. 스위프트는 영원히 죽지 않고 살면 어떤 일을 하며 시간을 보낼까 생각했다. 그리고 가장 먼저 돈을 많이 모든 뒤 그 돈으로 예술이나 과학연구에 많은 업적을 쌓고 젊은이들에게 꿈과 희망을 불어넣어 줄 일을 할 것이라고 자기 생각을 소설에 기록했다.

조나단 스위프트는 1745년 10월 19일, 78세를 일기로 숨을 거두었다. 영원한 삶은 모든 인간의 소망이지만 이룰 수 없는 꿈이기도 하다. 조나단 스위프트 역시 당시 평균 수명보다는 훨씬 오래 살았지만 말년에 정신착란 증세까지 보이다 숨을 거두었다.

영원히 죽지 않는 좀비

조나단 스위프트가 살던 시대, 프랑스는 서인도 제도의 작은 섬 아이티 사람들을 잡아 노예로 부렸다. '좀비'는 아이티 사람들을 부르는 다른 말이었다. 좀비는 살아 있는 시체를 말한다. 강시는 경쾌해서 귀엽기라도 하지 좀비라 불린 인간들에게는 활기가 없다. 매사 비관적이고 나약한 이미지의 좀비는 혐오와 징그러움의 극치를 상징한다.

좀비는 제국주의 폐해의 산물이다. 프랑스 대혁명이 일어나기 전까지 서인도 제도 아이티는 프랑스에 노동력을 보충해주던 식민지 국가였다. 콜럼버스가 아메리카 대륙을 발견한 후 스페인과 포르투갈이 앞 다투어 약탈하면서 아메리카는 인구 3000만 명 가운데 90퍼센트의 사람들이 질병과 살육, 노예로 사라지고 겨우 10퍼센트만 생존하는 곳이 됐다. 아이티 역시 마찬가지였다. 콜럼버스가 "마치 성경에 나오는 에덴동산과도 같이 아름다운 섬"이라고 첫 인상을 기록한 아이티 사람들은 스페인 군대에 점령된 이후 노역에 시달리며 죽음과 같은 삶을 살고 있었다.

18세기 초 스페인의 국력이 약해지자 프랑스가 다시 아이티를 점령하고 그나마 남아 있던 섬사람들을 노예로 잡아 커피와 설탕농장에서 일을 시키거나 유럽에 싣고 왔다. 그러다가 노예무역이 금지되자 노예상인들은 교묘한 방법을 사용했다. 그들은 건강한 아이티 사람들을 골라 몰래 약을 먹여 약물에 취하게 한 다음 죽은 것처럼 위장시켜 본국으로 실어 날랐다. 캄캄한 선실 밑바닥에서 돼지들에게나 주는 음식을 먹으며 아이티 사람들은 긴 항해를 참아야 했다. 멀미 등으로 고통을 호소하면 강한 마약 성분의 약을 던져주는 게 고작이었다.

깨어 있는 것도 아니고 잠에 취한 것도 아닌 상태에서 실려온 그들이 정신을 차리고 본 세상은 자신의 고향이 아닌 낯선 유럽이었다. 아이티 원주민들은 우울증으로 괴로워했고 이런 노예들에게 노예상인은 더 강한 마약을 주입했다. 그래서 이들 노예들은 약물 때문에 기억을 상실한 채 멍하니 유럽 도시 이곳저곳을 마치 살아 있는 시체처럼 돌아다녔다. 채찍질을 당하며 일을 하고 가축에게나 주는 음식을 먹는, 생각도 말도 전혀 통하지 않는 아이티 원주민들이 멍하니 허공을 응시한 채 유럽 대륙을 돌아다니는 모습에서 '좀비'라는 말이 생겨났다.

1795년, 프랑스혁명에 영향을 받은 흑인과 백인의 혼혈 아이티 물

빈민을 위한 나라는 없다

라토들이 반란을 일으켰고 그들은 10년 동안 프랑스를 상대로 투쟁을 해서 1804년 흑인 최초의 공화국을 수립했다. 그러나 아이티는 정치적 독립은 이루었지만 경제적으로는 독립하지 못한 채 거의 100년 동안 혼란과 반목의 역사를 지속했다. 그러는 사이 프랑스에 이어 미국이 다시 이 나라를 점령했다. 미국은 자국의 기업을 보호한다는 이유로 아이티에 간섭하기 시작했다. 미국은 프랑스가 설탕과 노예노동에서 착취한 것을 고스란히 물려받았다. 1915년부터 미국은 아이티를 약 20년 동안 점령하여 다국적기업 식품회사 원료기지로 활용했다.

1992년 클린턴 행정부 시절 아이티 국민이 직접 뽑은 아이티 정부가 미국 정부의 마음에 들지 않는 행동을 하자 미국은 그 건방진 정부를 몰아냈다. 그렇게 해서 미국의 마음에 드는 정부가 들어서자 아이티 농업은 미국의 독점자본주의에 의해 수탈됐고 아이티 국민들은 지금 진흙쿠키로 생을 연명하고 있다. 빵이 아닌 진흙을 먹으면서 그들이 만드는 것은 미국인들의 야구공이다.

인권을 이야기하는 미국의 전직 대통령 클린턴, 그가 종종 아이티의 빈곤문제를 언급하자 미국의 칼럼니스트는 뼈있는 농담 한마디를 건넸다. "클린턴이 아이티 민중들의 배고픔을 이해할까요? 아닙니다. 그가 정말 걱정하는 것은 아이티 국민들이 모두 굶어 죽으면 미국 국민들이 가장 열광하는 프로야구가 열리지 않을까 하는 것입니다."

아이티, 그 에덴동산 같았던 아름다운 섬나라는 자본주의의 탐욕 때문에 지옥으로 변해버렸다. 아이티를 좀비국가로 만든 것은 프랑스와 미국이다. 2008년 한국에서 촛불시위가 번졌을 때 보수논객들은 이들을 '광란의 좀비들'이라고 했다. 당연히 죽어야 할 존재들이 살아서 사회를 혼란스럽게 한다는 의미다. 보수와 진보의 대립은 용어에서도 상대를 사정없이 매도하는 것으로 나타난다. 보수주의자들이 '좀비'라고 외치는 말 속에는 가난한 거지, 노예근성을 가진 음울한 낯빛의 빈곤층이란 뜻이 숨어 있다.

03

가난한 사람은 나쁘다?

오늘날 화폐는 물과 다르게 흐른다. 위에서 아래로 흐르지 않고 아래에서 위로 역류한다. 역류해서 쌓인 돈은 어딘가에 잔뜩 뭉쳐 있다가 투기자금이 되어 여기저기 돌아다닌다. 그리고 시장을 교란시키고 가난한 사람들의 주머니를 턴 다음 어디론가 숨어버린다. 그것이 버블붕괴이다. 버블경제 뒤에는 항상 좀비경제가 한동안 지속된다. 죽어야 새롭게 다시 시작하는데 죽지 않고 꿈틀거리는, 살아도 살아 있는 것 같지 않은 기업과 개인들이 시장을 교란시킨다. 그래서 가난한 사람들은 부자들의 탐욕을 욕하고 부자들은 가난한 사람들의 저주 때문에 경제가 살아나지 않는다고 욕한다.

18세기 영국의 부자들은, 사람들이 그들의 탐욕과 사치를 비난하자 이렇게 이야기했다. "경제에서 제일 좋지 않은 부류가 스크루지 영감이다. 이 구두쇠 영감이 잔뜩 쌓은 부는 전혀 사회에 도움이 되지 않는 것이다." 하지만 오늘날 스크루지 영감은 열심히 소비한다. 그런데 그들의 소비는 가난한 사람들과 상관없는 곳에서 이루어진다. 돈이란 놈은 이상하게도 부자들 사이에서는 움직이고 가난한 사람들 사이에서는 건네진다. 각국 정부는 빳빳한 돈을 새로 찍는다. 그러나 그렇게 새로 나온 돈은 가난한 좀비경제와는 다른 경제에서 움직인다. 해마다 12월 무렵이면 백화점들은 고가상품권을 발행한다. 그런데 이 상품권은 발매 일주일 만에 동이 난다. 상품권은 꿀벌경제의 상징이다. 한 장에 1000만 원이 넘는 그 화폐는 좀비경제와는 전혀 상관없는 것이다.

1997년 IMF 환란위기를 겪고 난 한국 사회에는 맨더빌의 『꿀벌의 우화』처럼 물신풍조와 가난을 혐오하는 마음이 가득했다. 2000년 출간된 로버트 기요사키의 『부자 아빠 가난한 아빠』는 당시 우리사회의 도덕관념을 뒤바꾼 충격적인 책이었다. 그 책에서 부자와 가난한 사람은 '선과 악'의 개념으로 구분된다. 부자 아빠는 선하고 가난한 아빠는 악하다는, 너무나 화가 나는 관념이다. IMF 경제전쟁을 겪은 한국의 중산층은 이 저열한 책의 논리에 급격하게 항복하고 만다. 그 책에

빈민을 위한 나라는 없다

서 가장 충격적인 이야기는 다음과 같다. "부자 아빠는 거지에게 돈을 준다. 그리고 아들에게 이렇게 말한다. 저 거지는 돈에는 관심 없다고 큰소리치다 저렇게 됐다. 잘 봐라! 세상에 돈에 관심 없다고 큰소리치는 사람들은 거지꼴이 된다. 모두 돈 때문에 종일 일하지. 그런데 돈에 관심 없다고?" 돈이 지배하는 세상이니 돈을 잘 알고 지배하는 사람이 되어야 한다는 교훈적인 이야기다. 하지만 어쩐지 작가의 주장에는 가난을 멸시하고 조롱하는 투가 역력하다.

맨더빌의 책이 1720년대 자본주의가 막 태동하던 무렵 유럽의 국가와 상인들의 탐욕을 옹호했다면, 기요사키의 책은 IMF 환란 이후 몇 십 년 동안 제조업에서 열심히 일했던 성실한 한국의 가장들이 길거리로 내몰린 상황에서, 금융산업이 지배하는 세상에서 성실하고 열심히 일했지만 여전히 가난한 당신은 바보이자 가족들에게 악한 아빠이고, 반대로 영리하게 돈을 잘 이용해서 부자가 된 사람은 가족들에게 행복을 가져다 준 선한 아빠라는 의식을 심어주었다.

저자인 기요사키는 투자회사를 다녔고 그 책을 쓸 때 투자회사 직원들을 교육하는 컨설팅을 담당했다. 투자회사는 참 재미있는 곳이다. 일단 그들의 고객은 부자 아빠들이다. 돈이 들어오면 그 돈을 투자해서 수수료를 챙긴다. 투자한 돈에서 이익이 나면 그들은 많은 보너스를 받는다. 손해가 났을 때 그들이 받는 불이익은 보너스를 받지 못하는 것뿐이다. 하지만 그들에게 돈을 투자한 사람들은 거지가 될 수 있다. 그러니까 한마디로 이들이 떠드는 이야기는 약장수들이 약을 팔 때처럼 아주 현란하다. 약장수는 약을 팔고 나면 책임을 지지 않는다. 독자들은 알아야 한다. 약장수의 현란한 말솜씨는 시장바닥을 흥분시키지만, 그들이 파는 약은 건강을 해칠 수도 있다는 것을 말이다. 미국 뉴욕의 월스트리트 사람들은 부자고객들을 유혹하기 위해 하루 종일 전화통을 붙들고 약(투자유혹)을 판다. 정말 환상적인 말솜씨를 자랑한다. 그들은 최고급 옷을 입는다. 그들은 신입사원 시절부터 세뇌 당한다. 수수함, 소박함, 이런 거지같은 관념은 버리라고. 그들은 최고의 학문, 심리학과 마케팅이 절묘하게 결합한 고급 강의를 들으며 부자들을 잘 유혹하는 기술적인 방법과 처세술을 집중 교육받는다.

빈민을 위한 나라는 없다

70

영국은 유럽의 말벌

합리적인 보수주의자라고 할 때 우리는 두 사람을 떠올린다. 경제학의 아버지 애덤 스미스, 그리고 '보수 이념의 원조'라고 이야기되는 에드먼드 버크. 비슷한 시기 두 사람은 각각 영국연방 스코틀랜드와 아일랜드에서 태어났다. 1707년 스코틀랜드는 영국에 합병된다. 합병을 주도한 스코틀랜드 귀족들은 모두 영국의 상류사회로 편입됐다. 애덤 스미스도 그렇고 증기기관을 발명한 제임스 와트, 경험론의 대표적인 철학자 데이비드 흄 등은 모두 스코틀랜드 사람들이다. 이들처럼 스코틀랜드 지식인들은 영국 사회에 동화되었고 영국의 산업혁명과 근대사상을 앞에서 이끌었다. 18세기 유럽은 극도로 타락한 사회였지만 스코틀랜드는 이성이 살아 있는 나라였으며 엄숙하고 근엄한 사회적 분위기를 유지하고 있었다. 그곳은 칼뱅주의가 중심이었다. 애덤 스미스는 이런 근엄한 분위기를 고스란히 몸에 담고 있었다.

아일랜드는 스코틀랜드와 달랐다. 일단 아일랜드는 영국과 종교적으로 동화될 수 없는 나라였다. 이들은 오히려 가톨릭 왕국 스페인과 가까웠다. 영국은 스코틀랜드에 대해서는 포용책을 취했지만 아일랜드에 대해서는 철저한 탄압을 가했다. 이렇게 물과 기름인 두 나라가 화학적 결합을 한다는 것은 거의 불가능한 일이었기에 유혈폭동이 반복되다 결국 1949년 아일랜드 공화국은 영국으로부터 독립하게 된다.

사람의 생각은 나고 자란 환경에 지배 받기 마련이다. 애덤 스미스는 1723년 6월 5일, 스코틀랜드 작은 항구 커칼디에서 태어났다. 태어날 때 아버지는 세상에 존재하지 않았다. 그의 아버지는 유명한 변호사로서 영국의 문명을 좋아하는 사람이었다. 스코틀랜드 역시 가난한 사람들은 아일랜드 사람들 못지않게 가난했다. 아일랜드의 가난을 상징하는 것이 감자라고 한다면 스코틀랜드에는 오트밀(Oatmeal)이 있었다. 오트밀은 거친 귀리를 빻아 쑨 죽으로, 스코틀랜드 가난한 사람들의 주식이었다. 하지만 잉글랜드에서는 이것이 주로 말 사료로 쓰였다.

그러나 애덤 스미스는 가난 때문에 오트밀을 먹는 사람들과는 거리가 먼 스코틀랜드의 부유한 집에서 태어난 사람이다. 그래서 그는 진정으로 가난한 사람들의 마음을 모른다. 그는 좋은 환경에서 자라 좋은 교육을 받고 세상에서 자기 재능을 유감없이 발휘했다. 가난은 뛰어난 인물이 사회에 두각을 나타낼 때 많은 걸림돌로 작용한다. 그래서 어떤 사람은 느지막한 나이에 그 이름을 드러낸다. 물론 이것은 애덤 스미스하고는 상관없는 이야기였다.

애덤 스미스는 어린시절 약골체질이라 주로 다방면의 책을 읽으며 성장했다. 특히 당대 문학과 미학을 대표하는 샤프츠버리 백작에게 영향을 받은 것은 그의 행운이었다. 애덤 스미스는 불과 열네 살 나이에 글래스고 대학생이 되었으며 스물다섯 살의 나이에 에든버러대학교의 교수가 되었다. 이른 나이 교수가 되어 다방면으로 쌓은 지식을 바탕으로 재미있는 경제 이야기를 강의하자, 스코틀랜드는 물론이고 영국에까지 그의 강의가 재미있다는 소문이 나면서 청중들이 몰려들었다.

당시 그의 강연에 매료된 사람들은 상인들, 즉 자본주의 경제혜택을 보고 있던 신흥부자들이었다. 애덤 스미스가 경제학을 가르치던 에든버러 대학교는 유럽 학문의 중심지였으며 다양한 실용학문이 만개했던 곳이다. 새로 구획된 에든버러 신도시는 깔끔했고 그 새로운 도시에 위치한 대학교는 학구적인 분위기로 가득했다. 애덤 스미스는 서른 살이 넘자 에든버러 대학교에서 글래스고 대학교로 자리를 옮겼고 전공분야도 정치경제학에서 도덕철학으로 바꿨다. 그 무렵이 자신의 인생에서 가장 행복하고 보람 있는 시간이었다고 애덤 스미스는 나중에 회고했다.

아일랜드 사람 가운데 영국에서 가장 존경받는 인물은 단연 에드먼드 버크다. 1729년 1월 12일, 아일랜드 더블린에서 태어난 에드먼드 버크는 개신교도이며 변호사였던 아버지와 가톨릭교도 어머니를 둔 유복한 집안의 자제였다. 시골에서 어린시절을 보낸 얼마 동안을 빼고는 그는 줄곧 더블린에서 성장했다. 유복했던 집안 덕분에 그는 트리니티대학교를 다녔고, 대학신문에 여러 편의 글을 기고하며 작가로 성장했다. 대학생 시절 에드먼드 버크의 글은 대개 가난한 사람들 편에서 게으르고 탐욕에 물든 부자들을 가차 없이 비판하는 내용이었다.

아버지처럼 변호사로 성공하고 싶다는 욕망이 가득했던 그는 대학을 졸업하고 스물한 살에 영국 런던으로 건너갔다. 하지만 그의 관심은 법학이 아닌 문학에 있었다. 신문과 잡지에 글을 투고하면서 생활하던 에드먼드 버크는 스물여덟에 『자연적인 사회를 옹호하며』라는 책을 써서 대중들의 사랑을 받기 시작했다. 그의 글은 장 자크 루소와 비교될 만큼 문체가 예리했고 생각도 비슷했다. 그런 글을 그보다 6년 전에 태어난 애덤 스미스가 좋아했다. 1766년 휘그당 하원의원으로

빈민을 위한 나라는 없다

정치에 발을 들여놓은 에드먼드 버크는 법이 존중받는 세상, 국민의 인권이 보호받는 세상을 위해 여러 법안들을 만들고 책을 썼다. 또한 상인들을 대신해서 여러 가지 자유무역주의 법안들을 마련했다.

이런 그가 보수주의의 대표적인 인물로 역사에 이름을 올린 것은 당시 프랑스혁명이 광기로 흐르는 것을 비난했기 때문이다. 혁명은 항상 광기로 얼룩진다. 프랑스혁명 역시 평등이란 이념을 실현하려고 많은 죽음을 요구하고 있었다. 에드먼드 버크는 프랑스에서 사제들을 살해하는 광기를 보면서 "도대체 가톨릭을 말살시켜 그들은 무엇을 얻으려고 한단 말인가?"라고 개탄하며 "프랑스 혁명분자들은 자신들이 진정으로 추구해야 할 것과 버려야 할 것을 구분하지 못하고 있다"고 비난했다. 그는, 혁명은 모든 것을 버리는 것이 아니라 나쁜 점을 고치는 것으로 흘러가야 한다고 지적하며 프랑스혁명에 대해 비판의 날을 세웠다.

한편 에드먼드 버크는 프랑스혁명이 이미 상품처럼 궤변론자들에게 팔리고 있다고도 주장했다. 여기까지 보면 그는 다른 보수주의자와 크게 다를 바가 없었다. 그러나 에드먼드 버크는 다른 보수주의자들이 탐욕스런 18세기 자본주의의 몰골에 관대했던 것과는 달리 자본주의가 약탈경제로 가고 있다고 격렬하게 비판했다. 1790년 버크는 영국의 제국주의적 침략의 만행, 그리고 폭력으로 얻은 이익을 만끽하고 있던 런던 시민들을 동시에 비판했다.

"유럽 사람들은 미쳤다. 그들은 동인도회사가 인도네시아 자바에서 저지르는 만행을 두 눈으로 똑똑히 목격해야 한다. 동인도회사는 가혹한 노동에 시달리던 원주민들이 도망을 가면 두 다리를 잘라 도망가지 못하게 하고 두 손만을 남긴 채 주는 음식을 먹게 하면서 일을 시켰다. 그렇게 잔인한 학대를 통해 얻은 후추가 유럽 사람들의 호주머니를 채웠는데 어떻게 즐거워할 수 있는가? 한 문명이 다른 문명을 착취해서 생긴 이익으로 주식시장에서 배를 불리는 사람들아, 과연 그런 주식시장이 자본주의의 꽃이라고 할 수 있나?"

그는 영국을 '유럽의 말벌'로 비유하면서 제국주의의 폭압을 비판했다. 말벌은 수백 마리의 일벌들의 노동을 착취한다. 버크는 영국이 바로 그런 말벌이나 마찬가지라고 이야기한 것이다. 캘커타의 노동자들은 영국의 일벌이고 그들이 생산하는 아편은 다시 새로운 일벌을 구하려고 중국으로 수출됐다. 인도의 일벌들이 만든 직물은 인도 북부와 유럽 전역으로 보내졌다. 영국의 발전은 인도의 희생 속에 핀 꽃이었다. 그런 동인도회사가 설립한 동인도대학교에서는, 가난한 빈민들은 경제에 하등 도움이 되지 않는다고 저주의 글을 썼던 맬서스 같은 인물들이 대학교수라고 월급을 받고 있었다. 그러니까, 에드먼드 버크

빈민을 위한 나라는 없다

의 표현을 빌려 이야기한다면, 동인도대학교는 꿀벌의 경제를 더욱 키우기 위해 작은 말벌들을 양성하는 곳이었다.

에드먼드 버크는 인도 총독 헤이스팅스가 인도인들의 영혼을 빼앗아 사적이익을 챙기고 있다고 비난하면서 그를 영국 법원에 고소했다. 버크는 그와 7년 동안 법정공방을 벌였으며 그 기간 동안 영국인들의 반성을 이끌어내기도 했다. 그러나 일부 극우 지식인들은 "인도 사람들은 노예근성이 몸에 흠뻑 젖어 있어서 인도가 문명국가로 발전하기 위해서는 영국의 도움을 받아야 한다. 그렇지 않으면 그들 경제는 좀비경제가 될 것이다"라는 터무니없는 주장을 하기도 했다.

1857년 영국은 인도 세포이 용병들의 반란을 경험해야 했다. 사소한 감정이 인류 역사를 바꾼 사례는 자주 있다. 제국주의는 식민지 백성들이 무슨 생각을 하는지 관심이 없었다. 영국은 탄약통에 기름칠을 할 때 소기름이나 돼지기름을 쓴다. 그런데 힌두교도나 이슬람교도들은 소와 돼지를 신성시한다. 영국이 식민지 백성들이 신성시하는 것을 폄하하며 그들이 극도로 싫어하는 일을 시켰기 때문에 폭동이 일어난 것이다. 무굴제국을 통해 인도를 간접 통치하던 영국은 이때부터 직접 관할을 시작했다. 그리고 인도를 알기 위해 런던도서관 규모의 자료실을 마련하고 인도의 아주 작은 부분까지 세세하게 연구하기 시작했다. 영국이 인도에 그토록 관심을 보인 것은 영구 통치에 대한 야심 때문이었다. 인도 곳곳은 영국으로 물건을 실어 나르기 편하도록 철도가 놓이기 시작했다. 제국주의가 식민지 철도건설에 공을 들인 것은 침략 물품을 편하고 손쉽게 운송하기 위해서였을 뿐이었다. 하지만 간혹 식민지 근성에 젖어 있는 사람들은 수탈의 근대적 상징인 철도를 놓아준 제국주의에 감사를 하고 있다.

한편 애덤 스미스가 자유무역을 통해 자본주의가 성장할 것이라고 바라본 것은 너무도 낙관적 상상이었다. 유럽 자본주의의 발전은 동인도회사의 탐욕이 거둔 결과물이었다. 유럽 사람들이 동인도회사 주식이 폭등하면서 얻은 이익으로 자신들의 주머니를 채우며 행복을 만끽하고 있을 때 지구 반대편에서는 그들의 탐욕으로 고통 받는 사람들이 계속 늘어났다.

경제학의 할아버지 애덤 스미스 선생은 1790년 7월 17일 죽었지만 그의 말씀은 220년이 지난 지금도 많은 경제학자들에게 회자되고 있다. 그가 죽기 전 영국을 비롯한 많은 정부 각료들이 그에게 경제정책을 자문했다고 한다. 그는 건강이 허락하는 동안 열심히 강연을 했다. 그의 강연을 들으려 했던 사람들은 유럽의 상인과 주식투자자들이었다. 그는 자신을 좋아하는 청중들 앞에서 각국의 상품과 동인도 주식이야기와 함께 상인들에게 적극적인 부의 창출을 주문했다. 그러나 애덤 스미스가 대중을 상대로 강연을 하던 스코틀랜드 에든버러대학교 강의실에서는 런던 빈민 노동자들의 현실은 잘 보이지 않았다. 하

빈민을 위한 나라는 없다

지만 비록 보이지 않는다 할지라도, 보이지 않는 손에 의해 서서히 몰락하는 노동자들의 현실을 마냥 외면할 수는 없었다. 자본주의 경제가 팽창하던 그 무렵 다른 한 곳에서 소리 없이 죽어가는 사람들을 애덤 스미스는 이런 말로 위로했다.

"우리나라(영국)의 중상주의는 주로 부자들 이익만 대변한다. 그러나 힘이 약한 상인들의 이익도 존중되어야 한다. 또한 부자들은 도덕심으로 가난한 사람들을 보호해야 한다. 한쪽으로 심하게 구부러진 막대기를 바로 잡으려면 그만큼 반대쪽으로 굽히지 않으면 안 된다. 한 나라의 소득이나 부의 원천 역시 마찬가지다. 큰 재산이 있다는 것은 반드시 큰 불평등이 존재한다는 것을 의미한다. 큰 부자가 만들어지면 그로 인해 적어도 500명의 가난한 사람이 생기며, 소수의 풍요로움은 다수의 빈곤이 준 선물이다."

마치 마르크스의 『자본론』의 한 구절 같지만 이건 분명 애덤 스미스의 『국부론』에 있는 말이다. 1776년 간행된 『국부론』은 애덤 스미스가 10년 동안 심혈을 기울여 쓴 책이다. 오늘날 많은 경제학자들이 가진 자들을 두둔하면서 자꾸 애덤 스미스 선생의 말을 인용하지만 『국부론』을 꼼꼼하게 읽어보면 그가 얼마나 소외된 사람들을 위했는지 알 수 있다. 애덤 스미스는 저서에서 역사적 부의 편중 사례들을 열거하면서 정부의 강력한 개입이 불평등을 해소할 수 있다고 강조했다. 오히려 에드먼드 버크보다 불평등에 대한 더 많은 정부의 개입과 간섭을 요구했다. 그리고 동인도회사의 예를 들면서 기업이 처음에는 막대한 수입을 얻어 많은 세금을 납부하지만 나중에 어려워지면 국민들 세금을 축낼 것이라고 얘기했다. 정확한 예측이다. 200년이 지난 오늘날에도 대기업들은 잘나갈 때는 저들 주머니를 채우지만 어려워지면 국민 세금을 축낸다. 스미스 할아버지의 놀라운 통찰력이다.

애덤 스미스는 죽기 한 달 전에 친구들을 불러 이렇게 말했다. "친구들아! 내가 이제 회복될 가망이 없으니 내가 마치지 못한 원고들과 책을 쓰기 위한 자료들을 모두 불태워다오." 그러고도 불안했는지 며칠 뒤에 사람들을 시켜 그가 쓴 모든 것들을 불태우고 그 광경을 직접 확인했다고 한다. 그래서 두꺼운 대학노트 10여 권에 자잘하게 기록된 그의 메모들은 불 속으로 모두 사라져버렸다. 진보적 지식인들은 애덤 스미스가 말년에 주로 자본주의의 탐욕을 비판하는 글들을 많이 썼던 것을 볼 때 그가 마지막으로 심혈을 기울여 쓰고 싶었던 책은 도덕철학을 기초로 한 새로운 자본주의 경제모델에 관한 것이 아니었을까 하고 추측한다.

빈민을 위한 나라는 없다

인구 제거는 신의 뜻

1790년대 프랑스와 전쟁을 치르던 영국은 계속된 흉작으로 인해 식량난을 겪었다. 1798년 밀 흉작으로 빵 가격이 폭등했고 전국적으로 식량부족에 항의하는 폭동이 일어났다. 이에 영국 정부는 아일랜드에서 감자를 들여와 식량가격을 안정시키려고 했다. 쇠고기가 비싸니까 값싼 미국산 쇠고기를 수입해 가난한 사람들에게 배불리 먹이고자 하는 2008년 한국 정부와 똑같은 생각이었다. 하지만 성직자들과 영국 노동자들은 감자가 천연두를 발생시키는 불결한 식품이라고 믿고 있었으며, 이에 대한 항의는 폭력시위로 번졌다. 영국 사람들이 불결하다고 아우성치던 그 감자, 하지만 아일랜드 사람들은 그조차 먹지 못해 굶어 죽고 있었다. 아일랜드의 굶주린 거지들 사이로 곡물을 가득 실은 마차들이 영국으로 가기 위해 항구로 향할 때, 정작 영국 사람들은 감자수입을 반대하면서 폭력시위를 하고 있었다. 그때 본질적인 식량문제를 거론한 사람이 바로 맬서스다.

가난한 사람들에게 맬서스의 주장은 섬뜩하다. 1798년에 출간된 맬서스의 『인구론』은 단순히 우리가 학창시절에 배운 인구와 식량의 상관관계를 이야기한 경제학 책이 아니다. 그의 책에는 차마 입에도 담기 어려울 정도로 천박한 내용들이 가득하다. 영국의 지식인들은 가난한 사람들을 지옥으로 몰아넣는 광기와 탐욕이 가득한 책이라고 이를 비판했다. 하지만 맬서스는 맨더빌의 주장을 인용하면서 보수주의자들의 이기심을 자극했다. 그리고 평범한 대중들에게는 공포심을 자극해서 인구폭발에 대한 막연한 두려움을 느끼게 했다. 마르크스는 『자본론』의 세 페이지에 걸쳐 맬서스의 책에 담긴 극단적인 내용들을 인용하며 비난했다.

"맬서스는 다른 사람들에게는 아이를 낳지 말라고 해놓고 자기는 아이를 낳았다. 물론 세 명을 낳았으니 많이 낳은 것은 아니다. 맬서스를 옹호했던 프로테스탄트 계열의 케임브리지대학교 교우회는

빈민을 위한 나라는 없다

'누구든 부인을 얻게 되면 더 이상 동지가 아니'라고 맹세하고는 맬서스가 결혼하자 그 약속을 폐기했다. 맬서스는 디포와 제임스 스튜어트 그리고 프랭클린 윌리스 등 여러 사람들의 책을 짜깁기 했다. 그것도 잔인하고 추악한 부분만을 골라서. 예를 들면 이런 거다. 스파르타 사회는 마음에 들지 않는 아이가 태어나면 계곡에 그냥 버렸다. 그건 스파르타의 관습이고 풍습이었다. 미개사회 부족들은 아이들이 태어나면 홀수 번째로 태어난 아이들은 살려서 키우고 짝수 번째로 낳은 아이들은 그냥 땅에 묻어버렸다. 유럽에서 흑사병으로 많은 사람들이 죽었지만 남아 있는 사람들은 그들 재산으로 더 풍족하게 살 수 있었다. 동양의 어느 민족들은 노인을 산속에 버리고 굶어 죽게 하는 풍습이 있었다."

맬서스는 이와 같은 예들을 열거하면서 "인구를 억제하기 위해 인류는 과거에도 이런 정책들을 공공연하게 펴왔다. 과다한 인구를 제거하는 것은 선과 악의 개념이 아닌 그저 자연의 섭리이고 신의 뜻이다"라고 주장했다. 이 얼마나 위험하고 폭력적인 생각인가? 놀라운 것은 맬서스의 이런 과격하고 황당한 주장이 나중에 다윈의 『종의 기원』에 직접적인 영향을 미쳤다는 점이다. 맬서스 책이 출간될 무렵, 유럽은 프랑스혁명의 영향이 곳곳에 파급되고 있었다.

영국 정부는 프랑스혁명이 귀족과 성직자들을 사정없이 살육하는 광기로 번지자 모든 시위를 불법으로 규정하는 악법을 만들었다. 이런 분위기에서 맬서스의 『인구론』은 인권사상에 눈을 뜨기 시작한 진보진영과 프랑스혁명으로 위축된 보수진영 사이 이념 대립으로 번지기 시작했다. 맬서스는 책이 많이 팔리자 빈약한 내용과 과격한 표현이 불안했는지 초판을 발행하고 무려 여섯 번이나 수정을 거듭했다. 또한 그 책은 열렬한 보수주의 목사들의 지원에 힘입어 '인구'라는 키워드를 지닌 새로운 경제이론으로 탄생했다. 과격한 표현을 상당히 순화시키려 노력했지만 출판사는 오히려 그의 광기어린 주장에 힘을 실어주기 위해, 한정된 자원과 넘쳐나는 인구로 지구는 곧 멸망할 것이란 섬뜩한 포스터까지 등장시켜 홍보에 열을 올렸다. 결국 맬서스는 대중들에게 늘어나는 인구가 곧 폭발해서 지구가 망할 것이란 공포심을 갖게 해서 돈을 번 것이다.

맬서스 이론에 동조했던 사람들은 대부분 프로테스탄트 신학자들이었다. 그들은 인간을 불행하게 하는 것은 절제되지 않은 성욕이라고 주장했다. 당시 영국의 보통가정은 평균 여덟 명 이상의 자녀들을 낳았다. 목사들은 이렇게 높은 출산율은 과다한 성욕이 그 원인이며 많은 아이들은 결국 지구종말을 초래할 것이라는 맬서스 이론에 적극 찬성했다. 특히 가난한 사람들이 낳은 아이들은 무책임의 극치라고 비난했다. 또한 당시 기독교 목사들은 빈곤에 대해서 "빈곤은 어느 나라

빈민을 위한 나라는 없다

에나 있으며 부지런하면 누구나 부자가 될 수 있다. 가난한 삶이지만 신에게 감사하는 마음을 가져야 한다. 게으른 자들에게 빈곤은 필연이다. 그러므로 국가는 가난한 사람들을 위해 부자들의 돈을 더 걷지 말고 가난한 사람들이 병에 걸렸거나 굶주려 죽어도 그것은 신의 섭리이니 신의 부름을 받고 천국에 가게 내버려둬라!'라고 주장했다.

　인간은 누구나 평등하다. 하지만 18세기와 19세기 유럽은 인간이 평등하다는 사상을 실천하기에는 국가권력에 의한 횡포가 너무도 심했다. 국가들은 마치 괴물처럼 약한 나라를 공격해서 자신들의 이익을 채우고 있었다. 식민지 백성들은 제국주의 국가의 노예로 살아야 했다. 그런 광기의 시대에 맬서스의 이론은 빈부격차로 고심하던 영국의 가난한 사람들에게 저주와 다름없었다. 맬서스 주장을 받아들인 영국 정부는 가난한 사람들에 대한 구제 프로그램을 대폭 축소했다. 구빈법이란 것이 영국에 있었지만 가난한 사람들을 위한 제도로 시작된 것은 아니었다. 그것은 국가의 폭력성을 드러내는 정책의 하나였다. 유럽의 국가들이 전쟁 때문에 국민들을 세금으로 못살게 굴자 세금을 피해 고향을 등진 사람들이 많았다. 이들 부랑자들은 '낭만집시'라고 불렸다. 하지만 국가는 이런 낭만집시를 허용하지 않았다.
　1574년 영국이 자랑하는 여왕 엘리자베스 1세가 만든 법을 보자. 국가는 허가증 없이 돌아다니는 14세 이상의 거지들을 일정한 곳에 수

용하고 노동을 시켰다. 이들은 가혹한 채찍질을 당했고 왼쪽 귓바퀴에
낙인이 찍혔다. 낙인은 자유를 찾아 도망치는 노예들을 감금하기 위한
수단이었다. 노예들 가운데도 노예시장에 팔려나왔지만 사려는 사람
이 없으면 죽임을 당했다. 비슷한 법률이 프랑스 파리에도 있었다. 루
이 16세 시대에는 16세에서 60세 사이의 건장한 남성이 직업도 없이
돌아다니면 이들을 잡아다가 모두 갤리선(노예나 죄수가 젓는 큰 배. 이
배는 주로 국가에서 운영하는 해적선이다)으로 보내 강제로 일을 시켰다.

보헤미안과 목사

'낙인(stigma)'은 농지를 빼앗기고 일정한 거주지 없이 떠돌아다
니는 집시들을 색출하기 위해 'S'자 표시를 한 것에서 유래된 말이다.
마르크스의 『자본론』에 보면 영국에서는 1530년 나이가 많아 노동능
력이 없는 거지에게 '거지면허'를 주었다. 이에 반해 건강한 부랑자는
채찍으로 맞거나 구금당했다. 그들은 짐마차 뒤에 묶여 피가 날 때까
지 맞고 선서를 한다. 다시는 돌아다니지 않고 한 곳에 정착해서 열심
히 일을 하겠다는 것이 그 내용이었다. 그렇지만 땅을 가지지 못한 빈
곤한 농민들이 살 수 있는 방법은 노예 혹은 집시가 되는 것 뿐이었다.
하지만 정부는 이들 집시들이 떠돌아다니다 두 번 이상 걸리면 한쪽

빈민을 위한 나라는 없다

귀를 잘라버렸다. 집시라는 걸 표시하기 위해서다. 보헤미안 기질을 가진 집시들은 '공공의 적' 이란 이름으로 사형에 처해졌다.

16세기 유럽의 정부나 귀족들은 집시들이 악마의 기운을 가졌다며 가두었고, 종교인들은 그들에게 악마의 영혼이 들어갔다고 화형시켜버렸다. 아나키스트의 조상은 이런 보헤미안들이었다. 그러나 국가 폭력이 횡행하던 시절, 그들은 어디서고 살아남을 수 없었다. 목사들은 '근면' 의 정신을 전파하는 전도사들이었다. 당시 시대정신은 노동을 즐겁게 받아들여야 하며, 노동자들은 해가 뜨기 전에 공장에 나와서 달이 뜨는 밤에 집으로 돌아가야 신이 좋아한다는 것이었다.

목사들은 노동자들이 낮에 돌아다니는 것은 신을 모욕하는 일이라고 가르쳤고, 신이 가장 싫어하는 자들은 낮에 할 일 없이 돌아다니는 자들이라고 주장했다. 덕분에 당시 가난한 영국의 노동자들은 햇볕을 받지 못한 식물처럼, 혹은 마약주사를 맞은 좀비들처럼 퀭한 눈에 창백한 얼굴빛을 하고 새벽에 집을 나서 깜깜한 밤에 집으로 들어가야 했다.

빈민을 위한 나라는 없다

영국이나 프랑스는 세금을 피해 도시를 배회하던 거지들을 시설에 가두었다가 노동력이 절실히 필요한 지주들에게 돈을 받고 넘겼다. 지주들에게 받은 돈은 부랑자 시설을 운영하는 자금이 되었다. 이것이 바로 영국에서 생겨난 구빈원의 유례이다. 찰스 디킨스의 『올리버 트위스트』를 읽으면 당시 참혹했던 구빈원의 실상을 알 수 있다. 1838년에 출간된 이 책은 맬서스의 『인구론』의 영향으로 빈민구제기금이 줄어든 상황에서, 가난한 아이들 혹은 고아들을 보호한다는 명목으로 구빈원이 벌이는 참상을 적나라하게 그려낸 소설이다.

소설에서 구빈원 원장은 줄어든 국가보조금을 이유로 아이들에게 감당하기 힘든 노동을 시킨다. 노동에 지친 아이들에게 음식이랍시고 준 것은 멀건 국물이 전부다. 그리고는 아이들에게 일용할 양식을 준 하느님께 감사의 기도를 올리게 한다. 아이들이 일정한 나이가 되면 돈을 받고 귀족들 집에 일꾼으로 파는 일도 비일비재했다. 구빈원과 구빈법은 부자들과 일반 대중들을 빈민들과 분리하기 위해 만든 반인권적인 시설이고 법이었다.

"모든 가난뱅이들은 구빈원에 들어가서 서서히 굶어 죽든지, 아니면 구빈원에 들어가지 않고 즉시 죽든지 둘 중 하나를 할 수 있는 선택권이 있었다." 1820, 30년대 런던 빈민들의 삶을 극단적으로 표현한 문장이지만, 그것은 당대의 현실이기도 했다.

디킨스의 아버지는 영국 포츠머스의 해군성 경리부 서기였으나 사치가 심하고 음주가 과해 찰스 디킨스의 나이 열 살 무렵에 가정은 파산선고를 받았다. 아버지가 빚 때문에 감옥에 들어가는 처지가 되자 찰스 디킨스는 고작 열두 살의 나이에 런던의 구두약 공장에 취직했다. 어려운 가정에 경제적 도움을 주기 위해 그는 열심히 일했고 그런 경험을 바탕으로 『올리버 트위스트』를 쓴 것이다.

1830년 영국의 노동자들은 주당 5실링을 받았다. 1801년 주당 21실링을 받던 것에 비하면 터무니없이 낮은 임금이었다. 임금이 낮아진 이유로는 노동인구 증가와 물건의 생산과다를 들 수 있다. 상품 값이 낮아지자 자연스럽게 노동자들의 임금도 낮아진 것이다. 공장주들은 이익이 자꾸 줄어들자 대표적인 세금 '구빈법' 때문에 공장 이윤이 줄어든다고 정부에 항의했다. 그러자 정부는 노동자들의 임금을 오늘날 최저임금제처럼 하향 평준화시키면서 공장주의 이윤을 보장하려고 했다.

맬서스주의자들은 임금이 이렇게 떨어진 것은 노동력이 넘쳐났기 때문이라며 인구감소 정책을 주장했고, 적극적인 방안으로 빈민구제에 정부가 나서지 말아야 한다는 '학살 경제론'을 아무런 죄책감 없이 펼쳤다. 노동자의 증가는 인구증가에서 기인한 것이기도 했지만 아일랜드 사람들의 영국 런던으로의 진출 때문이기도 했다. 그러나 맬서스는 노동자들이 소득증가로 쾌락을 즐기기 때문에 인구가 늘어났다며, 노동자들이 일이 끝나면 피곤해서 아무 일도 하지 못하고 곯아떨어져야만 인구가 더 이상 증가하지 않을 것이라는 다소 엉뚱한 주장을 폈다.

고전주의 경제학은 애덤 스미스에서 리카도로 이어진다. 맬서스의 생각은 '우울의 경제학'이란 이름으로 멸시와 천대를 받다가 케인스에 의해 1930년대 대공황 무렵에 잠시 다시 언급된다. 그러나 미움을 받던 맬서스를 정말로 좋아한 사람이 바로 애덤 스미스 다음으로 전통 경제학자로 존경을 받던 데이비드 리카도이다. 그는 금본위제 통

빈민을 위한 나라는 없다

화체제를 정착시켰고 자유주의 무역을 주장했다. 경제학자로 맬서스가 이름을 내민 것은 리카도와 벌인 '곡물법' 논쟁 때문이었다. 1815년 영국 의회는 옥수수와 귀리, 호밀, 밀가루 등 곡물의 수입을 금지하는 법안을 통과시켰다.

영국의 지주들은 보통 소작농들이 생산한 곡물의 30퍼센트를 지대로 받고 있었는데 프랑스와의 전쟁에서 승리하여 해외 곡물수입이 재개되면서 곡물가격이 폭락해 지대수입도 적어졌다. 그러자 지주들은 의회를 조종해서 지주를 보호하는 법안을 만들었고 그 법안에는 곡물수입 규제가 포함돼 있었다. 그 때문에 곡물가격은 다시 올랐고 노동자들은 빵값이 비싸지면서 생활고에 시달렸다. 임금은 하락하고 빵값이 폭등하자 마침내 노동자들의 분노가 폭발했다.

1819년 8월 16일 영국 맨체스터 노동자들이 세인트 피터스 광장에 모여들고 있었다. 영국은 프랑스와의 전쟁에서 승리했지만 노동자들과 일반 시민들의 삶은 더 어려워졌다. 곡물수입 규제로 인한 생필품 가격폭등이 그 원인이었다. 언제나 서민경제와 따로 노는 투기의 꽃 주식시장은 오히려 호황을 누리고 있었다. 런던주식거래소에서는 곡물을 갖고 투기하는 사람들이 부를 축적하고 있었고 영국 경제는 인플레이션이 발생하고 있었다. 물가는 뛰는데 노동자들의 주급은 절반으로 줄자 참았던 분노가 폭발한 것이다.

곡물법 파동과 경제학 논쟁

1819년 8월 16일 일요일. 전날에 지주들 이익을 더 강화하는 곡물법 강화법안이 의회에서 통과되자 분노한 시민들이 세인트 피터스 광장에 몰려들었다. 시위대 숫자는 순식간에 6만 명으로 늘어났다. 미처 집회장에 들어오지 못한 노동자 3만여 명은 광장 외곽을 돌고 있었다. 집회를 주도한 급진주의자 헨리 헌트가 연단에 올라 특유의 연설로 시위대를 사로잡기 시작했다. 민중봉기를 두려워한 정부의 선택은 병력을 동원해서 막는 일이었다. 6000명의 일반병사와 1500명의 왕립 포병대가 그들을 막고 있었다. 그런데 왕립 포병대가 갑자기 시위대에게

　　　　　　　　　　　빈민을 위한 나라는 없다

대포를 발포했다.

나중에 안 일이지만 영국 정부는 1815년 워털루 전투 참전용사들에게 술을 먹였다. 그들이 흥분한 군중에게 발포를 한 것이다. 대포를 발포한 뒤 연단의 헨리 헌트를 잡기 위해 워털루 병사들이 광장 중앙으로 몰려들었고 시민들은 그를 보호하기 위해 이들과 충돌했다. 광장은 시민들이 흘린 피로 붉게 물들었다. 이 사건으로 11명이 사망했으며 여성과 어린아이를 포함해서 700명이 부상을 당했다. 현장에 있던 기자들은 이 사건을 '피털루 학살(Peterloo Massacre)'이라고 보도했다. '워털루 전투 용사'들이 저지른 만행을 꼬집은 말이었다. 피털루 학살 사건은 워털루 전투에서 승리한 영국의 보수주의 정권이 맬서스 이론을 채택, 곡물법을 통과시켜 노동자와 농민들의 삶을 극도로 피폐하게 만든 것에서 원인을 찾을 수 있었다.

1815년 맬서스와 리카도 두 사람은 곡물법에 대한 찬성과 반대로 극렬하게 논쟁을 벌이고 있었다. 논쟁은 언제나 리카도가 화두를 던지고 그것에 맬서스가 말도 안 되는 시비를 거는 것으로 시작됐다. 1809년 리카도는 애덤 스미스 이후 경제평론가로 영국 대중들에게 인기를 얻고 있었다. 그런 리카도의 명성을 이용해 맬서스가 그에게 항상 시비를 걸면서 논쟁이 시작된 것이다. 곡물법을 찬성한 맬서스와 그것을 반대한 리카도는 논쟁을 하면서 결과적으로 서로가 서로를 키워주었다. 리카도는 달변가였다. 그는 글보다는 말이 재미있는 사람이었다. 맬서스 역시 리카도와 오랜 기간 논쟁을 하면서 말솜씨가 많이 늘었다. 이 두 사람은 리카도가 죽기 전까지 수 년 동안 경제학 논쟁을 펼친다. 그 가운데 곡물법 파동으로 이어지는 보호무역 대 자유무역의 대결이 사람들에게 가장 흥미를 일으켰다.

리카도는 보호무역으로 경제에 담을 쌓으려는 영국 정부를 스크루지 영감에 비유했다. 그러면서 돈이고 물건이고 국경 없이 자유롭게 움직여야 서로가 발전한다는 논리를 폈다. 그러나 맬서스는 철저하게 지주들이나 부자들을 위한 논리로 일관했다. 그는 곡물수입을 막아 영국의 밀가루 가격을 인상시켜 시장 경쟁력을 강화해야 한다고 주장하면서, 만약 프랑스가 다시 전쟁을 걸어 대륙봉쇄조치가 취해진다면 해외수입에 의존하던 곡물시장은 붕괴될 것이 분명하다는 비관적 경제관과 곡물수입을 막아 밀가루 가격이 올라 빵 가격이 인상되면 자본가들은 분명 임금을 인상할 것이라는 낙관적 경제관을 동시에 피력했다.

그러나 리카도는 예리한 경제학자였다. 그는 그 유명한 실질임금과 명목임금의 차이를 맬서스에게 설명했다. 임금을 올려도 이미 곡물가격이 상승했기 때문에 노동자들에게는 득 될 것이 없다는 주장이다. 두 사람은 여러 사례를 들어가면서 대중들을 상대로 토론의 진수를 보여주었다. 맬서스는 자본가들이 스스로 임금을 올린 역사는 없다고 하

빈민을 위한 나라는 없다

면서, 정부가 나서서 노동자들의 임금을 올려주어야 한다는 이야기를 했다. 이 부분이 바로 케인스가 맬서스의 이론에서 차용한 부분이다. 그러나 리카도는 철저하게 시장에 의해 움직이는 것이 옳다는 고전주의 경제이론을 신봉했다. 케인스와 하이에크의 대결이 이때 이미 벌어진 것이다.

그러나 두 사람은 실상 문제의 핵심을 서로 절묘하게 비켜가고 있었다. 실질적인 문제는 인구문제도 보호무역도 아니었다. 리카도는 많은 땅을 소유하고 있었고 맬서스 역시 지주라서 그런지 그들은 문제의 핵심인 지주들의 과도한 지대에 대해서는 언급하지 않았다. 지대를 10퍼센트만 줄여도 영국의 곡물가격은 안정되었을 것이며 노동자들 역시 빈곤에서 벗어날 수 있었을 것이다. 하지만 언제나 이런 예민한 부분은 건드리지 않는 법이다. 그것은 논쟁 당사자와 시장 참여자 모두에게 득이 되는 것이 아니기 때문이다. 두 사람 모두 지대(토지임대) 비용을 생산물 원가에 반영하는 것은 당연하며, 그것은 고정적 비용이므로 식량가격 변동에 하등 관계가 없다는 인식을 갖고 있었다. 물론 편한 생각이었다. 토지임대 비용이 증가하면서 1850년 이후 영국이나 아일랜드 농민들은 결국 농사를 포기하고 신대륙 미국으로 향하는 이민자 대열에 합류했다.

리카도는 맬서스보다 여섯 살 아래였다. 아버지는 네덜란드에서 영국으로 이주한 상인이자 은행가였다. 그의 아버지가 네덜란드에서 영국으로 왔던 이유는 유럽 경제의 중심이 네덜란드에서 영국으로 이동했기 때문이었다. 은행과 증권업을 하던 아버지는 17남매를 낳았고 리카도는 그 가운데 셋째로 태어났다. 리카도는 아버지가 반대하는 퀘이커교도 여성과 결혼하는 바람에 그의 몫인 약간의 돈만 가지고 집에서 쫓겨난다. 하지만 그 뒤 리카도는 주식투자로 큰돈을 벌어 마흔 살에 100만 파운드라는 어마어마한 재산을 갖게 된다.

리카도는 세상을 떠나기 전에 자신의 유산 중 상당 부분을 친구인 맬서스에게도 남겨주는 우정을 과시했다. 경제적 도움이 얼마나 소중한가를 나중에 깨달은 맬서스는 "내 가족을 제외하고 일생을 통해 나를 영원히 사랑해준 사람은 리카도였다"고 그의 우정에 감사했다. 리카도가 죽고 난 뒤 맬서스는 고독을 즐기며 홀로 시골에서 리카도가 남겨준 돈으로 살림을 꾸리다가 1834년 12월 29일 배스에 있는 성 캐더라인 집에서 심장병으로 삶을 마쳤다.

맬서스는 리카도의 심도 있는 공격을 오히려 즐겼으며 자기 연구를 더욱 깊이 있게 하는 방편으로 삼았다. 그러나 그는 기초가 부족했다. 리카도는 뉴턴의 물리학을 완벽하게 이해한 사람답게 경제학도 물리학처럼 공식에 기초한 반면 맬서스는 경제학이 아닌 생활에서 벌어

빈민을 위한 나라는 없다

지는 다양한 사례들을 분석하고 수집하는 것에 뛰어났다. 그래서 그의 경제학은 이론으로 정립되지 않았다. 맬서스가 죽었다고 하자 사람들은 그의 얼굴을 확인하고 싶어했다. 가난한 사람에게 저주를 퍼부었던 인물이 정말로 숨을 거두었는지 죽은 모습을 공개하라는 말까지 나돌았다.

사람들은 종종 리카도와 맬서스 두 사람을 비교한다. 맬서스가 유서 깊은 영국 가문에서 태어났다면 리카도는 네덜란드 이민자의 아들로 태어났다. 맬서스가 케임브리지대학교에서 엘리트 교육 코스를 밟았다면 리카도는 대학 문턱을 넘지 않고 독학으로 자신의 학문적 깊이를 더했다. 리카도는 젊은 시절부터 부친의 투자요령을 실천해 많은 돈을 벌었다. 그는 스물다섯 살 때 애덤 스미스의 『국부론』을 읽고 경제학 공부에 깊이 몰입해 독학으로 10년 동안 경제서적들만 팠다. 그리고 1809년부터 주목받는 인물로 떠오른다. 그가 대중들에게 주목을 받은 것은 마흔 나이에 순전히 주식투자로 유럽의 100대 부호 안에 들었기 때문이다. 사람들은 그의 주식투자 비결을 항상 궁금해했다. 그가 쓴 책을 보면서 그의 투자비법을 알고 싶어 했지만 리카도의 책은 어렵기로 유명했다. 대중들은 그의 책을 읽고도 무슨 내용인지, 어떻게 투자하라는 것인지 알 수 없었다.

리카도는 맬서스보다 11년이나 먼저 세상을 떠났다. 1823년 저녁을 먹던 리카도는 갑자기 호흡장애를 일으켜 숨을 거두었다. 하지만 미리 재산에 관한 분배를 마처둔 덕분에 사후에 친구 맬서스의 말년을 풍요롭게 해줄 수 있었다.

몽상가들의 유토피아

국가에 지배받지 않는 사람들, 이들을 우리는 아나키스트라고 한다. 그러나 이 말은 좀 근사한 표현이고 과거에는 이들을 집시, 부랑자라고 불렀다. 폭력으로 얼룩진 국가체제에서 나약한 개인들은 점차 자신들만의 공동체를 소원했다. 그것은 작게는 소규모 공동체였고 크게는 공산주의 사회였다. 이런 꿈을 묘사한 책이 토머스 모어의 『유토피아』다. 그는 이 책에서 '사유재산'을 철폐하고 공동으로 함께 소유하고 생활하는 행복한 국가를 꿈꾸었다. 그는 국가의 모든 구성원들은 쾌락을 추구할 권리가 있다고 주장했다. "쾌락, 그것은 누군가의 고통

이 아니면 방해받지 말아야 한다." 참 어려운 이야기다. 쾌락과 행복, 그리고 평등과 같은 좋은 가치를 모두가 누릴 수 있는 사회, 우리가 그 것을 유토피아라 부르는 데는 이유가 있다.

500년 전 영국의 농민들은 땅을 빼앗기고 거리의 부랑자 신세로 전락하기 시작했다. 양털을 원료로 하는 모직물 산업이 막 번창하던 영국은 사람을 먹여 살려야 하는 땅에서 양들이 사람의 식량을 먹으며 살고 있었다. 이는 오늘날 아프리카 사람들이 먹을 것이 없어 진흙쿠키를 먹고 있는데 육식을 좋아하는 선진국 시민들을 위해 소들이 옥수수를 먹는 것과 똑같은 풍경이다.

사람들은 죽어나가고 양들은 살찌는 사회, 16세기 초 가난한 영국의 모습이다. 『유토피아』는 양이 사람을 잡아먹던 세상을 풍자한 소설이다. 산업혁명이 막 태동하던 영국에서는 농민의 80퍼센트가 땅 한 뼘도 없는 소작농들이었다. 자본주의의 불행은 이렇게 땅을 골고루 소유하지 못한 것에서 비롯되었다. 유대인들의 정신적 지도자 모세는 '땅을 소유하는 자는 그 기간을 50년으로 한정한다'는 법을 만들었다. 땅을 자손들에게 물려주는 것을 막은 혁명적인 법이다. 이보다 더 개혁적인 법은 아직까지 없었다. 로마의 호민관이자 로마 평민들의 영웅 그라쿠스 형제 역시 땅을 귀족들로부터 평민들에게 돌려주기 위해 혁명적인 개혁을 취한 뒤 로마 사람들의 영웅이 되었다.

자본주의의 생산도구는 토지와 노동, 그리고 자본이다. 자본과 토지를 빼앗긴 빈민층은 언제나 빈곤의 수레바퀴 밑에서 살아야 했다. 토지문제는 18세기 들어서 영국 사회의 가장 심각한 문제로 떠올랐다. 가난한 사람들은 토지 접근 자체가 불가능한 사회. 자본과 토지가 전부 자본가 수중에 떨어졌고 빈민층의 가난은 그래서 당연한 것이었다. 공상적인 꿈은 현실에서는 일어날 수 없는 불가능한 사회를 그린다. 그러나 공상적인 사회는 종종 야망을 품은 사람들에 의해 현실에서 실천된다.

가난한 농민들의 사회

영국 랭커셔 출신의 제라드 윈스턴리는 토머스 모어의 공상을 현실에서 실천한 최초의 몽상가였다. 그는 런던에서 의류장사를 하다 왕과 의회의 싸움으로 촉발된 청교도혁명 때문에 하던 사업이 망하자 교회에서 주는 음식을 먹으면서 목숨을 부지하고 있었다. 그런 어느 날 그는 교회에 아무렇게나 굴러다니던 작은 책 하나를 집어 들었다. 그것이 바로 토머스 모어의 『유토피아』였다. 당시 영국 사회는 식료품 가격이 두 배나 오르고 거지로 전락한 사람들이 늘고 있었지만 왕실과 의회는 권력 싸움에 바빠 배고픈 농민들은 안중에 없었다. 그는 달변으로 농민들을 모으기 시작했다. 그렇게 해서 잉글랜드 남부 산기슭에 공동부락을 만들었다. 1649년 4월, 언 땅이 녹자 자치촌락 형성의 꿈을 가진 농부들이 열심을 땅을 개간했다. 이 공동사회를 사람들은 '디거스(Diggers, 땅 파는 사람들)'라고 불렀다.

제라드 윈스턴리는, 국가는 농민들로부터 세금을 걷어 운영되지만 정작 세금을 내는 농민들을 위해 국가가 하는 일은 별로 없고 오히려 농민들은 세금 때문에 땅을 잃게 됐다며 국가가 개입하지 않는 농민 자치부락을 만들어야 한다는 주장을 펴고 이에 동조하는 사람들을 모았다. 그것이 '디거스'가 된 것이다. 이런 '디거스 운동'이 시작될 무렵 영국은 청교도혁명으로 왕과 의회가 대립하고 있었다. 이유는 농민들 세금을 누가 걷을 것이냐는 것이었다. 왕과 의회의 대결은 결국 의회의 승리로 끝이 났고 국왕은 처형을 당했다. 영국 의회를 대표해서 크롬웰이 수상 자리에 앉았다. 하지만 그 역시 다수의 민중들을 억압하기 시작했다. 그 무렵 윈스턴리는 자신이 쓴 작은 책자 『정의를 위한 새로운 법』에서 "신이 지구를 만들 때 어느 누구에게도 땅을 소유하게 하지 않았다. 그러나 이기심이 인간을 부자와 가난한 사람으로 나누게 한 것이다. 우리는 이제 우리들 땅에서 생산된 모든 것을 나누며 행복하게 살 것이다. 누구도 자기 먹을 것 이외의 것을 가지고 부자라고 자랑할 수 없다. 우리는 재산을 죄악으로 경멸한다"고 선언했다.

윈스턴리의 디거스 운동이 차츰 널리 퍼지고 민중들에 의해 자기들이 독점하고 있던 땅을 빼앗길 불길한 조짐들이 감지되자 지주들과 정부는 무력으로 그들을 진압했다. 윈스턴리가 시작한 최초의 공산주의 운동이자 무정부주의 운동은 1650년 3월 크롬웰 정부에 의해 강제 종식되었다. 디거스 부락의 어른과 아이들은 모두 체포, 감금되었고 그들이 알뜰하게 가꿔놓은 농장은 다시 양들의 목초지로 변했다.

노동자들 천국을 꿈꾸다

1771년 5월 14일, 노동자 세상을 만들려 했던 로버트 오언이 영국의 웨일스 뉴타운에서 태어났다. 일곱 형제 중 여섯째로 태어난 가난한 수공업자의 아들 로버트 오언은 일찍부터 방적공장의 모든 일을 체험하면서 십대를 공장에서 보냈다. 그리고 열여덟 살에 그동안 모은 돈을 가지고 방적공장을 차렸다. 막상 공장을 운영해보니 공장주들이 손해가 난다고 엄살을 떨었던 것은 모두 거짓말이었다. 그는 다른 공장주와 달리 노동자들도 행복해질 권리가 있다는 생각을 했다. 그래서 그동안 모은 재산을 다 투자해서 당시로는 보기 드문 쾌적한 방적공장을 차렸다. 좋은 환경에 높은 임금을 준다는 소문이 나자 오언의 공장으로 많은 영국 노동자들이 몰려들었다. 오언은 이들을 위해 더 넓은 공장을 건설하려 했지만 영국 정부는 승인을 해주지 않았다.

왜 그랬을까? 영국 정부와 공장주들은 노동자들의 임금을 삭감하면서 남는 것이 없다고 엄살을 떨었다. 모두가 그렇게 꿀벌의 경제체제를 수용하고 즐기고 있는데 갑자기 오언이 등장했다. 백조들 사이에 검은 백조가 나타난 것이다. 이에 영국 정부와 동료 공장주들은 노골적으로 오언을 시기하고 질투하며 탄압하기 시작했다. 영국 정부의 허가를 받지 못하자 오언은 1825년 1월 3일, 배 한 척을 빌려 자신을 찾아온 노동자 800명과 함께 미국 신대륙으로 건너갔다. 오언은 인디애나 주 하모니 지역에 여의도 면적의 40배 크기의 땅을 사고 함께 온 노동자들과 식량을 자급자족할 수 있는 농장을 개간했으며 공장을 만들어 모두가 평등하고 행복한 삶을 꿈꾸었다.

그것은 토머스 모어가 꿈꾼 유토피아였으며 화폐가 없다는 이유로 공산사회라고 불리기도 했다. 하지만 사기꾼 몇 사람에 의해 공장이 다른 사람 손에 넘어가는 바람에 오언의 유토피아 건설은 물거품이되었다. 결국 그는 1828년 재산을 날린 채 영국으로 돌아와야만 했다. 만약 그가 사기 당하지 않고 유토피아 건설의 꿈을 이루었다면 오늘날 세계는 어떻게 되었을까? 인류 역사상 가장 아쉬운 때는 1828년 오언이 배를 타고 미국에서 영국으로 귀환한 바로 그 순간일지도 모른다.

하지만 이 일은 기업가가 스스로의 실천으로 세상을 바꿀 수 있다는 자신감을 심어주었다. 1828년 영국으로 돌아온 오언은 "경쟁이 자본주의 경제체제를 발전시킨다는 애덤 스미스 선생의 말과 반대로 자본주의 체제는 협동을 통해 더 발전시킬 수 있다"는 신념을 펼치면서 노동조합을 만드는 데 주도적 역할을 했다. 그는 영국 노동자들을 설득해 노동자들이 주인인 세상을 만들기 위해 죽는 순간까지 노력한 인물이다. 당시 영국 노동자들 역시 지금의 정규직과 비정규직처럼 좀처럼 화해할 수 없는 갈등과 반목을 겪고 있었지만, 그의 노력으로 하나가 될 수 있었다.

숙련노동자들은 단순노동자들보다 몇 배나 많은 임금을 받고 있었고 그들은 노동조합을 마음에 두지 않았다. 굳이 노조를 만들지 않아도 자신의 고급기술은 언제든지 환영받는다는 자신에 차 있었다. 하지만 이들의 자신감은 오래 가지 못했다. 그들이 자랑하던 기술은 기계가 들어오면서 아무런 쓸모가 없어져버렸다. 숙련노동자들은 과거에 누렸던 높은 임금을 보장받지 못하자 비로소 노동자들의 단결을 부르짖었다. 지금도 마찬가지다. 정규직 노동자들은 아직 따뜻한 안방이라 추운 거리에서 복직을 외치는 비정규직 노동자들의 피맺힌 절규가 그렇게 마음에 와닿지 않을 것이다. 하지만 따뜻한 온기는 오래 가지 않는다. 신자유주의 경제체제는 철저하게 노동자들의 희생을 강요하고 있기 때문이다.

전년보다 단 몇 퍼센트라도 높은 성장률을 요구하는 주주들의 뜻을 들어주다 보면 줄일 수 있는 것은 노동자들의 임금뿐이다. 생산원

몽상가들의 유토피아

가를 줄이기 위해 노동력이 싼 곳으로 공장을 이전한다. 조금이라도 임금이 비싼 노동자들은 해고될 수밖에 없다. 자본주의의 가장 큰 문제 가운데 하나는 이처럼 주주의 이익과 노동자의 이익이 서로 배치된다는 점이다. 그러나 명심할 것은 주주들이야 언제든지 이익이 나지 않는 회사와 결별할 수 있지만 노동자들에게 일터는 삶의 전부라는 사실이다. 타락한 자본주의 경제는 노동자들이 넉넉한 임금을 갖게 되면 배가 아파 가만히 있지 못하고 노동자들을 비판한다. 일도 하지 않으면서 많은 돈을 가져간다고. 그러면서 전혀 일도 하지 않는 주식 투기꾼들에 대해서는 투자자라고 환영한다. 오늘날 자본주의의 불행은 이렇게 성실한 노동은 학대받고 탐욕으로 가득한 투기꾼들은 환영받는 것에서 시작됐다. 이제 투기꾼들은 노동의 유연성이란 화려한 미사여구로 노동자들을 단순노동자로 만들어버렸다.

19세기 초 숙련노동자와 단순노동자 간의 임금 격차는 심각했다. 단순노동자에 비해 숙련노동자의 임금은 서너 배나 높았다. 숙련노동자들은 "우리가 많은 임금을 받는 것이 배가 아프면 너희들도 우리처럼 빠른 손기술을 습득하라"고 말했다. 그러나 얼마 지나지 않아 빠른 손기술보다 더 빠른 기계들이 그들을 대신했다. 아무리 빠른 기술자라고 해도 기계를 앞설 수는 없다. 쫓겨날 위기에 몰린 숙련노동자들은 기계를 부수며 단순노동자들과 손을 잡았다.

09

하루만 배부른 혁명

1789년 7월 14일 일어난 프랑스대혁명은 18세기 타락한 유럽사회에 대한 분노가 폭발한 것이었다. 특히 의회 민주주의가 실천되던 당시 영국과 달리 프랑스는 끊임없이 봉건적 가치를 받들고 강요하는 사회였고 민중들은 성직자와 귀족들에게 재산을 약탈당하고 있었다. 프랑스는 농촌 인구가 85퍼센트를 차지하는 사회였지만 1787년과 1788년 2년 동안의 극심한 흉년으로 굶어 죽는 사람들이 늘어나고 있었다. 그러자 폭동을 우려한 귀족들은 파리 시내로 통하는 곳에 성문을 쌓고 농촌의 부랑자들이 파리 시내로 들어오는 것을 막았다. 특별히 파리로 들어와야 하는 사람들에게는 통행세를 받았다.

이런 상황에서 혁명이 일어나기 직전까지 왕정 부패의 상징 베르사유 궁전에서는 매일 3000명에서 5000명의 귀족들이 모여 파티를 벌이고 있었다. 파티는 아침부터 시작해 늦은 밤까지 횃불을 켜놓고 계속됐다. 먹다 지친 사람들은 궁궐 아무 곳에나 고개를 푹 박고 먹은 것을 게운 다음 다시 쏟아지는 음식을 채워 넣었다. 가난한 농민들은 뼈가 앙상했지만 귀족과 성직자들은 비만한 몸을 주체하지 못했다. 귀족들은 늦은 밤까지 과식을 한 탓에 아침이면 얼굴이 퉁퉁 부어 있었다. 이때부터 얼굴이 푸석하고 윤기 없는 것을 다른 사람들에게 보이기 싫어하는 귀부인들을 위해 화장술이 발달했다.

혁명은 귀족과 성직자들에 대한 미움으로 일어났다. 프랑스 성직자들은 가난한 사람들에게 십일조 헌금을 받고 이 돈을 그들에게 다시 높은 이자를 받고 빌려주는 악질 고리대금업도 서슴없이 행했다. 그러면서도 그들은 세금 한 푼 내지 않았다.

프랑스가 혁명의 진통을 거의 100년 동안 겪고 있을 때, 영국은 의회와 왕이 권력을 적당히 양분해서 평화로운 시절을 보내고 있었다. 1649년 찰스 1세가 처형당하고 1688년 명예혁명을 통해 피를 보지 않은 혁명을 이루었다는 자부심이 국민들 사이에 널리 퍼져 있었다. 그러나 프랑스는 영국과 달랐다. 절대왕권 루이 14세가 죽은 뒤 민중들은 서서히 혁명의 바람을 타기 시작했다. 혁명은 순식간에 기름을 부은 것처럼 타올랐고 1789년 7월 14일 바스티유 감옥을 점령하면서 광포해졌다. 바스티유 감옥을 점령한 시민군들은 그곳 소장을 칼로 찔러 죽인 다음 목을 베어 들고 파리 시내를 돌아다녔다. 바스티유 감옥이 탈취된 파리에서는 귀족과 성직자들이 거리에서 시위 군중들에게 죽임을 당해 가로등에 목이 달렸다.

거리 곳곳에 피비린내가 진동했다. 1789년 8월, 혁명이 발발하고 한 달 만에 국민의회가 구성됐으며 국민방위군을 창설하면서 모든 귀족과 성직자들의 재산을 국가가 소유한다고 발표했다. 장 폴 마라 같은 언론인들은 대중들을 더욱 선동했다. 그는 사실과 상상력을 동원해서 귀족과 성직자들의 만행을 신문에 게재했다.

그러나 혁명은 여전히 배가 고팠다. 1789년 10월 5일 파리 시청 앞에서는 파리 시내에서 생선 장사를 하는 여인들이 빵을 달라며 시위를 벌이고 있었다. 그녀들의 억세고 거친 손에는 시장에서 쓰는 날카로운 칼이 들려 있었다. 시위대 중심에서 누군가 그날 장 폴 마라가 쓴 신문 기사를 읽어주었다. "지금 베르사유 궁전에서는 귀족들과 왕실 사람들이 음란하고 퇴폐적인 파티를 벌이고 있습니다. 왕은 우리의 혁명의 상징인 삼색기를 발로 짓밟고 불태워버렸고 광란의 파티가 열리는 한곳에서는 민중들을 탄압하기 위한 음모들이 벌어지고 있습니다.

모두 베르사유 궁전으로 가서 그들의 음모를 분쇄해야 합니다. 그래야 우리의 혁명이 완수될 것입니다." 혁명의 발걸음, 대중들의 발걸음은 언제나 예상치 못한 결과를 낳는다. 갑자기 시위 군중들이 파리에서 베르사유 궁전으로 향했다.

파리에서 베르사유까지는 16킬로미터. 불과 몇 시간 만에 궁전 앞에 도착한 성난 여인들은 근위병 몇 명을 죽였다. 그리고 왕비 마리 앙투아네트를 잡으려고 궁전으로 난입했다. 왕비는 폭도들을 피해 왕의 집무실로 몸을 숨겼다. 루이 16세는 두려운 마음으로 자신의 창문을 열고 군중들에게 내일 당장 시청 광장에서 빵을 배급하겠다고 약속했다. 그러나 군중들은 국왕이 파리로 함께 가야 한다고 주장했다. 1789년 10월 5일 밤 12시, 왕과 왕비, 그리고 그들의 아이들을 태운 마차가 파리로 향했다.

1790년 7월 14일, 바스티유 감옥 함락 1주년 기념으로 혁명위원들은 시민들을 불러다 '나라를 위한 만찬'을 베풀었다. 그러나 그뿐이었다. 시민들의 삶은 여전히 고달팠고 굶주림은 생활의 동의어였다. 그래서 혁명은 딱 하루 배부를 뿐이라는 말이 생겨난 것이다.

1791년 6월, 루이 16세와 그의 식구들이 오스트리아로 탈출하려다 국경수비대에 붙들렸다. 적국으로 도망치려 했던 루이 16세가 민중들과 결별하는 순간이었다. 1793년 1월 20일, 하루 종일 루이 16세에 대한 재판이 진행된 끝에 사형 판결이 내려졌다. 그날 저녁 루이 16세는 가족들과 마지막 저녁식사를 함께 했다. 식사를 마치고 루이 16세는 아이들에게 "내일 다시 저녁을 함께 하자!"고 약속했지만 그 말을 믿는 가족은 아무도 없었다. 다음날 새벽, 루이 16세는 국왕의 차림을 하고 혼자 아침식사를 했다. 그가 무슨 음식을 얼마나 맛있게 먹었는지는 아무도 모른다. 그의 단두대 처형식은 그날 아침 10시에 예정돼 있었다.

파리 단두대 광장은 아침부터 인파들로 가득했다. 로베스피에르는 국왕의 마지막 모습을 보지 않고 전날 죽은 친구의 장례식장으로 달려갔다. 로베스피에르가 처음 루이 16세를 만난 것은 그의 즉위식 날이었다. 학생 대표로 뽑힌 로베스피에르는 비가 부슬부슬 내리는 가운데 마차 속에 있는 루이 16세를 위해 장문의 편지를 낭독하고 왕에게 전달했다. 그때 그는 왕의 손이 유난히 작고 하얗다는 것만 알 수 있었다. 마차 안에 있던 왕의 얼굴은 차마 볼 수 없었다. 1793년 1월 21일 오전 10시 사이렌이 울리자 루이 16세는 단두대에 목을 들이밀었다. 그는 죽기 전까지 자기 잘못을 인정하지 않았다.

1793년 9월 4일은 나폴레옹이 역사에 등장하는 날이다. 혁명이 외부로 전파되는 것을 막기 위해 유럽의 여러 나라 군대가 프랑스를 포위하고 있던 상황이었다. 특히 프랑스 툴롱 항구는 영국 군대에 의해 봉쇄되어 있었다. 외부와 차단된 프랑스에서는 생필품 가격이 치솟고 굶어 죽는 사람들이 속출했다. 배고픔 때문에 일어났던 혁명이 배고픔 때문에 사라질 위기였다. 그런 위기에서 혁명을 구한 것이 바로 나폴레옹이었다. 혁명군대가 툴롱 항구를 탈환하기 위해 고심하고 있을 때, 일개 대위 계급장을 달고 있던 나폴레옹은 상관의 지시에 불응하고 새벽에 항구에 정박하고 있던 영국 함대를 공격해서 격침시켜버렸다. 놀라운 일이었다.

"미안해요! 일부러 그런 건 아니에요."

나폴레옹이 등장할 그 무렵 왕비 마리 앙투아네트 역시 죽음을 기다리고 있었다. 신문들은 그녀의 죄를 도배하다시피 게재했고 그녀는 자신의 아들까지 추문의 대상이 되는 것에 격분했다. 그녀는 최후 진술에서 다음과 같이 말했다. "모든 죄를 인정하지만 내 아들까지 거론하는 것은 도저히 참을 수 없다. 모든 부모들의 가슴에 호소한다. 제발 내 자식의 이름까지 더럽히지 말라!' 프랑스 민중들은 왕비의 탐욕과 사치를 욕하면서 성적으로 문란한 이 여인은 아들과도 성관계를 가졌다며 차마 입에 담기도 불결한 소문들을 퍼트렸다. 왕비가 법정에서 마지막 남은 자존심을 걸고 프랑스 민중들을 비판했던 것은 그 때문이었다.

1793년 10월 16일 아침, 마차가 당도했다. 그 마차는 단두대로 향하는 사형수들을 위한 것으로 그 무렵 파리 시내를 가장 빈번하게 오가고 있었다. 마차에 오르기 전 그녀는 유난히도 긴 머리카락을 잘라야 했다. 서른여덟 살이란 나이가 믿기지 않을 만큼 하얗게 센 머리카락이었다. 그녀를 실은 사형수 마차가 파리 시내를 통해 콩코드 광장에 도착했다. 그동안 파리 시민들은 그녀에게 욕설을 퍼부었다. 심지어 침을 뱉는 이도 있었다.

단두대를 본 마리 앙투아네트는 계단을 오르다가 잠시 휘청거리면서 사형집행관의 발을 밟았다. "미안해요! 일부러 그런 것은 아니에요." 그녀가 생전에 남긴 마지막 말이었다. 그것은 사형집행관이 아니라 파리 시민들에게 하고 싶은 말이었을지도 모른다. 한 사람의 죽음을 연민과 동정이란 측면에서 살펴본다면 그녀 역시 시대의 희생양일 수 있다. 그녀가 태어난 시기 유럽에서는 왕족들의 전쟁이 빈번하게 벌어졌다. 오스트리아의 평화의 사절로 프랑스 왕가에 시집 온 그녀는 부르봉 왕가와 합스부르크 왕가의 화해의 상징이었다. 하지만 그녀는 프랑스 민중들의 배고픔을 모르고 사치로 가난한 백성들의 세금을 탕진한 죄로 단두대에서 세상과 이별했다.

'평등의 빵' 만들기는 너무 어려워

인류는 평등을 지향하지만 단 한 번도 평등한 사회를 건설한 역사는 없다. 평등은 언제나 신기루와 같았다. 간혹 평등한 사회가 몇 번 있긴 했지만 모두 헐벗은 사회였다. 불평등한 인류의 역사를 정리해서 책으로 펴낸 루소는 "가난은 개인의 잘못이 아니라 사회의 책임이다"라고 주장했다. 하지만 볼테르는 루소의 이런 생각을 자신의 무능을 사회에 돌리는 무책임하고 나쁜 태도라고 비판했다. 루소가 모든 불평등은 인간의 탐욕에서 시작됐으니 자연경제로 돌아가자고 주장하자 볼테르는 "그렇다면 내가 원숭이처럼 걸어서 너에게 가리라"며 신경질적인 반응을 보였다.

　로베스피에르에 의해 프랑스혁명의 정신적 우상이 되었던 두 사람, 볼테르와 루소는 '평등한 사회'에 대한 각기 다른 생각으로 격렬하게 대립했다. 루소가 그린 사회가 소박한 농민들이 주인인 농업중심의 세상이었다면 볼테르는 상공업이 활발하고 종교의 자유가 보장되는 문명화된 사회를 꿈꾸었다. 혁명의 두 우상이 대립하는 것처럼 평등이란 문제는 어렵다. 로베스피에르에 의해 혁명정신으로 추앙되던 두 사람은 프랑스혁명의 정신 '자유와 평등, 박애'를 인류의 유산으로 남겼지만, 그 가운데 평등의 문제는 두 사람이 죽기 전까지 해결하지 못했다.

　생계를 위해 자식들을 고아원으로 보내야 했던 루소. 그의 가난을 볼테르를 비롯한 당대 지식인들은 이해하지 못했다. 루소의 문장은 힘이 넘친다. 특히 부자들의 탐욕을 지적할 때 그의 문장은 빛을 발한다. 반면 볼테르의 글은 자본주의 정신을 찬양할 때 유난히 반짝이고 있다. 볼테르는 주식투자와 부동산투자, 고리대금업을 통해 당대 부유층 대열에 속해 있었다. 볼테르에게는 루소가 벌레와 같은 존재였을까? 종교적 관용을 최대 화두로 삼아 많은 글을 쓰고 또한 많은 독자들을 두었던 볼테르였지만 평등에 대한 생각은 온전히 가난한 사람의 편이 아니었다.

몽상가들의 유토피아

평등에 대한 입장은 지식인들 사이에서도 그 처지에 따라 엇갈렸다. 많이 가진 지식인들은 '평등이란 불편한 옷과 같다' 고 생각했다. 평등은 어렵고 실현하기 힘든 가치이다. 평등은 항상 혁명과 함께 찾아오지만 혁명을 실패로 내모는 것도 평등이다. 명예혁명을 통해 정치적 근대 시민사회체제로 잘 이행한 영국 역시 빈부격차에서 오는 불평등에 대한 불만은 팽배한 상태였다. 프랑스에서 들려오는 혁명의 피바람을 차단하기 위해 영국에서는 경제적 명예혁명을 이룩해야 한다는 논쟁이 지식인들 사이에서 격렬하게 오갔다.

프랑스혁명 중 로베스피에르가 추진했던 '평등의 빵' 법안은 혁명 과정에서 평등을 실현하는 것이 얼마나 어려운지 보여주는 대표적인 사례다. 로베스피에르는 프랑스를 완전한 평등사회로 만들기 위해 1793년 10월 13일 '평등의 빵' 이란 법률을 만들었다. 그것은 프랑스의 모든 사람들은 부자나 가난한 사람들이나 모두 똑같은 빵을 먹어야 한다는 내용으로, 평등이념을 실천하기 위해 만들어진 법이었다. 그렇게 해서 프랑스에서 만들어지는 빵은 모두 한 가지로 통일됐다. 길이 70센티미터에 무게 250그램. 이 평등의 빵 바게트는 이때부터 프랑스를 대표하는 빵이 되었다.

그런데 빵 가격이 통일되자 우유가 말썽이었다. 그래서 다시 로베스피에르는 '반값 우유' 를 공급할 것을 명령했다. 그러자 젖소 농가가 또 난리였다. 우유 가격이 절반으로 떨어지자 농가들이 파산하고 이어 건초 농가 역시 타격을 받으며 프랑스 농촌경제가 휘청거린 것이다. 이는 정부가 물가를 통제하는 것이 얼마나 어려운 일인가를 잘 보여주는 사례이다. 빵과 우유, 그것은 단일품목이지만 그와 연관된 것들은 보이지 않는 손에 의해 복잡하게 움직인다. 그래서 경제는 어렵고도 복잡하지만 문학작품보다 흥미롭다고 애덤 스미스가 말하지 않았던가.

빵 한 조각을 두 사람에게 똑같이 나누고 싶어 잘 나눈다고 나누지만 항상 한 쪽은 다른 쪽보다 작은 듯 보인다. 그래서 많은 곳을 뜯어 내 입에 넣고 다시 보면 이번에는 그 반대가 더 크다. 이렇게 몇 번을 하다 보면 빵은 자꾸 줄어든다. 자본주의 경제에서 평등은 이처럼 빵만 더 작게 만드는 것과 같다.

혁명 이후 프랑스는 유럽 외부와 차단되었다. 그런 상황 속에서 프랑스는 공포사회로 변하고 있었다. 파리 시내는 하루에도 수십 대의 사형수 호송마차가 단두대로 향했다. 어떤 날은 1분에 하나 꼴로 사람의 머리가 단두대에서 잘려나갔다. 혁명광장은 피로 물들었다. 비밀경찰들은 혁명을 비난했다는 이유로 선량한 시민들을 죽였다. 로베스피에르는 종교가 혁명에 방해가 된다고 판단하여 교회와 성당을 모두

없애버렸다. 하지만 프랑스 시골에는 여전히 국왕에 대한 향수가 남아 있었다. 방데 지역에서는 혁명과 반혁명 세력들의 충돌이 일어나 10만 명이 목숨을 잃는 참극이 벌어졌다.

파리의 히트상품, 혁명

1789년 프랑스혁명 이후 파리에서는 일주일에 90개 이상의 혁명을 찬양하거나 반대하는 책자들이 쏟아졌다. 이 넘쳐나는 선전책자들은 이념의 과잉시대를 보여주고 있었다. 혁명이 일어나고 4년 만에 로베스피에르는 혁명영웅이 아닌 독재자의 모습을 하고 있었다. 그는 친구들에게 이렇게 말했다. '나는 지금 독재자가 아니라 미치광이로 변하고 있네. 내안에 남아 있는 증오와 분노를 해소하지 않는 한 나는 나를 인정하지 않는 누구도 용서하지 않겠네.' 1794년 3월 30일, 로베스피에르는 당통과 그를 따르는 사람들을 모두 체포했다. 그리고 그들은

5일 뒤 단두대에서 목이 잘렸다. 로베스피에르는 당통을 비롯한 혁명 동지들을 죽인 뒤 갑자기 사람이 달라졌다. 1794년 5월 22일, 세실 르노라는 젊은 수녀가 로베스피에르를 암살하려고 그의 집에 들이닥쳤지만 실패로 끝났다. "내가 죽이지 않아도 당신은 얼마 남지 않았어!" 그녀가 끌려가면서 한 말이었다.

1794년 6월 8일, '지혜의 동상' 제막식이 거행됐고 사람들은 흰 옷을 입은 로베스피에르의 모습을 보았다. 축제가 끝나고 로베스피에르는 집으로 돌아가면서 측근들에게 "자! 한동안 내 모습을 보지 못할 것이오"라고 말했다. 그리고 정말 6주 동안 그는 자신의 집에서 전혀 외출도 하지 않고 앞으로 프랑스를 어떻게 끌고 갈지 고민했다. 그가 잠적하자 소문이 돌기 시작했고, 소문은 두려움을 몰고 왔다. "로베스피에르는 백색의 순수한 혁명공화국을 그리고 있다. 그가 사람들에게 모습을 보일 때는 그동안 흘린 것보다 더 많은 피를 원할 것이다." 대개 소문은 그런 내용들이었다.

1794년 7월 23일, 의회에 로베스피에르가 얼굴을 드러냈을 때 다른 공안위원회 의원들은 공포로 떨고 있었다. 그들은 로마 최초의 황제 카이사르를 죽인 원로원들처럼 로베스피에르를 제거하려고 둘러싸고 있었다. 로베스피에르는 손에 적힌 반혁명분자 명단을 들고 연단에 올라갔다. "자! 여러분. 그동안 나는 여러분들의 비겁함을 잘 보았습니다. 이제 48시간이면 모든 것이 끝날 것입니다." 이것은 소문이 사실임을 말해주는 선전포고였다. 그가 연단에서 내려오자 그를 에워싸고 '독재자! 독재자!'라는 구호가 요란스럽게 울렸다. 그것으로 로베스피에르는 끝이었다.

로베스피에르가 죽자 프랑스혁명도 사실상 막을 내렸다. 혁명은 항상 그 모양이었다. 이상은 사라지고 사람만 남고, 다시 사람도 사라지고 모든 것이 끝나버린다. 로베스피에르가 죽고 프랑스는 다시 혼란한 정국으로 빠져들었다. 그런 프랑스를 위기에서 건진 것은 나폴레옹 보나파르트였다. 1796년 이탈리아 원정을 성공적으로 이끌었을 때 그의 나이는 불과 서른 살이었다. 그는 가장 젊은 나이에 유럽의 영웅이 되었다. 프랑스의 어려움은 여전했고 영국보다 정치 · 경제적으로 한참 뒤처진 상황을 돌파하기 위해 나폴레옹이 선택한 것은 전쟁이었다. 그 무렵 영국 역시 경제성장의 피로감으로 인해 불황이 찾아왔다. 유럽에 몰아닥친 자연재해로 기아에 신음하는 빈민들이 갑자기 늘어났고, 산업혁명에 소외된 노동자들이 열심히 일을 해도 배가 고파 여기저기 시위를 벌이고 있었다. 영국 노동자들은 프랑스혁명이 영국에서도 일어나야 한다고 생각했다.

이런 유럽의 분위기를 안고 1804년 12월 3일 나폴레옹이 황제로 즉위했다. 사람들은 말한다. 나폴레옹의 위대한 유산은 그가 점령한 땅이 아니라 그가 만든 '법전'이라고. 전쟁으로 빼앗은 땅은 전쟁에서 잃고 나면 그만이었다. 하지만 그가 만든 법전은 프랑스를 온전한 프랑스로 만들었다. 완전한 노예해방과 여성평등, 그리고 프랑스 정신인 모든 사람들의 행복추구권을 존중하는 내용이 그 방대한 법전에 들어 있었다.

1804년 당시 나폴레옹에게는 웅대한 꿈이 있었다. 황제라는 호칭은 프랑스 뿐 아니라 유럽 전체를 자기가 다스리겠다는 포부였다. 그는 황제도 법 앞에 평등하다고 주장했다. 나폴레옹은 유럽 원정을 떠났다. 나폴레옹 군대는 유럽 곳곳에 혁명정신을 전파했다. 그러나 스페인에 들어가면서 혁명군대는 잔학한 군대로 전락했다. 나폴레옹은 자기가 마치 로마의 카이사르라도 된 것처럼 행동했다. 그는 영국에 대한 경제봉쇄조치를 내렸고 러시아는 반기를 들었다.

1812년 봄, 나폴레옹은 참모들의 반대를 무릅쓰고 러시아 원정에 나섰다. 러시아를 정복한 유럽의 나라는 역사상 단 한 국가도 없었으며, 프랑스도 예외가 아니었다. 러시아 군대는 모스크바 시내를 모두 불태우는 이상한 전술을 폈다. 보급품 확보에 애를 먹던 프랑스 군대는 결국 겨울이 닥치자 서둘러 러시아 내륙에서 빠져나와야 했다. 이 과정에서 40만 명 이상이 추위와 굶주림으로 목숨을 잃었다. 나폴레옹은 전범이란 이름으로 엘바 섬에 감금당했다. 그리고 루이 16세의 동생 루이 18세가 영국에서 파리로 돌아왔다. 몸이 너무 뚱뚱한 그는 한

눈에도 총명함과는 거리가 멀어 보였다.

　루이 18세는 거의 환갑이 다 된 나이에 갑작스레 국왕이 되었다. 그는 파리 시민들에게 자신의 위용을 과시하기 위해 유럽의 재벌 로스차일드 가문에서 돈을 빌렸다. 그는 빠르게 앞서가는 영국의 산업을 눈으로 확인했기 때문에 각종 공채를 발행해서 프랑스 경제개발에 시동을 걸었다. 그러나 프랑스는 나폴레옹이 일으킨 전쟁으로 유럽 각국이 입은 피해 보상금을 지불하기 위해 막대한 재정을 필요로 했다. 그가 집권하자 프랑스의 시계는 과거로 돌아갔다. 1824년 루이 18세가 죽자 루이 16세의 막내 동생 샤를 10세가 집권했다. 그는 형보다 강하고 반동적인 인물이었다. 그는 노동자들을 탄압했고, 그로 인해 파리에서는 언제나 혁명을 부르짖는 노동자들과 지식인들의 시위가 끊이지 않았다.

　1830년 7월 25일, 샤를 10세가 언론을 장악하고 선거권을 제한하는 법률을 공포하자 다음날 노동자와 대학생들이 정부의 무장군인들과 전투를 벌였다. 투표할 수 있는 사람을 소상공인과 지주들처럼 세금을 많이 내는 사람들로 제한한 것에 반대해서 전국적으로 소요가 일어난 것이다. 대학생들과 노동자들이 파리 골목을 바리케이드로 봉쇄하기 시작했다. 스위스 용병들이 좁은 골목길에 총을 쏘며 길을 내고 있었고, 시민들은 창문에서 가구와 기왓장을 내던지며 그들에게 저항

몽상가들의 유토피아

했다.

　1830년 8월 2일, 샤를 10세가 물러나고 8월 9일 루이 필립이 공식적으로 취임했다. 1835년 프랑스에 철도가 건설되기 시작했다. 1840년대 후반부터 유럽에 몰아닥친 기근과 흉년으로 다시 프랑스에서 굶어 죽는 사람들이 늘어나고 있었다. 영국에도 '굶주림의 40년대'라는 말이 생겨났다. 혁명의 도화선은 그나마 보수적이던 프랑스 숙련 노동자들이었다. 그들이 줄곧 요구했던 선거권을 보수정권은 계속 거부하고 있었다. 프랑스 지식인들은 개혁연회를 개최하자고 정부에 제안했으나 정부가 연회 자체를 원천봉쇄하면서 시민과 경찰 사이에 긴장이 고조되고 있었다. 그러자 개혁적인 신문들은 귀족들의 만찬에 비교하면서 정부의 강경책을 비난했다.

　보수정권이 개혁적인 인사들을 체포하자 1848년 2월 22일 아침, 혁명광장에 노동자와 학생들이 '라 마르세예즈'를 부르면서 모이기 시작했다. 2월 23일, 전날보다 더 많은 시위대가 파리 시내에 집결했고 루이 필립은 이 문제를 군사력으로 해결하려 했다. 그는 시위대가 왕의 궁전으로 이동하고 있다는 소식을 듣고 비밀경찰에게 이를 제지하라는 명령을 내렸다.

　첫 총성이 울리고 약 40여 명이 바로 쓰러졌다. 시체들은 손수레에 실렸고, 흥분한 군중들은 그것을 끌면서 시청 주위를 돌았다. 2월 24일 아침 8시, 다시 시위대와 경찰 사이에 전투가 벌어졌고 루이 필립은 식탁에 앉아서 고민을 하기 시작했다. 시 외곽에 있는 6만 명의 병력을 투입할 것인지 결정을 해야 했다. 고민 끝에 그는 스스로 왕위에서 물러날 것을 결정한 다음 왕으로서의 마지막 만찬을 즐겼다.

1848년 2월 26일, 프랑스에 다시 공화정부가 들어섰다. 프랑스도 영국처럼 노동시간을 법으로 단축시켰다. 파리에서는 10시간, 지방은 11시간을 초과하지 못하게 했다. 하지만 1848년 6월 22일, 파리 국립극장 앞에서 취로사업장에 나가려던 3만 명의 노동자들이 갑자기 일이 없다는 소식에 폭동을 일으켰다. 이날부터 일주일 동안 파리에서 벌어진 이 폭동을 노동자들은 '6월 항쟁'이라고 불렀다. 정부에서는 카베냐크 장군이 이끄는 군대를 동원해서 폭동을 진압했다. 수많은 바리케이드에도 불구하고 약 4000명의 민간인이 사망했다. 정부군 측에서도 약 1600명의 사망자가 발생했다. 이후 프랑스 최초로 성인 남자들을 대상으로 한 전국적인 투표가 열렸다.

유권자 수가 25만 명에서 900만 명으로 대폭 늘었다. 하지만 농민들의 투표성향은 항상 보수적인 것이 문제였다. 농민들의 몰표로 급진파들은 몰락하고 온건파들이 득세했다. 당시 프랑스 사람 절반은 글을 읽을 줄 몰랐다고 한다. 그런 사람들에게 혁명의 이상을 이야기하고 공화제를 설명한들 새로운 정치체계를 이해하기란 힘든 일이었다. 성숙한 자본주의 지식사회가 결국은 공산사회로 발전할 것이란 마르크스의 전망은 바로 이때 생겨났다.

프랑스 농촌의 나폴레옹 향수를 등에 업고 나폴레옹의 조카 루이 보나파르트가 프랑스 최초의 대통령에 당선됐다. 그는 나폴레옹에 대한 향수를 보수주의 기반 강화에 이용했다. 보수주의자들은 '문명 대 야만' 혹은 '사회질서 대 혼란'으로 좌파를 공격했다.

1852년 1월 1일 노트르담에서 파리 대주교는 나폴레옹 3세를 찬양하는 미사를 올렸고 다시 프랑스는 황제의 나라가 되었다. 영국에 비해 공업화가 한참 뒤진 프랑스는 영국을 따라잡으며 빠르게 변화했다. 파리의 인구는 1850년 130만 명에서 20년 만에 200만 명으로 폭증했다. 사람들이 몰려들자 파리는 뚜렷한 두 개의 얼굴을 갖게 되었다. 귀족들이 꿈꾸던 낭만적 도시와 빈민 노동자들이 넘쳐나는 뒷골목이 바로 그것이었다.

12

1840년대 파리의 사상가들

영국은 한 번도 피 흘리는 혁명을 경험하지 않은 반면 프랑스에서는 혁명이 새로운 상품처럼 자주 발생한 이유는 무엇일까? 프랑스는 루이 14세가 낭트칙령을 폐지하면서 가톨릭 이외의 다른 종교를 박해했다. 그래서 수많은 개신교도들이 프랑스를 떠났다. 이런 개신교도들의 집단탈출은 프랑스 국력을 쇠퇴하게 한 원인이 되었다. 영국보다 산업화가 한참 늦게 시작된 프랑스는 영국과 식민지 쟁탈전을 벌이며 곳곳에서 충돌했지만 승리한 곳은 별로 없었다. 전쟁비용으로 많은 세금을 국민들에게 강요하던 프랑스 왕정은 지독한 종교적 탄압과 극심한 빈부격차로 인한 대중의 불만까지 가세하여 결국 혁명에 의해 무너졌다.

프랑스대혁명이 일어나고 반세기 동안 파리는 새로운 세상을 꿈꾸는 사상가들로 넘쳐났다. 닫혔던 사상적 물꼬는 혁명으로 인해 다시금 트이기 시작했다. 영국이 산업혁명을 유럽에 수출했다면 프랑스는 다양한 이념들을 생산해내었다. 파리는 유럽의 '생각창고'였다. 프랑스 사회사상가 피에르 조제프 프루동이 브장송 아카데미연구소에 두툼한 연구논문을 제출한 것은 1840년 3월 무렵이었다. 그는 "자신만의 경제학 책을 갖고 싶다"는 강한 열망으로 약 6개월 동안 연구했던 '소유'에 대한 문제들을 정리하여 논문으로 제출했다. 논문의 시작은 자극적이었다.

'모든 소유는 도둑질에서 생겨난 것이다.' 브장송 아카데미는 이 반사회적인 논문을 받고 충격과 당혹감에 빠졌다. 프루동은 그 논문을 다시 책으로 출간했다. 초판은 500부. 그러나 불과 1년 만에 3000부 재판을 찍었다.

피에르 조제프 프루동은 1809년 1월 15일, 프랑스 동남부 브장송에서 태어났다. 목가적인 이 시골마을에서 열두 살까지 그저 밭일이나 하면서 가난 말고는 걱정할 것 없던 프루동은 죽을 때까지 잊지 못했던 유년시절의 아름다운 농촌풍경을 꼼꼼하게 마음에 채워 넣었다. 프루동은 중학교를 제대로 마치지 못하고 집안의 생계를 돕기 위해 출판사에 취직했다. 이후 다시 인쇄소 식자공으로 자리를 옮긴 프루동은 가난 때문에 배우지 못한 것을 독학으로 깨치기 시작했다. 그는 신학 서적들을 조판하다가 직접 성경 원전을 해독하기 위해 히브리어를 배우기도 했고 여러 다양한 학술서적들을 만들다가 의문점이 생기면 직접 책을 읽고 메모를 하는 일을 계속했다.

그러다 그는 도시 노동자의 빈곤한 삶을 몸소 체험한 것을 가지고 책을 쓰기 시작했다. 1839년 11월, 브장송 아카데미가 던진 '사회적 자살자들이 증가하고 있는데 과연 사회악은 무엇인가?' 라는 질문에 프루동은 "노예제가 한 인간을 살해하는 것과 다름없는 것처럼, 모든 '소유한다' 는 개념은 도둑질과 다름없다. 노동 없는 소득은 모두 도둑질" 이라고 주장했다. 소유권은 지상에 존재하는 악의 시초이며 인류 탄생 이후 질질 끌고 다니는 범죄와 비참이라는 긴 쇠사슬의 첫 고리였다. 칼과 같이 날카로운 그의 문장은 당시 사회 모순을 시원하게 난도질했다.

1839년 파리도 경제공황에 몸살을 앓았다. 그해 1000개가 넘는 회사가 파산했다. 공황에는 언제나 작은 자본가들이 큰 자본가들의 먹잇감 노릇을 하기 마련이다. 프루동은 열심히 일하지 않으면서도 자본을 갖고 있다는 이유만으로 파산한 사람들의 재산을 갈취하는 현실을 보면서 '소유는 도둑질' 이라고 주장한 것이다. 공황이 발생하면 언제

몽상가들의 유토피아

나 사채업자들이 판을 쳤다. 파산한 제조업자들은 갖고 있던 재산을 빼앗기고 감옥으로, 병원으로, 거리로 내몰렸다. 그것으로도 해결이 되지 않으면 센 강에 몸을 던졌다.

1848년 6월 파리에서 혁명이 일어났고 이후 다시 치러진 선거에서 프루동은 제헌의회 의원으로 당선됐다. 프루동은 1849년 가난한 사람들을 위해 신용은행을 설립했다. 그리고 잡지 《인민》에서 루이 나폴레옹의 전제정치를 격렬하게 비판했다가 경찰에 체포되어 3년 동안 감옥에 갇히는 신세가 됐다. 1852년 6월, 프루동은 출옥했다. 그 사이 반동정치는 더욱 단단해진 모습이었다. 답답하고 우울한 마음으로 지내던 프루동은 1854년에 설상가상으로 두 딸을 콜레라로 잃었다. 1858년 프루동은 교회를 정면으로 비판하는 『혁명과 교회에서 정의』라는 책을 냈다. 책은 6000부나 팔렸지만 다시 법정에 서게 된 프루동은 3년 형과 함께 4000 프랑의 벌금을 언도받고 빚을 져야 했다.

한편 1840년대 프랑스 파리는 유럽의 혁명가들이 활개를 치는 곳이었다. 그 가운데 전혀 사람들의 주목을 받지 않는 러시아 사람이 한 명 있었다. 바로 바쿠닌이었다. 그는 러시아 부농의 아들로, 집안의 농노가 1000명이 넘는 대단한 귀족집안 출신이었다. 그의 아버지는 이탈리아에서 외교관 생활도 했지만 모험을 좋아하지 않았고 차르체제에 조용히 순응하는 평범한 19세기 초 러시아 귀족 가운데 한 사람이었다. 그런 아버지 밑에서 이상한 아들이 한 명 태어난 것이다.

1814년 5월 30일에 태어난 미하일 알렉산드로비치 바쿠닌은 나중에 인생의 라이벌이자 이념적 라이벌이 되었던 마르크스보다 네 살이나 위였다. 하지만 1840년대 두 사람을 본 사람들은 대개 마르크스가 한참 나이가 더 많다고 생각했을 것이다. 그만큼 마르크스는, 혁명의 꿈을 꾸고 있는 러시아의 어색한 친구보다 더 노회하고 닳고 닳은 사상가처럼 보였다. 1840년 6월 증기선을 타고 모스크바를 떠난 바쿠닌은 베를린에 도착했다. 그리고 헤겔 철학에 심취한 학생답게 베를린대학교에서 철학강의를 들었다. 베를린에서 그는 신문도 읽지 않고 오직 독일의 관념론 서적들만을 탐독했다.

1840년대 영국은 자본주의를, 프랑스는 혁명을 유럽에 전파했다. 경제적으로 가장 뒤처진 독일은 헤겔 철학을 유럽에 수출하고 있었다. 유럽의 모든 대학생들은 헤겔 철학책 한 권 정도는 옆에 끼고 다녔다. 다른 학생들과 마찬가지로 바쿠닌은 헤겔 철학에 푹 빠져 있었지만 그가 유럽에서 경험한 것은 헤겔 철학으로는 세상을 바꿀 수 없다는 절망감이었다. 그는 마르크스처럼 관념론을 좋아하는 사람이 아니었다. 그래서 그는 철학에서 혁명으로 관심분야를 이동했다.

1842년 직업 혁명가이자 아나키스트의 아버지 바쿠닌은 유명한 폭동전문가 바이틀링을 파리에서 만난다. 바쿠닌은 빌헬름 바이틀링

몽상가들의 유토피아

이 독일에서 활동했던 내용을 익히 알고 있었다. 노동자들을 선동해서 폭동을 일으키던 바이틀링. 바쿠닌은 그가 험상궂게 생긴 싸움꾼 인상을 하고 있을 것이라고 생각했다. 바이틀링의 직업은 양복 재단사이지만 독일 노동자들에게는 전설적인 인물이었다. 그는 아버지와 어머니의 얼굴도 모른 채 고아로 성장했다. 나폴레옹 군대가 독일에 주둔할 때 프랑스 장교가 독일 여성과 만나 사랑을 나누었다. 하지만 아이가 태어나기도 전에 그는 독일을 떠나야 했고 아이의 어머니는 아이를 고아원에 맡겨버렸다. 이 아이가 바로 바이틀링이다. 바이틀링은 나폴레옹 혁명군대의 사생아였다. 그는 청년으로 성장해서 재단사로 일했다. 그러다가 군대 징집 명령을 피해 괴나리봇짐을 등에 메고 세상을 떠돌아 다녔다.

1835년 아버지를 찾아 파리로 온 바이틀링은 국가전복과 부의 몰수를 전파하고 다녔다. 그는 "인간이 화폐를 사용하면서 불행해지기 시작했다. 화폐제도로 인해 모든 불평등이 시작됐다. 게으름과 지배욕과 향락이 화폐, 즉 돈 때문에 생겼다. 돈은 경멸해야 할 것이며 탐욕의 찌꺼기다"라는 과격한 주장을 폈다. 바쿠닌은 그를 보고 한눈에 반해버린다.

바이틀링이 쓴 책 『한 죄인의 복음서』는 예수를 최초의 혁명가와 공산주의자로 그리고 있으며 마리아를 불쌍한 사생아로 표현했다. 기독교인들에게는 천벌을 받을 금서 중에 금서였다. 인쇄소는 수색당하고 원고는 압수되었다. 바이틀링은 스위스에서 체포되어 종신추방형을 받았다. 바이틀링은 종종 마르크스에게 무식하다는 핀잔을 듣곤 했던 인물이다. 하지만 그의 열정은 마르크스보다 더 강렬했다. 바쿠닌이 바이틀링과 만난 것은 철학자에서 혁명가로 삶의 변화를 예고하는 것이며 무장된 아나키스트의 탄생을 의미했다.

1840년대 프랑스 파리는 검은 옷을 입지 않은 사람들은 카페에도 출입하지 못하게 할 정도로 혁명이 모든 것을 지배하던 사회였다. 발자크처럼 위대한 작가도 검은색의 단정한 옷을 입지 않으면 카페에서 커피를 마실 수가 없었다.

1844년 바쿠닌은 파리에서 두 사람의 대립적인 사상가를 만났다. 한 사람은 마르크스, 다른 한 사람은 프루동이었다. 마르크스는 그 무렵 파리에서 프루동과 연합으로 공산당 창당을 계획하고 있었다. 마르크스는 프루동의 책을 읽고 두 사람이 충분히 함께할 수 있을 것이라고 생각했다. 하지만 프루동은 공산주의와는 다른 사회주의 사상에 심취해 있었다. 두 사람의 차이는 바로 공산주의와 사회주의의 차이였다. 마르크스의 급진적인 사상에 프루동은 동의하지 않았다. 프루동은 소유는 도둑질이라고 주장했지만 그렇다고 모든 소유를 인정하지 않는 것은 아니었다. 그리고 공유사상, 공산주의 사상은 경쟁심을 떨어뜨려 사회를 퇴보시킬 것이라고 주장했다.

1848년 2월, 파리혁명이 시작됐다. 그때 바쿠닌은 벨기에에 있었다. 그는 혁명으로 몸살을 앓고 있는 파리로 곧장 달려왔고 혁명의 무대에 자신의 광기를 던졌다. 그는 군중들 속에 있었고 그의 목소리는 언제나 사람들을 움직이게 했다. 혁명이 일어나면 마르크스는 펜을 들었지만 바쿠닌은 시위대들과 함께 무기를 들었다. 바쿠닌은 새벽 5시에 일어나 다음날 새벽 2시까지 혁명수비대 요원으로 활동했다. 그는 혁명이 체질이었고 사람들은 그의 놀라운 열정에 혀를 내둘렀다. 집회, 회합, 토론, 행진, 진군, 시위 끊임없이 연속되는 혁명의 일정. 고된 생활이었지만 그는 전혀 피곤함을 모르고 열정적으로 살고 행동했다. 바쿠닌과 같은 사람 300명만 있었다면 프랑스혁명은 전혀 다른 모습으로 전개됐을 것이라고 말하는 이도 있었다.

1848년 3월 프랑스혁명이 유럽 전역으로 수출되던 시기에 바쿠닌은 프랑스 리옹에서 노동자 시위를 선동하다가 5월 1일 독일의 베를린에 나타났고, 얼마 뒤 다시 드레스덴으로 들어갔다. 당시, 니체가 한때 그토록 좋아했던 바그너가 드레스덴 오페라 지휘자로 있었다. 바쿠닌은 바그너의 집에 기숙하면서 혁명의 멋진 미래를 그에게 그려주었다. 바그너는 틈만 나면 바쿠닌의 혁명 이야기를 들어야 했다. 드레스덴에서 폭동이 일어나자 바쿠닌은 바그너의 도움으로 시청 청사를 점령했다. 드레스텐 시청 앞에 바리케이드가 설치되자 시민들도 함께 나섰다. 바쿠닌이 혁명가로 이름을 날린 것은 이 사건 이후였다. 그러나 혁명은 실패했고 프로이센 군대에 의해 신속하게 시청 건물이 접수됐다.

바쿠닌은 체포됐고 바그너는 도망가는 데 성공했다. 바그너는 이 모든 일이 바쿠닌의 음모에 의해 일어난 것이라고 10년 뒤 배신의 글을 남겼다. 바그너의 말이 맞는다고 하더라도 감옥에 갇혀 있던 한때의 동지에게 그런 말은 심장에 칼을 꽂는 것이나 마찬가지였다. 그처럼 바그너는 정치적이고 기회주의적인 인물이었다. 니체는 아마도 그런 바그너에게 실망하고 돌아섰을 것이다.

러시아는 오스트리아에서 바쿠닌이 체포됐다는 소식에 비상한 관심을 보였다. 바쿠닌이 차르 정부에게 얼마나 부담스런 존재였는지 알게 하는 대목이다. 러시아는 공식적으로 오스트리아에게 바쿠닌을 넘겨달라고 요청했다. 바쿠닌은 프라하 감옥으로 이송된 뒤 그곳에서 1년 동안 수감생활을 했다. 오스트리아 법원은 체제전복을 기도했던 그에게 사형을 언도했고 얼마 뒤 바쿠닌은 감방 안에서 자살을 시도했지만 실패했다. 1851년 바쿠닌은 러시아로 인도되었다. 그리고 그는 한번 수감되면 귀신이 되어야만 나온다는 악명 높은 감옥 상트페테르부르크의 피터 폴 요새에 수감됐다. 네바강으로 둘러싸인 그곳은 탈출

몽상가들의 유토피아

이 불가능한 감옥이었다. 그는 그곳에서 치질과 괴혈병 등을 앓으며 마치 괴물처럼 변해갔다. 혁명이 유럽을 몰아칠 때 이곳저곳 눈에 불을 켜고 돌아다니던 혁명가는 이제 반항의지나 기력도 전혀 없이 눈이 완전히 풀린 몰골로 감옥에서 넣어주는 밥이나 축내고 있었다.

1855년 새로운 황제가 등극한 상황 속에서 가족들의 눈물어린 탄원을 받아들인 러시아 정부는 바쿠닌에게 톰스크 유형지로 보내는 은혜를 베풀었다. 그는 그곳에서 위장결혼을 하고 얼마 뒤 일본을 거쳐 미국으로 도망갔다가 다시 영국 런던으로 돌아오는, 지구 한 바퀴를 도는 탈출에 성공했다.

1867년 9월 9일 오후 2시, 2차 인터내셔널대회가 스위스 로잔에서 열렸다. 육중하고 이상한 걸음걸이로 등장하는 바쿠닌을 보자 그곳에 모인 노동자들이 '바쿠닌'을 연호했다. 그는 언제나처럼 셔츠도 입지 않은 채 회색 저고리에 조끼만 걸치고 있었다. 그 사이로 드러난 가슴 털이 마치 그의 열정을 상징하는 것처럼 보였다. 의자에 앉아 있던 집행위원 중 한 사람이 그를 껴안자 많은 사람들이 크고 우렁찬 박수로 이 영웅을 환영했다.

바쿠닌은 마르크스와 다른 의견을 펼치면서 새로운 조직을 결성했다. 바쿠닌과 마르크스 사이가 갈라지는 시작점이었다. '나는 공유를 증오합니다. 공유는 자유의 부정입니다. 자유가 없는 휴머니즘이란 생각할 수 없는 일입니다. 나는 공산주의가 국가의 이익을 위해 개인을 희생할 것이라고 생각합니다. 그들은 필연적으로 재산을 국가에 집중시켜 국민들을 거지로 만들 것입니다." 소비에트 공화국의 미래를 예견했던 바쿠닌, 그는 이렇게 유럽 아나키스트들의 아버지가 됐다.

몽상가들의 유토피아

프랑스와 **영국 노동자**의 **임금** 차이

19세기 초 영국의회에서도 노동시장 유연성을 주장하는 목소리
가 높았다. 주로 자본가의 논리를 대변하던 의원들은 성인 남성 노동
자의 임금이 높으니 여성이나 15세 이하 어린이들도 노동시장에 들어
올 수 있게 하자고 주장했고, 이내 법안을 제출했다. 여기에 찬성표를
던진 의원들이 많아 결국 그 나쁜 법안은 통과되었고 영국의 남성들은
실업자로 전락하고 낮은 임금의 여성노동자들과 15세 이하 어린이들
이 그 자리를 차지했다. 끊임없이 낮은 임금을 지향하는 자본의 속성
은 시간이 지나도 여전히 바뀌지 않는다.

당시의 안타까운 사연 하나. 탄광촌 여성노동자들은 탄 채취를 하여 화차에 가득 석탄을 싣고 굴속에서 나오면서 옆으로 고개를 돌린다. 그러면 탄광 입구 컨테이너 박스 같은 곳에 젖먹이 어린아이들이 얼굴을 내밀고 자기 엄마를 바라보는 시간을 갖는다. 영국의 탄광촌 여성노동자들은 이 아이들의 얼굴을 봐서라도 열심히 일하라는 의미다. 얼마나 고마운 배려인가? 엄마들은 아이가 살아 있다는 것에 안심하고 더 열심히 일을 할 것이다.

노동자들의 비참한 상황에도 불구하고 생산성 향상에만 정신이 팔린 영국의 공장주들은 환경 개선보다는 영국 노동자가 프랑스 노동자보다 행복하다고 주장하면서 이상한 논리를 들이댔다.

"프랑스 노동자의 임금은 영국 노동자들의 3분의 1에 불과하다. 프랑스 노동자들은 열심히 일하지만 먹고 입는 것은 소박하다. 그들은 빵과 과일, 채소, 건어물 등을 먹지만 고기는 거의 먹지 않는다. 밀가루가 비쌀 때, 그들은 빵조차 먹지 않는다. 그러나 그들은 일을 할 때는 더 열심히 일을 하기 위해 약한 술을 마신다. 이런 프랑스 노동자들의 일에 대한 근면성과 열정을 영국 노동자들도 본받아야 한다."

위 글은 마르크스의 『자본론』에 있는 내용이다. 영국 법원에 공장법 위반으로 기소된 공장주가 갑자기 프랑스 노동자들을 쓰면 훨씬

몽상가들의 유토피아

더 적은 돈이 나간다고 주장하면서 비싸지만 영국 노동자들을 갖다 쓰는 것은 자신이 다른 사람보다 더 많은 애국심이 있어 그렇다고 뻔뻔스럽게 이야기한다. 그러나 영국은 나폴레옹 전쟁 이후 물가가 너무 가파르게 올라 노동자들의 실질임금은 계속 떨어지는 상황이었다. 자본가들이 물가를 감안하지 않는 것은 과거나 오늘이나 똑같다.

그런데 프랑스 사람들을 바라보는 시각은 각도에 따라 다르다는 것을 보여주는 일화가 있다. 유럽에서 한참 전쟁에 몰두할 때 나폴레옹은 이렇게 탄식했다. "프랑스에서 병사들을 차출할 때 160센티미터를 기준으로 했더니 너무 많은 사람들이 빠져나가 병력을 채울 수 없었다. 그래서 기준을 158센티미터로 줄였다. 그래도 여전히 나보다 큰 사람이 군복무를 면제받고 있어 불만이다. 프랑스 남자들이 그렇게 작은 키였다니! 이런 신체적 허약함에도 불구하고 나는 그들을 이끌고 유럽을 정복했다. 이제 강한 국가를 만들기 위해 영국 사람들처럼 고기를 좀 많이 먹여야 할 것 같다." 나폴레옹과 영국의 공장주는 모두 프랑스인들을 비교대상으로 삼아 탄식하고 있지만 그 관점은 완전히 다르다.

마르크스 아내의 슬픈 편지

1851년 11월 마르크스는 빈민굴에서 아이 한 명을 결핵으로 잃고 비참하게 살고 있었다. 보수주의자들은 대개 마르크스가 당시 네 명이나 되는 자식들을 부양하지 않고 엥겔스에게 손만 내밀었던 게으른 사람이라고 비판한다. 하지만 마르크스는 거친 노동으로 건강을 잃기보다는 시대를 통찰하는 멋진 책을 저술하는 일이 가치적으로 더 중요하다고 생각했다. 마르크스의 아내 예니는 노동자 부인에게 보낸 편지에 당시 자신의 상황을 솔직하게 적었다.

몽상가들의 유토피아

"요즘 우리 하루 생활을 그대로 이야기할게요. 그러면 다른 혁명가들이 우리 모습을 보고 위안을 얻을지 모르겠군요. 저는 가슴과 등이 늘 쑤셔도 돈이 없어 유모를 구하지 못해 직접 아이에게 젖을 먹입니다. 그러나 이 가엾은 아기천사는 젖이 나오지 않아 그런지 밤이고 낮이고 보챕니다. 그리고 최근에는 경기도 심해서 삶과 죽음 사이를 오락가락합니다. 아이가 아플 때는 젖을 너무 세게 빨아서 젖꼭지가 쓰리고 피가 나요. 그럴 때면 아이의 작은 입 속에는 젖 대신 피가 들어가기도 하지요. 어느 날 갑자기 집주인 여자가 찾아왔어요. 우린 지난 겨울에 그 여자에게 방세를 주었고 다음부터는 여자가 아닌 남편에게 주기로 했답니다. 남편이 소송을 걸어놓았기 때문입니다. 그 여자는 우리가 5파운드를 내놓아야 한다고 했어요. 하지만 우린 그렇게 큰돈이 없었고, 결국 법원 직원 두 명이 집에 들이닥쳐 돈도 되지 않는 물건들을 압류했어요. 침대, 이부자리, 옷가지, 심지어 갓난아이의 요람과 아이들 장난감에까지 빨간 딱지를 붙였어요. 그들은 두 시간 뒤에 돈을 가져오지 않으면 전부 다 가져가겠다고 을러댔어요. 덜덜 떠는 애들과 함께 쓰라린 젖가슴을 움켜쥐고 맨바닥에 누워야 할 판이었죠. 결국 우리는 다음날 집을 비워야 했답니다. 그날은 춥고 비가 오는 황량한 날이었어요. 남편은 우리가 살 만한 곳을 찾으러 나갔지만 애가 넷이라고 하니까 아무도 받아주려 하지 않았습니다. 마침내 한 친구(엥겔스)가 우리를 도와주었고 우리는 해가 저문 지 한참 뒤에 마차에 짐을 싣고 떠나려고 했어요. 그런데 집주인 남자가 경찰들을 끌고 들이닥쳐서는 자기 물건을 우리가 빼돌리려 한다고 주장하는 거예요. 우리 집 주위에는 첼시의 가난한 하층민들이 구경을 하고 있었어요. 영국에서는 너무 늦은 시간에 짐을 옮기는 것은 불법이라고 합니다. 우린 집주인에게 돈을 지불하고 침대를 다시 집안으로 들여갔고 다음날 해가 뜨자 이사를 했어요."

이렇게 자신의 고생담을 노동자 아내에게 털어놓은 마르크스의 아내는 "미안합니다. 이런 넋두리를 늘어놓다니, 하지만 이렇게 말을 하니 가슴 한곳에 맺힌 응어리가 좀 풀리네요"라고 글을 마쳤다. 그녀는 젊은 시절 마르크스와 결혼할 때 며칠을 고민했다고 한다. 평생 가난한 혁명가의 아내로 살아야 하는 자신에게 스스로 그 고단한 삶을 살 수 있을지 묻고 또 물었다고 한다. 그렇게 결혼을 결심해서 그런지 그녀는 좀처럼 힘든 내색을 하지 않았다고 한다.

남편 친구들을 만나면 항상 즐거운 농담으로 좌중을 즐겁게 해준 예니. 그녀가 엄살을 피운 이 유일한 편지는 당시 런던 노동자들의 삶의 한 단면을 엿볼 수 있게 한다. 그런데 이런 삶이 하루아침에 빈민층으로 떨어진 한국의 서민들에게서도 흔히 볼 수 있는 일상적인 것이 되고 말았다. 요즘 가장 바쁜 사람은 법원 경매를 진행하는 직원들이다. 돈을 빨리 받고 싶은 채권자들은 채무자의 집에 가서 어린이 책상

몽상가들의 유토피아

과 침대, 그리고 장난감에까지 빨간 딱지를 붙인다. 그 빨간 딱지를 보는 아이들의 순수한 동심엔 빨간 멍이 든다. 1851년 마르크스가 살던 런던 빈민가나 2009년 한국의 풍경이 어쩌면 그리도 비슷한지.

마르크스를 비롯한 영국의 노동자들이 빈곤에 허덕이고 있을 때 영국의 경제는 어땠는가? 당시 영국은 산업혁명이 발전하면서 부의 편중으로 인해 양극화가 심화돼 있었다. 공장에서 돈을 번 자본가들은 철도회사에 투자해 돈을 불렸다. 1850년대 영국 경제는 철도주식 광풍이 휩쓸었다. 투기시장이 된 영국의 주식거래소에는 철도주식으로 한 몫 보려는 사람들로 가득했다.

예술, 혁명을 대체하다

프랑스 파리는 농촌에서 올라온 빈민들로 넘쳐났지만 그들을 위한 건물은 없고 대신 멋진 건물들만 즐비했다. 1855년 프랑스 파리에서 처음 열린 만국박람회는 파리가 국제적인 도시로 발전하는 계기가 되었다. 나폴레옹 3세는 나폴레옹 1세가 다시 환생한 것 같은 복장을 하고 그곳에 나타나 다른 유럽 사람들을 놀라게 했다. 그해 파리박람회를 다녀간 유럽 사람들은 4만 명이 넘었다.

파리박람회는 프랑스가 영국을 경제적으로 추월하기 위한 야심찬 프로젝트에서 출발했다. 파리 시내 가로등은 모두 가스등으로 교체되었다. 센 강은 아름답게 정비를 마쳤다. 박람회에 참가한 사람들은 영국을 무섭게 추격하고 있는 프랑스 자본주의의 모습을 확인할 수 있었다. 그들은 프랑스의 대표적인 와인 보르도를 맛보면서 자본주의가 활짝 피어나기 시작한 파리의 맛과 멋에 취했다. 그러나 도시 빈민들은 박람회에서 철저하게 배제되어 어두운 골목으로 숨어 들어갔다.

박람회의 시작은 중세시대부터였다. 중세시대 박람회에서 가장 많은 부스를 차지한 사람들은 환전상이었다. 은행이 따로 있지 않았던 그 시대 환전상들은 은행 일을 대신했다. 유럽은 각 나라마다 화폐가 달랐기에 환전상들은 박람회 기간 동안 가장 많은 돈을 벌었다. 박람회가 개최된 파리는 이때부터 쾌락과 향락, 그리고 패션의 도시가 됐다. 파리는 타락으로 물들었다. 살롱은 성매매를 하는 여인들이 출입하면서 퇴폐적으로 변했다. 성매매는 파리 골목 어디에서나 볼 수 있는 흔한 풍경이 되었다.

프랑스 박람회에서 소외된 상품은 파리가 자랑하는 '혁명'이었다. 혁명과 자본주의는 전혀 어울리지 않았다. 그러나 박람회 기간 중에 파리에 드나들던 많은 지식인들은 그들만의 공간, 카페에서 혁명을 이야기하고 사상을 교류했다. 유럽의 모든 혁명가들과 함께 멋쟁이들도 몰려들었다. 1860년대 프랑스에서 일어난 모든 봉기들은 철저하게 군대에 의해 짓밟혔다. 농민들은 교묘한 정치적 조작과 선전술로 인해 보수주의자들을 지지했다. 프랑스 농촌은 철저하게 혁명을 배신했다.

보수주의자들은 공산주의자들 때문에 프랑스가 후진국으로 전락할지 모른다며 민족주의를 자극했다. 황제는 오페라 극장 개관에만 신경을 썼고 파리가 멋진 도시로 변모하는 모습에 지나친 자신감을 갖고 있었다.

파리는 1900년까지 총 다섯 차례 박람회를 개최하면서 현대적인 도시로 탈바꿈되었다. 빈민들의 파리는 외곽으로 밀려났고 도시는 예술과 산업자본이 결합된 공간으로 구획되었다. 도시 빈민 근로자들은 오페라 건물을 짓는데 동원됐다. 1867년의 파리박람회는 파리가 자본주의의 상징도시로 성장하는 시간이었다. 백화점이 등장했고 수많은 예술가와 자본가들이 파리에서 소비욕구를 분출시켰다. 나폴레옹 3세는 로스차일드 가문의 자본을 끌어들여 럭셔리한 파리를 만들었다.

피에르 오귀스트 르느와르, 에두아르 마네, 에드가 드가 같은 화가들이 19세기 인상파 화단을 파리에서 결성했다. 이들이 주로 화폭에 담은 것은 자본주의의 물질적 풍요를 만끽하고 있는 파리의 호화로움이었다. 르느와르는 몽마르트 언덕을 매일 오르내리며 물랭루즈 사교장에서 춤을 추며 즐거워하는 귀족들의 모습을 화폭에 담는 데 열중했다. 마네는 파리의 밝은 면과 그곳에서 생동감 있게 살아가는 사람들의 모습을 놀라운 솜씨로 표현했고, 드가는 오페라 하우스에서 춤추는 발레리나의 순간을 포착하는 데 평생을 바쳤다. 이런 화가들의 그림은 제임스 로스차일드를 비롯한 유럽의 부자들에게 재산증식의 한 방편으로 구매되었다.

　　"인생을 짧고 예술은 길다"가 아니라 "예술가는 잠깐이고 그들이 남긴 그림의 가치는 영원하다"로 모토는 바뀌었다. 예술가들의 작품이 팔리자 예술의 도시 파리에는 혁명의 어두운 그림자가 말끔히 사라졌다. 1870년대 파리의 카페들은 유럽의 귀족과 예술가들의 만남의 장소였다. 1900년에는 2만 개가 넘는 카페들이 파리를 가득 메웠다.

16

선생, **이게** 바로 **평등이오!**

　　1864년 파리 뒷골목. 프랑스 현대시의 아버지 보들레르가 그곳을 걷고 있었다. 당시 파리는 풍요와 빈곤, 희망과 절망이 교차하는 도시였다. 보들레르는 매력적인 혼혈 창녀 뒤발에게 빠져 『악의 꽃』이란 책 한 권을 건지고 인생은 저 밑바닥까지 추락한 채 허름한 파리 뒷골목을 배회하고 있었다. 절망이 더 한층 깊어가던 그 무렵, 1863년 좋아했던 들라크루아까지 숨을 거두자 보들레르는 혁명에 대한 작은 기대조차 품을 수 없게 되었다. 보들레르는 들라크루아를 좋아했다. 들라크루아 역시 사생아로 태어났기에 고독한 유년시절을 보내야 했다.

들라크루아의 그림에는 신화가 살아 숨 쉬고 혁명의 열정과 리얼리즘이 정교하게 새겨져 있었다. 보들레르는 들라크루아의 그림을 들여다보면서 시를 지었다. 하지만 그런 천재화가도 혁명에 이용만 당했고 가난과 싸우다 죽었다. 보들레르에게 가난은 젊은 시절 낭비와 방탕에 대한 벌이었지만 들라크루아의 삶은 그와 달랐다. 그는 검소했고 자기절제가 강한 화가였다. 그의 그림은 혁명을 찬양했지만 생각은 보수적이었다. 그의 삶은 격동의 프랑스 역사와 함께 하면서 혁명과 반혁명 사이를 숨 가쁘게 옮겨 다녔다. 결국 들라크루아는 마치 혁명이 그랬던 것처럼 비참한 말로를 걸었다.

그의 죽음으로 혁명에 절망하던 보들레르는 『파리의 우울』이란 시집을 발간했다. 밀려드는 권태, 절망적인 삶을 이야기한 『악의 꽃』은 퇴폐적인 표현이 가득하다는 선입관을 양산하며 그를 평생 가난한 시인으로 내몰았다. 돈이 주체할 수 없을 만큼 많았던 시절, 원 없이 쓴 보들레르, 그가 창녀 뒤발을 만나 마지막 남은 돈까지 허비하고 거리의 시인이 되어 유럽의 이곳저곳을 떠돌다 한 권의 책도 출판하지 못한 채 술과 마약으로 병든 몸을 이끌고 파리로 온 것이다.

저만치 한눈에도 비렁뱅이 차림의 노인이 마주오고 있었다. 그는 대뜸 쓰고 있던 다 떨어진 모자를 불쑥 보들레르에게 내밀었다. 그러면서 한다는 말이 "평등함을 증명하는 자만이 남과 평등할 수 있고, 자유를 정복할 줄 아는 자만이 자유를 누릴 가치가 있다." 보들레르는 즉시 그 비렁뱅이에게 달려들어 눈에 주먹을 한 대 갈겼다. 그러자 비렁뱅이의 눈이 순식간에 공처럼 부풀어 오르며 보들레르를 쳐다보았다. 그는 다시 화가 더 치밀어 입을 갈겼다. 그러자 이(齒) 두 개가 금방 부러졌다. 그 덕분에 그의 손톱도 하나 부러졌다. 노인은 등을 구부리고 쓰러졌다. 보들레르는 비프스테이크를 요리하는 요리사처럼 노인의 등을 흠씬 두들겼다.

"이윽고 그 늙은 불한당의 반격이 시작됐다. 그는 내 눈을 때려 멍들게 하고 내 이를 네 개나 부러뜨렸다. 개운하다. 나는 속으로 중얼거렸다. '선생! 이게 바로 평등이오.' 이게 바로 내가 그에게 하고 싶은 말이었다."

— 보들레르, '가난뱅이를 때려눕히자' 중에서

작가들은 대개가 비판적이고 시니컬하다. 혁명을 부르짖다가 막상 혁명이 일어나면 혁명을 비판하는 것이 작가다. 보들레르의 시를 보면 평등이나 혁명에 상당히 시니컬하다. 그가 생각한 '평등'이란 거의 불가능한 이야기이며 폭력이다. 그가 그토록 평등에 절망한 것은 세계에서 가장 많은 혁명이 일어났던 도시 파리 때문이었다. 파리는 평등을 줄기차게 외쳤지만 아무것도 변한 것은 없었다. 그의 시는 파리의 절망을 이야기한 것이었다.

보들레르, 거지와 평등의 결투를 한 3년 뒤에 그는 쓸쓸히 숨을 거두었다. 아무도 돌봐주는 사람 없는 빈민촌 하숙방에서. 아마 보들레르의 폭력은 자신을 향한 것일 테다. 그 많은 재산을 노름과 사치, 방탕으로 날린 보들레르에게 평등은 과분한 이상(理想)이었을 것이다. 세계에서 가장 많은 혁명을 경험한 파리, 그러나 보들레르는 그 혁명의 거리 어느 골방에서 숨을 거두었고, 파리에는 여전히 거지들이 득실거렸다.

나폴레옹 전쟁과 로스차일드

유대인에 대한 유럽인들의 증오는 탐욕스런 부자들을 욕할 때 종종 튀어 나온다. 셰익스피어의 『베니스 상인』에서 베니스 귀족들은 유대인 상인들이 더러운 자들이라며 낮에는 운하에 빠트리고 얼굴에 침을 뱉는 등 수모를 가하지만 밤에는 그들의 돈을 빌리는 이중적인 모습을 보여준다. 그런 상황은 오늘날에도 여전하다. 세계를 움직이는 것은 미국이고 미국을 움직이는 것은 인구 2퍼센트에 불과한 유대인들이다. 이들은 단결력이 강하고 비밀을 좋아한다. 비밀을 좋아한다는 것은 그만큼 몰래 하는 거래가 많다는 뜻이다.

몽상가들의 유토피아

1764년 프랑크푸르트. 가난한 유대인들의 밀집지역 게토에 이제 막 스무 살이 된 마이어 압샬 로스차일드가 사촌형이 운영하는 고물상 일을 돕기 위해 도착했다. 1764년 세계경제사에서 기억할 만한 사건은 영국이 '화폐법'이란 것을 만들어 모든 식민지 지역에서의 화폐발행을 금지한 것이다. 이는 당시 영국의 식민지였던 미국이 영국과 상거래를 하면서 금을 지키기 위해 자체화폐를 발행하는 것을 막기 위해 내린 조치였다. 이처럼 세계경제가 금에 대한 집요한 집착으로 갈등을 빚고 있던 상황에서 유대인에게 별로 호의적이지 않은 헤센 주 중심도시 프랑크푸르트에 로스차일드 가문을 일으키는 마이어가 등장한 것이다.

괴테의 생가가 있는 깔끔하고 멋진 프랑크푸르트 신도시와 달리 쓰레기가 넘쳐나던 프랑크푸르트 유대인 거주지 게토에서 오래된 화폐를 모으는 일에 열중하던 마이어 로스차일드는 헤센 영주에게 편지 한 통을 쓴다. 유럽의 거부가 되겠다는 자신의 꿈을 장황하게 설명하고 도움을 요청하는 내용이었다. 그렇게 해서 인생의 든든한 후원자를 얻게 된 마이어 로스차일드는 돈 먹는 하마처럼 유럽의 자본을 쭉쭉 빨아들이는 괴물로 성장했다.

독일 황제의 대관식이 항상 프랑크푸르트에서 열리는 이유는 그곳이 독일의 '상징적 수도'라는 정치적 의미를 갖기 때문이다. 헤센 영주 역시 정치적 영향력을 발휘하기 위해서는 경제력이 수반되어야 한다는 생각을 강하게 하고 있었고 로스차일드는 이런 영주를 자신의 부를 축적하는데 교묘하게 이용했다. 영주의 후원을 발판으로 삼아 마이어 로스차일드는 환전상과 고리대금업을 병행하면서 많은 돈을 벌었다.

오늘날 환율로 돈을 버는 사람들이 많은 것처럼 그 당시 환전상의 수입도 꽤 괜찮은 편이었다. 각국의 화폐가치가 민감한 상황에서 환전상은 고도의 정보력이 뒷받침되어야 하는 고급 투기세력이었다. 마이어 로스차일드는 각국의 정세와 비밀정보를 얻기 위해 혈안이 되어 있었다. 그가 억대 재산가로 성장할 수 있었던 데에는 동인도회사의 금괴를 사들인 것도 큰 도움이 됐다. 이렇게 해서 1800년 56세의 마이어 압샬 로스차일드는 독일 거주 유대인 10대 부자 가운데 한 사람이 되었다. 독일 경제는 여전히 유대인의 경제력에 의해 움직이고 있었고 도시 인구는 고작해야 전체의 10퍼센트를 넘지 않았다.

마이어는 독일 경제의 초라한 상황을 인식하고 다섯 명의 아들에게 재산을 적당히 나눠주면서 유럽 각국으로 퍼져나가 은행을 설립하게 했다. 은행을 통해 유럽 금융을 지배하려고 했던 것은 유대인들에게는 자연스런 일이었다. 유대인들이 돈을 갖고 할 수 있는 일이란 금융업, 즉 고리대금업이 전부였다. 유럽에서 유대인들은 제조업이나 유

몽상가들의 유토피아

통업에 종사할 수 없었다. 그것은 아예 법으로 못을 박아버렸다. 로스차일드는 그런 법 때문에 일찍부터 금융업에 손을 뻗쳤다. 마이어의 장남은 프랑크푸르트, 차남은 오스트리아, 삼남은 영국 런던, 사남은 이탈리아 나폴리, 막내는 프랑스 파리에 '로스차일드 상회'라는 간판을 내걸고 은행업무를 시작했다. 1812년 9월 19일, 로스차일드 가문의 대부 마이어는 숨을 거두었다. 그는 죽으면서 마치 영화 〈대부〉의 주인공 말론 브란도처럼 유언을 남겼다.

"절대 집안의 재산은 공개하지 마라! 그리고 절대 형제 사이에 싸움을 하지 말고, 형제 이외에는 누구도 믿지 마라! 그리고 사촌끼리 결혼을 해서 재산유출을 막아라! 집안 모든 일은 장자가 알아서 하며 다른 형제들은 그의 일을 적극 도와준다. 만약 장남이 그 일을 수행할 수 없다면 다른 형제들이 다 찬성하는 사람이 집안의 대표를 할 수 있다."

그가 죽으면서 가장 염려했던 것은 가족 간의 불화였다. 로스차일드의 이런 가풍은 다른 나라 재벌들이 집안규율을 세우는데 모범이 됐다. 〈대부〉의 주제는 '가족이 최고다'라는 가족이기주의이다. 〈대부〉처럼 로스차일드 집안도 중요한 회의에는 항상 형제들만 참석하고 아내나 딸, 그리고 사위들은 참석할 수 없었다.

유럽 최고의 부자 로스차일드의 성장신화는 뜻밖에 나폴레옹의 몰락과 함께 시작되었다. 역사상 가장 빠른 시간에 가장 많은 재화를 손에 쥔 사람들은 로스차일드가(家) 사람들이었다. 셋째 아들 네이선 로스차일드는 런던에서 나폴레옹의 동태를 살피고 있었다. 네이선은 '유럽의 화약통' 인 나폴레옹이 비록 엘바 섬에 갇혀 있었지만 그곳 사람들을 하나로 단결시키고 있어 언제든지 다시 프랑스로 돌아올 가능성이 있다는 첩보를 듣고 있었다. 나폴레옹 실각 후 즉위한 루이 18세의 무능한 정치력은 프랑스 국민들로 하여금 나폴레옹을 그리워하도록 만들었다.

1815년 2월, 나폴레옹은 섬을 지키던 영국 해군의 눈을 피해 프랑스로 몰래 잠입했다. 그 소식이 알려지자 루이 18세는 곧바로 군대를 보내 그를 잡아오도록 했다. 하지만 "나는 너희들의 황제다"라는 나폴레옹의 말 한마디에 병사들은 곧바로 그의 부하가 되었다. 역사상 가장 카리스마 넘치는 지도자 나폴레옹은 그렇게 해서 다시 파리로 들어섰고, 루이 18세는 영국으로 도망쳤다. 나폴레옹은 다시 프랑스를 통치했고 유럽은 영국을 중심으로 나폴레옹 군대에 대항했다.

두 세력이 대결을 펼친 곳은 프랑스 북부 워털루 평원이었다. 1815년 6월 18일 일요일 아침, 들판은 진흙으로 걷기도 힘들었다. 나폴레옹은 땅이 굳기를 기다려 정오부터 전투를 시작했다. 전투는 반나절 만에 영국의 승리로 끝이 났다. 아무도 무적의 나폴레옹 군대가 그렇게 빠르게 전멸할 것이라고는 예상치 못했다. 나폴레옹은 더 이상 과거의 그가 아니었다. 프로이센 군대가 합류하기 전에 영국군을 무찔러야 한다는 강박관념 때문에 그는 제일 자신 있는 기병대를 선봉에 세웠지만 완패하고 말았다. 반나절 만에 자신의 군대 대부분을 잃은 나폴레옹은 워털루에서 도망쳐야만 했다.

전쟁속보를 전해 듣기 위해 프랑스에 머물고 있었던 네이선 로스차일드는 나폴레옹이 패했다는 소식을 전선에 나가 있던 첩보원에게 듣고 폭풍우가 몰아치는 도버해협을 건너 재빨리 런던 주식거래소로 가려고 했다. 그러나 어느 누구도 그 폭풍우에 배를 운항하려 하지 않았다. 그러자 네이선은 돈다발을 흔들며 사람들을 유혹했다. 돈다발에 목숨을 건 선원의 도움으로 그는 높은 파도를 헤치고 영국에 도착했다. 1815년 6월 19일 월요일 아침, 런던 증권거래소. 항상 자신이 서 있던 자리에 나타난 네이선 로스차일드는 영국 공채를 팔기 시작했다. 전쟁 중에 공채는 투기의 가장 좋은 수단이다. 전쟁에서 패배한 나라의 공채는 헐값이고 반대로 승리한 국가의 공채는 금값이었다. 로스차일드가 영국 공채를 팔자 다른 투자자들이 그와 함께 영국 공채를 투매했다.

런던 주식시장에 로스차일드가 영국의 패배 소식을 듣고 공채를 팔기 시작했다는 소문이 나돌기 시작했다. 그러자 공채는 거의 헐값으로 거래되었다. 로스차일드는 갖고 있던 영국의 우량주식도 모두 팔아치웠다. 그가 집도 팔고 프랑스로 가려고 한다는 이야기까지 나돌았다. 그런데 오후가 되자 그는 갑자기 팔았던 공채를 재빨리 사들이기 시작했다. 물론 주식도 헐값에 사들였다. 그는 오전에 팔았던 것보다 훨씬 많은 양을 사들였다. 이유는 그 다음날이 되어서야 밝혀졌다. 1815년 6월 20일 아침, 영국 신문들은 워털루 평원에서 영국 군대가 나폴레옹 군대를 완벽하게 물리쳤다는 소식을 1면 톱으로 다루었다.

런던 거리는 환호성을 지르는 사람들로 넘쳐났고 주식거래소 역시 분주했다. 전날까지 공채와 주식을 내다팔았던 투자자들은 전쟁 승리 소식에 이제는 오르는 공채와 주식을 사려고 거의 발광을 했다. 항상 자기 자리에서 멍하니 객장을 지켜보던 네이선 로스차일드는 이날 일찍부터 거래소에서 자취를 감춰버렸다.

이것은 네이선 로스차일드가 런던의 주식시장을 통해 영국 경제를 움켜 쥔 전설 같은 이야기다. 키가 작고 뚱뚱했던 네이선은 매일같이 런던 주식거래소 기둥에 기대어서서 몇 시간이고 주식거래소를 멍하니 바라보곤 했다. 사람들에게는 그저 멍한 표정으로 보였지만 사실 그의 머리에는 복잡한 계산들이 돌아가고 있었다. 영국 신문 만평에는 이런 네이선의 야비하고 탐욕스런 모습이 자주 그려졌다. 이틀 동안의 작전을 통해 네이선 세력들은 영국 공채뿐 아니라 영국 기업 주식에서

몽상가들의 유토피아

도 상당 부분 이익을 챙긴 것으로 알려지고 있다.

그러나 그는 '대부' 답게 큰 그림을 그릴 줄 아는 사람이었다. 1825년 11월, 영국의 은행들이 남아메리카에 진출한 여러 기업에 투자했다가 막대한 손해를 보았다. 갑자기 런던의 은행 수십 개가 문을 닫았다. 잉글랜드 중앙은행도 비상이 걸렸다. 유럽이 경제위기로 빠져들고 있었다. 이때 런던 로스차일드 은행의 네이선이 비밀리에 움직이기 시작했다. 그는 형제들에게 도움을 요청해 가문이 갖고 있던 금을 모아 영국 중앙은행에 보냈다. 네이선의 도움으로 영국 중앙은행은 파산의 위기에서 벗어날 수 있었다. 로스차일드 런던은행은 유럽 경제를 구했다는 칭찬도 얻었고 돈도 많이 벌었다.

1836년 7월 28일, 로스차일드가의 대부 네이선이 59세 일기로 숨을 거두었다. 유럽의 유명한 의사들이 며칠 동안 들락거렸지만 아무도, 오늘날에는 아무것도 아닌 종양을 제거하지 못했다. 그가 죽었다는 신문기사에 런던의 주식시장은 폭락했다.

가난한 예술가, 거만한 부자

　　네이선이 죽자 로스차일드가의 대부는 파리에 있던 막내 제임스가 맡게 되었다. 그는 형제들 가운데 가장 뛰어난 머리를 갖고 있었다. 제임스 로스차일드는 1818년 이미 프랑스 경제를 움켜쥐고 있었다. 루이 18세와의 친분을 과시하던 제임스는 프랑스 국채를 사면서 돈이 부족한 프랑스 정부를 도왔다는 칭찬을 들었지만 나중에 프랑스 금융 전체를 소유했다. 제임스는 파리의 많은 예술가들과 남다른 인연이 있었다. 특히 미술품을 수집하는 그의 취미 때문에 파리 저택은 19세기 가장 멋진 미술전시장과 같은 모습을 하고 있었다. 그가 제일 좋아하는

　　　　　　　　　　　　　　　　몽상가들의 유토피아

화가는 풍요의 네덜란드를 가장 잘 묘사했던 렘브란트였다. 제임스가 렘브란트의 그림을 수집하자 그림 값이 천정부지로 치솟았다.

제임스 로스차일드와 같은 시대 파리에서 활동했던 화가 들라크루아의 흥미로운 일화 하나. 제임스가 자신의 그림을 갖고 싶어 한다는 연락을 받자 친절함과는 거리가 먼 들라크루아는 제임스가 거지된 몰골을 그리고 싶다는 말로 그를 조롱했다. 며칠 후 들라크루아의 스튜디오에 거지 한 명이 문을 두드렸다. 들라크루아는 사환을 시켜 1프랑을 주고 그를 돌려보내게 했다. 다음날 들라크루아는 제임스 로스차일드로부터 한 통의 편지를 받았다.

"친애하는 외젠 들라크루아 씨! 당신의 스튜디오를 방문한 저에게 귀한 돈을 빌려주어 그것에 대한 복리이자로 1만 프랑을 함께 동봉합니다. 언제든 저희 은행에 오셔서 현금으로 바꾸실 수 있습니다."

제임스 로스차일드

약속대로 들라크루아가 제임스의 거지몰골을 그림으로 그려주었는지는 알 수 없다. 이밖에도 제임스와 프랑스 작가들과 얽힌 일화는 매우 많다. 평생 빚에 허덕였던 발자크는 제임스의 사무실에 찾아가 커피 한 잔 얻어먹고 수표를 빌려 나오길 자주 했고, 마르크스와 친구였던, 독일에서 추방당한 시인 하이네는 종종 제임스에게 독설을 퍼부었다고 한다.

　제임스 로스차일드는 철도를 국영으로 운영할 것인가 아니면 민간에게 넘길 것인가를 놓고 의견이 분분하던 상황에서 파리와 생제르맹 구간 철도와 파리와 베르사유 사이의 철도를 건설했다. 프루동과 생시몽 등 프랑스 사회주의 사상가들은 철도를 국가가 운영해야 한다고 각종 신문에 기고하고 있었다. 1848년 혁명의 물결이 휘몰아치던 그해, 제임스 로스차일드 역시 갖고 있던 철도를 비롯한 재산의 상당 부분을 국가에 몰수당했다. 그러나 많은 돈을 고미술에 투자한 덕분에 그나마 재산을 지킬 수 있었다. 혁명은 실패하고 제임스 로스차일드는 프랑스 왕정과 밀착해서 다시 많은 재산을 모았다. 또한 죽기 전에 프랑스 와인산업을 지배해서 프랑스 귀족들과 친분을 더욱 강화했다.

　1871년 독일의 철혈 재상 비스마르크는 프랑스와의 전쟁에서 승리하자 50억 프랑의 배상금을 요구했다. 비스마르크는 1871년 1월 18일, 나폴레옹이 65년 전 독일을 점령했던 그날의 수치를 기억하고 같은 날에 베르사유 궁전에서 독일통일을 선언하는 기념식을 올렸다. 프랑스를 이긴 독일이 베르사유 궁전에서 성대한 기념식을 올린 것은 영국 다음의 강국으로 발돋움하려는 출정식과도 같았다. 그 뒤로 40년 동안 독일은 영국과 프랑스를 제치면서 자본주의 강국으로 올라섰다.

몽상가들의 유토피아

제임스 로스차일드는 독일의 통일을 축하하며 프랑스 정부가 독일에게 주어야 할 배상금을 자신의 주머니에서 지불하는 대신 프랑스 공채를 소유했다. 선량한 일 뒤에는 더 많은 이익이 기다렸다. 프랑스 공채로 그는 다시 많은 돈을 벌 수 있었다. 그는 이처럼 금과 공채를 갖고 여러 지역에 있는 자신의 정보를 이용해 많은 부를 축적했다.

250년 동안 내려온 로스차일드 가문의 직계자손은 대략 200여명 정도였다. 이들은 세계 곳곳에서 금융을 비롯한 여러 분야의 산업들을 독점하면서 각국의 화폐들을 쓸어 담았다. 한때 프랑스 와인산업을 차지하기 위해 형제들 사이에 경쟁도 있었지만 그때마다 이들은 마이어의 유언을 상기하면서 서로 타협하고 더 많은 이익을 위해 양보했다. 이 집안의 재산은 정확한 발표가 없어 잘 모르지만 런던 금융시장을 실질적으로 소유하고 있다고 한다. 또한 남아프리카 금광도 소유하고 있었는데, 이 가문이 보유한 금의 양은 그 누구도 정확히는 모르고 있다.

로스차일드 가문은 오늘날 런던과 파리, 그리고 뉴욕을 금융 네트워크로 연결하고 있다. 금융을 지배하고 또한 금융회사가 투자하고 있는 기업들의 최대주주 혹은 그에 버금가는 권력주주로 있다. 골드만삭스증권, 도이체방크, 로이드보험, 필립모리스담배, 필립스전기, 레슬러식품, 뉴욕타임스, 워싱턴포스트, 월스트리트저널, 로이터통신, ABC, CBS 등 그들이 소유하고 있거나 절대적으로 영향력을 행사하고 있는 기업은 이루 헤아릴 수 없이 많다.

로스차일드가의 돈은 많은 분야에 다양한 형태로 갈라져 있다. 그런데 유난히 금융과 언론사를 많이 소유한 것이 특징이다. 1981년 프랑스 사회당 당수 미테랑이 대통령이 되고 나서 은행을 국영기업으로 돌리자 로스차일드는 파리의 돈을 들고 미국으로 갔다. 그리고 다시 미국에서 엔론사건이 터지자 금융제재가 심한 미국을 떠나 런던 금융시장으로 돈을 이동시켰다.

로스차일드 가문에게 최악의 재앙은 은행을 국유화하는 일이다. 미국의 오바마 정부가 부실한 은행들을 국유화하려는 것은 로스차일드 자본이 미국을 떠나 다른 곳으로 이동할 빌미를 주고 있다. 프랑스 좌파대통령 미테랑도 로스차일드 은행을 그냥 빼앗지는 않았다. 그만한 보상이 주어졌지만 무슨 보상이든 받는 사람 입장에서는 언제나 손해라는 느낌이 들기 마련이다.

괴물의 탄생

황금의 **시대** 국가 **팽창**주의

황금을 싫어하는 사람이나 국가는 없다. 그런데 황금은 참 묘하다. 그것을 어떻게 사용하느냐에 따라 국가 흥망성쇠가 결정된다. 분명한 것은 황금이나 화폐는 고여 있으면 썩는다는 것이다. 황금을 종교적 우상으로 삼았던 왕국은 모두 멸망했다. 하지만 황금을 금화로 만들어 자꾸 유통시킨 나라는 부강해졌다.

금에 대한 인간의 탐욕은 인류 역사와 맥을 같이한다. 서구 유럽은 미지의 동방에 황금의 나라가 있다고 믿었다. 아프리카 사람들이 검은 것을 그들이 황금을 갖고 있다는 뜻으로 이해했다. 이들의 예측은 정말로 정확했다. 오늘날 남아프리카와 중국이 전체 금 생산량의 대부분을 차지한다. 한때 페루와 브라질에서 금을 가져간 스페인과 포르투갈은 그것을 생산적인 곳에 쓰지 않고 호화로운 건물 장식에 사용했다.

금이나 돈은 돌아다니지 않고 어딘가 고여 있으면 항상 문제가 되기 마련이다. 로마는 막강한 군사력을 바탕으로 각 나라를 식민지로 삼고 금광개발을 통해 금을 차지했다. 그리고 넘쳐나는 돈 때문에 흥청거리다가 결국 망했다. 로마가 망한 것은 외부적인 충격보다는 내부의 부패와 탐욕, 이기심 때문이었다. 탐욕과 절제, 이것은 참 공존하기 힘든 감정이다. 절제하지 않은 사치와 욕망이 로마를 망하게 한 것이라고 중세 유럽 사람들은 믿고 있었다.

476년 서로마제국 멸망 이후 세계경제를 이끈 곳은 바로 동로마제국의 수도 콘스탄티노플(이스탄불)이었다. 4세기 초 동로마제국의 황제 콘스탄티누스는 세계에서 유통될 금화를 만들었다. 이 화폐는 역사상 가장 오래된 세계 기축통화였다. 콘스탄티노플은 인구 100만 명이 넘는 대도시였으며 세계 모든 상인들이 드나들었다. 그런데 서서히 세계경제의 중심이 지중해 내륙 깊은 곳, 베니스로 옮겨지기 시작했다. 118개 섬들로 이루어진 도시 베니스는 수로가 중요한 교통수단이다.

'물의 도시' 라고 불리는 이곳은 중세에도 그 아름다움이 여전했다.

10세기 말부터 이탈리아 자유도시 가운데 가장 부강한 도시로 발전한 베니스는 1104년 국영 조선소를 세웠다. 조선업은 베니스의 대표적인 산업이 됐다. 베니스 상인들은 세계 모든 항구에 배를 정박시켰고 많은 이익을 얻었다. 베니스로 세계 각 나라의 금화가 모여들었다. 프랑스 기사들이 주축이 된 4차 십자군 원정대는 베니스 총독의 요구를 들어주어야 했다. 십자군 원정대는 그동안 베니스 총독 엔리코 단돌에게 가져다 쓴 돈을 갚기 위해서는 우선 약탈이라도 해야 했다. 엔리코 단돌은 시각장애인이었는데, 그는 4차 십자군 원정 진로를 예루살렘이 아닌 콘스탄티노플로 향하게 했다. 1204년 콘스탄티노플의 성 소피아 성당의 금이 십자군 원정대의 약탈로 모두 베니스로 수송됐다.

십자군 원정은 종교적인 명분을 갖고 벌어진 유럽 국가들의 탐욕 원정이었다. 그 중에서 가장 비극적인 것은 '소년 십자군 원정' 이었다. 1212년, 성직자 가운데 한 사람이 '소년 십자군' 으로 예루살렘을 탈환하는 꿈을 꾼다. 이 꿈은 전 유럽에 전파되었고 많은 어린이들이 십자군 원정에 자발적이든 아니면 부모의 강압에 의해서든 간에 참전했다. 그러나 이들은 지중해 앞바다에서 아랍상인들에게 포로로 잡혀 북아프리카 노예로 팔려버렸다.

한편 이탈리아 베니스가 지중해를 중심으로 움켜쥔 경제패권은 다시 다른 곳으로 이동을 시작했다. 1350년 유럽을 강타한 흑사병은 유럽이 죽음의 땅일지도 모른다는 불안감을 퍼트리면서 사람들로 하여금 새로운 땅에 대한 기대를 품게 만들었다. 1400년대 들어서 이런 꿈은 현실로 나타나기 시작했다. 그리고 그런 움직임에 가장 민감하게 반응한 나라가 바로 포르투갈과 스페인이었다. 유럽의 한구석에 밀려나 있던 이 두 나라는 유럽의 내부에서 시선을 돌려 대서양 망망대해를 횡단하고 싶은 갈망으로 넘쳐났다. 그러나 지구가 둥글다는 확신이 없었다. 그래서 그들은 그냥 안전하게 아프리카를 돌아 인도, 중국과 교역을 시작했다. 그때까지 배를 움직이는 것은 오직 계절풍뿐이었다. 바람이 동방으로 부는 4월 무렵 출항해서 11월 반대 방향으로 부는 바람을 타고 유럽으로 건너오는 것이 신의 뜻이라고 유럽 사람들은 받아들였다.

　그런데 콜럼버스가 그 익숙한 편견에 도전장을 던졌다. 새로운 것에 대한 도전은 언제나 두렵기 마련이다. 그는 그 두려움을 이겨야만 부자가 될 수 있다고 생각했다. 콜럼버스는 두려움을 떨치고 대서양 횡단을 결심했다. 그리고 자신에게 투자를 하면 막대한 금을 갖다 바치겠다고 포르투갈과 스페인 두 나라 국왕을 유혹했다.

콜럼버스의 모험과 약탈경제

콜럼버스는 리스본에서 지도제작자로 일을 하면서 먼저 포르투갈 국왕에게 자신의 원대한 포부를 이야기했지만 거절당하고 말았다. 그가 다시 스페인 이사벨 여왕을 설득하는 데까지는 7년이란 시간이 소요되었다. 1492년 1월 스페인 군대가 오랜 숙원이었던 안달루시아 지방의 수도 그라나다를 점령했다. 800년 동안 이 따뜻하고 포근한 땅을 정복하기 위해 노력했지만 무슬림의 강력한 저항으로 내내 실패해 왔던 터다. 그러나 미모의 이사벨 여왕이 드디어 그 땅을 차지한 것이다. 자신감에 차있던 이사벨 여왕은 콜럼버스의 계획에 찬성하고 배

괴물의 탄생

세 척과 자금을 지원했다.

그렇지만 이 야망으로 가득한 탐험가의 배에 동승할 선원을 구할 수 없었다. 그러자 이사벨 여왕은 사형수들이나 무기수들에게 죄를 면하는 조건으로 배에 오르도록 했다. 1492년 8월 3일 아침, 콜럼버스는 하느님께 기도를 올린 뒤 항해를 시작했다. 두 달 동안 아무리 가도 배는 바다에 떠 있을 뿐이었다. 콜럼버스가 선원들과 이사벨 여왕에게 얘기한 항해 일정은 8주였다. 그는 자기가 갖고 있는 지도를 따라 간다면 대서양을 가로질러 일본에 도착할 것이라고 생각했다. 계획했던 시간이 지나자 선원들은 극도의 두려움과 공포에 휩싸여 콜럼버스를 죽이고 배를 돌려 되돌아갈 계획까지 세웠다. 대서양을 통해 인도로 간 사람은 없었을 뿐더러 대서양의 끝은 절벽일지 모른다는 불안감이 선원들을 사로잡았다. 콜럼버스는 공포에 술렁이는 선원들에게 딱 사흘만 참아달라고 호소했다.

"편견을 깨야 한다. 서쪽으로 갈 수 없다는 편견을 깨야 우리가 산다. 그러나 그 편견을 깨려면 두려움을 극복할 수 있어야 한다. 누구나 처음 가는 길은 두렵다. 그러나 우린 이미 너무 많은 길을 왔다. 우리가 돌아가려면 지금 온 것보다 더 힘든 시간들이 기다리고 있다. 자! 3일만 더 가면 된다. 그럼 육지가 나온다."

그리고 사흘 뒤인 1492년 10월 12일, 선원 한 사람이 새벽 바다를 보다가 "육지다!"라고 소리를 질렀다. 그러나 처음에는 모두 그의 눈을 믿지 않았다. 불과 일주일 전에도 육지를 발견했다는 기쁨에 들떠 있다가 그것이 낮게 깔린 구름이었다는 것을 알고는 크게 실망했기 때문이었다. 하지만 이번엔 달랐다. 가까이 다가갈수록 구름이 아니라 진짜 육지임이 확실해졌다. 배에서 내려 원주민들을 만난 콜럼버스와 선원들은 그곳이 중국도 일본도 아닌 인도라고 생각했다.

　　당시 유럽 사람들은 중국이란 나라를 '황금의 땅'으로 알고 있었다. 누군가 그곳에 다녀 온 뒤 "그 나라의 지붕은 온통 황금으로 덮여 있다"고 말했기 때문이다. 인도를 거쳐 중국에 들어갔던 유럽 선원들 눈에는 볏단으로 만든 지붕이 황금처럼 노란 것이 마치 지붕에 금을 입힌 것처럼 보였던 것이다. 아무튼 일본, 중국을 지나쳐 인도에 다다른 것이라고 생각한 콜럼버스는 당장 금에 대해 욕심을 부리기 시작했다.

　　"1492년 10월 13일, 우리는 원주민들의 검은 피부를 보고 그들이 틀림없는 인도 사람이라고 확신했다. 우리는 서로를 한참 바라보다 크게 웃었다. 크게 웃고 나니까 서로에 대해 두려움이 사라졌다. 그리고 우리는 그들에게 설명하기 위해 가져간 금을 보여주었다."

　　콜럼버스는 이사벨 여왕에게 신대륙을 찾으면 그곳 총독 자리를

괴물의 탄생

자기가 맡을 것이며, 그곳에서 나오는 금 생산량의 10퍼센트를 자기가 갖겠다는 약속을 받아냈다. 그러나 금은 생각보다 많이 나오지 않았다. 게다가 콜럼버스가 그곳에서 원주민들과 마찰을 빚는 바람에 많은 병사들이 죽고 말았다. 그런 이유로 그는 본국으로 송환되어 얼마 동안 감옥에 갇히기도 했다.

아메리카 대륙에 대한 스페인과 포르투갈, 두 나라의 약탈은 참혹할 정도로 폭력적이었다. 콜럼버스의 항해 이후 유럽의 금 사용량은 그전에 비해 다섯 배나 늘었다. 그러나 금이 많다고 유럽 사람들이 모두 풍족한 것은 아니었다. 어느 시대나 마찬가지로 늘어난 화폐는 인플레이션을 유발시킨다. 스페인과 포르투갈을 보면 그것은 아주 명확하다. 두 나라는 아메리카 대륙에서 약탈만 했지 그것을 가지고 상업 활동을 하지 않았다. 소비시장만 있고 생산이나 상업을 하지 않은 그들은 넘치는 금화를 교회 건물을 치장하는데 사용했다. 오늘날도 마찬가지다. 돈은 마구 찍어내는데 가난한 사람들은 살기가 더욱 버겁다. 노동을 통한 돈이 아닌 투기로 인한 돈이 돌아다녀 그런 것이다.

콜럼버스의 항해에서 산업혁명까지 약 300년 동안 세계교역의 중심 상품은 크게 세 종류였다. 노예, 금·은, 커피·설탕·후추와 같은 기호품이 바로 그것이다. 유럽의 제국들은 아프리카에서 실어온 노예들을 서인도 제도에 풀어놓고 설탕과 커피를 재배하게 했다. 또한 인도와 인도네시아에서 후추 등 향신료를 대량으로 가져다가 유럽 사람들의 미각을 자극했다. 1517년 루터의 종교개혁 역시 돈 문제 때문에 일어난 것이다. 당시 가톨릭 교황은 돈에 눈이 어두워 유럽의 각 나라 백성들에게 면죄부를 팔기에 혈안이 되어 있었다. 교황은 돈으로 지옥에서 고통 받는 시간을 감면 받으라고 설교했으며 지옥 면죄부를 갖고 각 나라를 돌아다니며 돈을 벌고 있었다. 추기경은 교황청의 재산을 늘리는 영업사원이었다. 그들은 지옥을 흉하게 묘사하여 사람들에게 공포를 확산시켰다.

루터의 종교개혁에 기름을 부은 것은 구텐베르크의 인쇄술이었다. 루터는 새로운 성경을 번역해서 일반인들이 보기 쉬운 책으로 만들었다. 루터의 책을 읽고 그의 연설을 들은 독일의 농민들은 드디어 삽자루와 곡괭이를 들고 수도원을 파괴하기 시작했다. 그러자 루터는 폭력은 어떤 방식으로도 정당화할 수 없다고 농민들을 비난했다. 루터와 독일 농민은 서로 생각이 달랐다. 독일 농민들은 평등한 세상을 원했지만 루터는 타락한 가톨릭을 올바로 일으키는 데 그 목적이 있었다. 루터와 가톨릭 교황 사이의 분쟁 역시 세금문제로 인해 발생한 것이었다.

1568년, 영국 플리머스 출신 프랜시스 드레이크는 남아메리카에서 약탈한 많은 보물을 싣고 영국으로 돌아오는 도중 멕시코 부근에서

괴물의 탄생

스페인 함대에게 갖고 있던 황금을 모두 빼앗겼다. 이렇게 해서 스페인과 영국의 해상전쟁이 시작되었다. 프랜시스 드레이크는 엘리자베스 1세의 지원을 받아 1572년 남아메리카 파나마 황금저장소를 습격해서 많은 황금을 빼앗아 플리머스로 귀환했다. 이 함선에 투자한 엘리자베스 1세와 시민들은 엄청난 부자가 됐다.

엘리자베스 1세가 드레이크 해적선에게서 받은 투자이익금은 영국의 1년 예산보다 많았다. 드레이크 약탈선단은 그 규모도 늘었고 남아메리카뿐 아니라 세계일주를 하면서 영국 여왕과 시민들을 즐겁게 해주었다. 스페인의 펠리페 2세는 드레이크를 해적이라고 주장하고 그가 약탈한 황금을 스페인에 넘겨달라고 요구했지만 엘리자베스 1세는 그 요구를 거부하고 드레이크에게 기사작위를 주었다. 1588년 여름, 스페인의 펠리페 2세는 자신의 무적함대를 이끌고 영국을 공격했다. 영국 여왕은 스페인 함대의 공격을 받자 화해를 시도했지만 실패로 돌아갔다. 영국의 배는 스페인에 비해 크기가 작았지만 최신식 화포들을 장착하고 있었다. 며칠 동안의 전쟁에서 영국은 스페인 무적함대를 무찔렀다.

무적함대를 물리친 영국은 유럽의 강국으로 부상했다. 스페인에게서 황금과 해상권을 빼앗은 영국은 유럽 최강을 자랑하는 것처럼 보였지만 엘리자베스 1세 이후 내란에 휩싸이는 등 혼란이 거듭됐다. 역시 문제는 세금이었다. 모든 세금은 의회를 통해 국왕이 걷게 되어 있는데 찰스 1세는 이런 원칙을 무시했다. 이렇게 해서 영국은 내전에 휩싸였고 결국은 의회 지도자 크롬웰이 승리하는 바람에 찰스 1세는 국가 반역자로 몰려 1649년 1월 30일 공개 처형당했다.

21

자본주의의 상징, 네덜란드

자본주의 역사를 말할 때 반드시 네덜란드 역사를 이야기할 수밖에 없다. 네덜란드는 12세기까지도 사람이 살지 않는 습지대였다. 그 척박한 땅에 이주한 유럽인들은 습지를 땅으로 만드는 일에 모든 정열을 바쳐야 했다. 바닷물을 막고 습지를 농지로 바꾸는 일은 힘들고 고된 작업이었다. 그러나 그곳에 정착한 이주민들의 마음에는 단 한 가지 바람이 있었다. 누구에게도 탄압받지 않고 자유로운 장사를 하고 싶은 열망, 바로 그것이었다. 네덜란드의 풍차는 땅을 개간한 역사의 상징이었다. 그렇게 해서 네덜란드 사람들은 바닷물을 막아 육지를 만들었으며 그 면적은 무려 국토 절반에 달했다.

그러나 그들에게는 물의 공포가 수시로 엄습했다. 1287년 최악의 범람으로 수천 명이 목숨을 잃었다. 이때 범람으로 국토 한가운데 조이데르 바다가 형성됐다. 암스테르담은 그렇게 생겨난 도시다. 암스테르담을 이야기할 때 네덜란드 사람들은 신이 세상을 만들었지만 암스테르담은 인간이 만들었다고 말한다. 이 도시는 인간의 의지가 만들어낸 것이다. 네덜란드를 지키는 것은 군인들이 아니라 제방이었다. 네덜란드 사람들은 제방범람의 불안, 땅이 잠긴다는 불안감을 항상 갖고 사는 국민들이었다.

14세기까지도 인구 100만 명이 채 되지 않았던 네덜란드는 청어를 잡아 영국에 수출하면서 생계를 유지했다. 청어를 더 많이 잡기 위해 스코틀랜드와 세 차례나 전쟁을 치르기도 했다. 네덜란드의 교역은 이처럼 청어를 비롯한 해산물을 여러 나라에 수출하면서 시작됐다. 영국을 마주보면서 유럽 대륙을 등지고 있었던 네덜란드는 수로를 통해 여러 나라로 물건을 수송할 수 있었다. 이런 지리적 이점으로 네덜란드는 유럽 상품이 모이고 다시 다른 곳으로 공급되는 상업무역의 최적지대로 발달했다.

네덜란드가 16세기 해상무역을 독점할 수 있었던 데에는 몇 가지 이유가 있다. 그들은 뛰어난 항해기술과 앞선 선박제조술을 갖고 있었

괴물의 탄생

다. 각 나라를 통행할 때 내야 하는 선박세를 아끼기 위해 그들은 내부는 넓지만 갑판은 좁은 독특한 배를 만들었다. 갑판의 면적으로 선박세를 내야 하는 관행에서 운임을 남기기 위해서였다. 네덜란드 사람들은 이런 뛰어난 선박제조술뿐 아니라 기질적으로 모험심을 타고났다. 그래서 끊임없이 새로운 항로, 운임이 덜 들어가는 빠른 항로를 개척해 다른 나라 사람들을 만족시켰다. 그들의 빠른 항로 개척에 대한 열정은 얼음으로 뒤덮인 북해를 항해할 정도로 강렬했다.

그러나 네덜란드는 자치정부 형태라 스페인에게 일정한 세금을 바치면서 국방을 맡기고 있었다. 그런데 스페인 국왕 필립 2세가 유럽 여러 나라와 전쟁을 벌이면서 그 전쟁비용을 네덜란드에게 부담시켰다. 결국 네덜란드는 스페인과 전쟁을 선포하고 자치정부가 똘똘 뭉쳐 스페인에 대항했다. 스페인은 여러 국가와 전쟁을 하느라고 네덜란드에 집중할 수 없었다. 게다가 필립 2세는 두 번이나 국가 파산을 경험하면서 군대를 유지하기 힘든 상황으로 몰리기 시작했다.

스페인과의 전쟁은 죽음을 각오한 일이었다. 네덜란드는 1576년 8000명의 시민들이 스페인 군대에게 학살당하는 참혹한 일도 경험했다. 그럼에도 불구하고 그들이 끝까지 지키고자 했던 것은 자신들의 재산과 자유로운 무역권이었다. 1588년, 마침내 일곱 개 주가 중심이 된 네덜란드 공화국이 탄생했다. 신흥 네덜란드 공화국은 곧바로 스페인을 대신해 영국의 엘리자베스 1세에게 자신들의 나라를 지켜달라고 요청했다. 영국은 이런 요청을 받아들여 군대를 파병했다. 그런데 영국 역시 스페인만큼 많은 돈을 요구했다. 두 나라의 동맹관계는 금이 갔고 1648년 베스트팔렌 조약으로 완전한 독립이 이루어질 때까지 네덜란드는 긴 세월 동안 스페인과 영국을 상대로 피 흘리는 전쟁을 치러야 했다.

다른 유럽 국가들과 달리 네덜란드는 느슨한 연방국가로 시작했다. 당시 스페인과의 무역을 통해 많은 부를 축적했던 네덜란드는 스페인과의 전쟁 때문에 무역거래에 일대 타격을 입고 있었다. 그것을 돌파하기 위해 1602년 네덜란드는 국가적인 차원에서 회사를 설립한다. 그것이 바로 세계 최초의 근대적 주식회사인 동인도회사이다. 동인도회사는 국가가 국민의 자금을 모아 그것으로 선박을 제조해서 남아프리카와 아시아 항로를 개척, 새로운 부를 창출하는 것이다. 그렇게 해서 얻은 막대한 부는 동인도회사의 주식가치를 드높였다. 동인도회사 주식은 부의 상징이었다. 그러자 네덜란드 암스테르담 주식시장에 유럽 각국의 돈이 집결하기 시작했다. 네덜란드는 주식시장에서 얻은 이익으로 세계 곳곳을 항해하며 부를 축적했다.

네덜란드 상인들은 복식부기, 환어음, 주식회사 등 자본주의 경제 시스템을 다양하게 계발했다. 1609년에는 유럽 최초의 중앙은행까

괴물의 탄생

지 설립했으며 주식거래를 통해 부를 축적해나갔다. 네덜란드 정부는 국가 채권과 복권 등을 발행해서 대중들의 투자를 유도했다. 이렇게 해서 암스테르담은 유럽 금융의 중심지로 서게 되었다. 당시 암스테르담의 주식거래소는 300평 규모의 빨간색 3층 벽돌 건물로 그 중심은 천장이 뚫려 있었다. 내부에서는 각 나라의 주식과 선물이 거래되었다. 또한 입구에서는 유대인 환전상들이 머리에 빨간 모자를 쓰고 열심히 화폐를 교환해주었다. 급한 돈이 필요한 투기꾼들은 유대인들에게 급전을 빌렸다.

대부분의 유럽 국가들은 유대인들을 박해했지만 네덜란드만은 그들에게 자유를 부여했다. 한 시절 스페인이 유럽의 강국으로 부상할 수 있었던 것도 유대인들의 자유로운 상권을 보장했기 때문이었다. 스페인이 해상강국으로 등장했을 때 유대인들은 그 모험가들에게 자본을 댔다. 그러나 종교적 광기가 일어나 이단심문소가 생기고 유대교를 믿는 자를 화형에 처하기 시작하면서 유대인들은 자신들의 재산을 들고 스페인을 탈출한 것이다. 스페인에서 탈출한 그들이 선택한 곳은 바로 질퍽한 땅 네덜란드였다.

유대인들은 과거에도 그렇고 오늘날에도 그렇지만 자본이 자유로운 나라를 선호한다. 네덜란드가 유럽의 강국으로 성장한 것도 유대인들에게 무한한 자유를 주었기 때문이었다. 1612년, 주식거래소가 등장하고 동인도회사가 설립되던 그 무렵 네덜란드의 모든 주는 종교의 자유를 선언했다. 그렇다고 유대인들이 네덜란드의 대부분을 차지한 것은 아니었다. 가톨릭에 대한 반감을 가진 유럽의 상인들과 숙련노동자들 역시 네덜란드로 몰려들었다.

동인도회사를 설립한 후 암스테르담은 더 많은 유대인 자본을 끌어들이기 위해, 오늘날에도 석유와 식량을 둘러싼 투기세력들이 극성인 선물거래소를 만들었다. 또한 시장을 항상 깨끗하게 청소하는 회사, 즉 파산처리를 도와주는 파산처리사무소도 암스테르담 주식거래소 앞에 몰려 있었다. 17세기 중반 네덜란드 동인도회사의 선박 1만 척이 세계 여러 곳에서 활동하고 있었고 아시아를 비롯한 여러 곳에 동인도회사 지사들이 생겨났다. 네덜란드는 세계무역의 절반을 책임지고 있었다. 네덜란드 배들은 다른 유럽 국가들처럼 무력을 사용하지 않았다. 이들은 무력 대신에 상대 국가들도 이익이 되는 아주 좋은 조건을 제시해서 여타 국가들보다 더 우호적인 분위기를 만들었다. 그래서 그들의 배는 무기 대신 더 많은 교역물품들을 실을 수 있었다.

네덜란드는 유럽에서 가장 많은 기업들이 활동했던 곳이었다. 네덜란드로 자본이 모이면서 자유로운 생각을 가진 사람들이 몰려들었다. 근대정신을 일으킨 데카르트, 로크, 스피노자 등 위대한 사상가들이 모두 네덜란드에서 한 시절을 살았고 볼테르 또한 어린 시절을 그곳에서 보냈다. 네덜란드 국가 전체를 관통하는 정신은 볼테르가 그토록 외쳤던 '관용'이었다. 그래서 제국주의가 횡행하던 시대에도 네덜란드는 포르투갈과 스페인에 비해 덜 잔혹했으며 식민지 사람들을 거래의 상대로 생각했다. 일본의 근대화 과정에서 포르투갈 사람들은 일본인들에게 소총을 주었지만 네덜란드 사람들은 상인정신을 선물했다. 그러나 네덜란드 역시 자신들이 관할하던 식민지에서 반란을 일으키면 제국주의 본성인 폭력성을 가차 없이 발휘하곤 했다. 그건 그들의 주머니를 약탈하는 행위라고 간주했기 때문이었다.

툴립열풍과 유럽 주식시장

사람들은 투기적인 광기를 이야기할 때 꼭 네덜란드 '툴립열풍'을 언급한다. 유럽의 왕실과 귀족들 사이에 서서히 퍼지기 시작한 툴립을 사람들은 '황제의 꽃' 이라고 불렀다. 프랑스에 비해 토지가 척박했던 네덜란드는 자신들의 단조로운 국가 풍경에 항상 열등감을 갖고 있었다. 원래부터 꽃을 사랑하는 네덜란드에 툴립이 들어오자 나라의 모든 식물학자들이 북유럽 추운 날씨에도 잘 견딜 수 있는 품종으로 개량하기 시작했다.

영혼을 유혹하는 튤립 판매장

튤립투기의 시작은 역시 치맛바람이었다. 유럽의 여러 왕실을 왕래하던 귀족부인들은 왕실 정원에서 묘한 매력을 내뿜고 있던 튤립에 대해 소유욕을 갖기 시작했다. 귀족부인들은 수다스런 대화를 통해 자신들의 정원에 핀 튤립을 자랑했다. 그렇게 왕실과 귀족들의 허영과 아름나운 튤립이 만나면서 투기가 시작되었다.

튤립 판매장은 사람들의 영혼까지 사로잡을 묘한 분위기를 연출했다. 조명(초)과 튤립이 사람들의 미적 탐욕을 자극했고, 새들은 금색을 띠고 있었다. 판매장을 더 넓게 보이게 하기 위해 거울까지 동원됐다. 우아한 음악이 사람들을 매혹시켰다. 오늘날 백화점에서 사람들을 흥분시켜 구매의욕을 높이는 데 필요한 여러 방법들이 이때 이미 시작됐다.

가격이 오르기 시작하면서 한 달 만에 튤립가격이 5000배나 상승했다. 비정상적인 투기시장이 형성된 것이다. 부자들은 특이한 튤립을 소유하는 것으로 자기의 부를 과시하기 시작했다. 튤립열풍은 인간의 허황함이 얼마나 이상한 광경을 연출하는지를 고스란히 보여주었다. 매년 튤립축제가 열렸고, 튤립이 거래되는 8월에서 9월까지 꽃 가격은 미친 듯이 올랐다. 그래서 영리한 사람들은 튤립뿌리에 투자를 해서 큰돈을 벌었다. 당시 대중들에게 특히 인기가 있었던 것은 '검은 튤립' 이었다. 특이하기도 하거니와 묘한 매력을 풍기기 때문이었다. 검은튤립의 종자가격은 암스테르담의 호화주택과 비슷했다.

튤립이 이처럼 '미친 가격' 을 형성한 데에는 거래를 꼭 성사시켜야 하는 네덜란드 상거래 관습도 한몫했다. 네덜란드 꽃장수들은 카페에 모여 거래를 했는데, 튤립품종을 놓고 살 사람과 팔 사람은 자기가 원하는 가격을 중개인에게 건넨다. 그럼 중개인은 두 사람이 부른 가격의 중간에서 값을 정하고 다시 두 사람에게 그 가격을 쪽지에 적어 건넨다. 그 액수가 두 사람 모두 마음에 들면 가격이 결정되고 매매가 성립되지만 한 사람이라도 원하지 않으면 매매는 취소된다. 여기까지야 다른 것이 없다.

그런데 문제는 거절한 사람이 벌금을 내는 풍습이 있었다는 것이다. 이런 이상한 거래 관습이 튤립가격에 잔뜩 거품이 끼게 만들었다. 튤립에 미친 사람들이 정신을 차린 것은 1637년 2월이었다. 갑자기 사람들은 자신들이 가진 튤립이 흔한 데 비해 지나치게 가격이 높다는 생각을 하게 되었다. 문제는 같은 생각을 했던 사람들이 너무 많았다는 것이었다. 그래서 튤립가격은 붕괴하기 시작했다.

몇몇 화훼업자의 부도와 자살소식이 시장에 충격을 주었다. 모든 투기의 몰골은 하나같이 추하다. 한때 탐욕스럽게 소유에 집착하던 사

괴물의 탄생

람들은 한 푼이라도 건지려고 가지고 있던 튤립을 시장에 내다 팔았다. 그러나 사는 사람은 없고 파는 사람만 생기니 시장의 수요와 공급 법칙에 따라 가격은 형편없는 수준으로 떨어졌다. 1637년 튤립시장 붕괴는 자본주의 시장의 광기를 그대로 보여주는 사례다.

치킨게임, 시체놀이

정신을 차린 사람들은 자신들의 광기와 탐욕의 시작이 어디였을까 궁금했다. 벌이 꽃을 찾는 것은 본능이지만 네덜란드 사람들은 벌이 아니다. 물론 튤립은 향기도 없다. 튤립열풍은 사실 왕실에서 주도했다. 많은 거래로 엄청난 세금이 걷히자 왕실은 더욱 투기를 부추겼다. 예술가들은 튤립에 대한 사람들의 광적인 사랑을 작품으로 표현했다. 거기에 휩쓸린 사람들은 튤립에 지극한 애정을 쏟았으나 어느 순간 갑자기 자신들이 가진 그 꽃이 지천에 깔린 흔한 것이란 사실에 놀라 서둘러 팔기 시작했다. 늦게 그 투기대열에 끼어든 사람들은 왕실과 작가들을 욕했지만 이미 때는 늦었다. 지식인들은 언제나 투기에 열광한다. 한쪽에서는 점잖게 비판하지만 그들 주머니는 원고료보다 더 많은 투기자금이 채워져 있다. 그런 것은 꼭 관료들 행태와 똑같다.

버블경제에서 살아남으려면 누가 더 용감한가를 결판내는 시합에 자주 참가해야한다. 게임은 마주 보고 달리는 자동차 경주와 비슷하다. 1955년 제임스 딘이 출연한 영화 〈이유 없는 반항〉에는 운전자가 낭떠러지로 떨어지기 직전까지 차에서 내리지 않고 버티는 것으로 담력을 겨루는 '치킨게임' 장면이 나온다. 투기는 바로 이런 치킨게임이다. 치킨게임의 승자는 딱 두 가지 부류이다. 끝까지 버티다가 막판에 가장 높은 가격에 팔아 치우고 도망가는 사람, 그리고 썩은 시체들이 즐비한 하이에나 시장에서 빨리 살아남을 놈을 골라내는 사람.

젊은 시절 네덜란드에 머문 덕분에 볼테르는 죽기 직전까지 많은 부를 축적할 수 있었다. 그의 아버지는 그를 훌륭한 상인으로 키우기 위해 네덜란드에서 4년 동안 살게 했다. 볼테르는 아버지를 별로 좋아하지 않았다. 그가 작가로 성공하고 싶다고 이야기하자 아버지는 "작가는 성공해도 거지꼴"이라며 아들의 꿈을 인정하지 않았다. 그런 아버지 때문인지 그는 작가로는 보기 드물게 재테크와 부를 축적하는 일에 놀라운 재주를 보여주었다. 눈을 감을 때 그는 '유럽의 10대 부자' 소리를 듣고 있었다. 볼테르는 "사회는 이기주의 없이는 형성될 수 없다. 자신은 이기심이 전혀 없다고 말하는 자들은 개떡 같은 자들이다. 그들이 그렇게 말하는 것은 성욕이 없다고 말하는 여자가 아이를 낳는 것과 똑같다"라고 말했다. 볼테르는 이중적인 다른 지식인들보다 훨씬 솔직했던 셈이다.

23

판돈이 커지는 주식시장

　　헝가리 출신으로 독일 증권시장의 우상이었던 앙드레 코스톨라니는 "돈이 아주 많은 사람은 주식시장에서 돈을 벌어라. 돈이 없는 사람도 주식시장에서 돈을 벌어라. 그러나 돈이 어중간하게 있는 사람은 절대 주식시장에 들어오지 말아라"라고 말했다. 참 묘한 뉘앙스를 풍기는 말이다. 그의 말마따나 주식은 투기다. 투기는 오락처럼 해야 할 일이지만 또한 목숨 걸고 할 일이기도 하다. 돈이 하나도 없는 사람이 주식으로 돈을 벌수도 있다. 그 사람이야 주식이 아니라도 거지가 될 수밖에 없으니 주식에 인생을 걸어라, 뭐 이런 말이다. 하지만 돈이 어

중간하게 있는 사람들이 주식시장에 들어와서는 거지가 될 확률이 높다. 코스톨라니의 말은 맞다. 투기정부는 금리를 제로로 만들어 열심히 저축하는 사람들을 시장에서 내쫓는다. 그 돈으로 차라리 투기를 하라고 부추긴다.

코스톨라니의 말을 믿는 요즘 20대들은 편의점에서 아르바이트 해서 번 돈을 주식에 투자한다. 직장이 사라진 그들이 아르바이트로 성공할 확률은 없다. 아르바이트로 돈을 모으느니 그렇게 번 돈으로 공식적 투기시장인 주식시장에서 승부를 걸어야 한다. 하지만 큰돈이 없는 그들은 싸구려 주식을 산다. 숨이 넘어갈 기업들이 수두룩한 주식시장은 액면가 이하를 밑도는 주식들이 넘쳐난다. 그러나 그런 주식을 매일 넣고 빼고 해봤자 돈을 버는 것은 증권회사다. 주식 관련된 책들은 늘 똑같은 내용이지만 새로운 '선수들'을 소비자로 삼아 끊임없이 출간된다. 하지만 명심하라. 주식 관련된 책을 쓰는 사람들은 주식으로 돈을 번 사람들이 아니라 주식으로 쫄딱 망한 사람들이라는 것을.

네덜란드 암스테르담 주식시장에서는 각국의 동인도회사 주식과 국채가 거래됐다. 국제 금융시장으로 성장하고 판돈이 커지자 이곳은 돈을 왕창 버는 사람과 쫄딱 망하는 사람으로 구분되는, 그야말로 투기시장으로 발전했다. 왕창 버는 사람은 약탈 물품에 따라 수입이 달라졌다. 비싼 향신료인 후추가 배에 잔뜩 실려 들어오게 되면 그 사람

괴물의 탄생

은 투자금액의 수백 배에 달하는 이익을 챙길 수 있었다. 당시 후추가 얼마나 비쌌으면 후추 수입상은 혹여 바람이라도 들어올까 창문을 꼭 꼭 닫고 핀셋으로 알갱이를 하나하나 세었다고 한다. 어떤 사람은 전 재산을 건 배가 풍랑을 만나 침몰해버리는 통에 한 푼도 받지 못하고 쫄딱 망하기도 했다.

오늘날 유럽 사람들은, 지금은 이토록 흔한 향신료에 왜 그렇게 집착했는지 그 시절 사람들의 생각을 잘 이해하지 못한다. 하지만 당시 유럽 사람들은 동양에서 날아온 각종 향신료들이 무서운 흑사병을 비롯한 각종 질병을 예방할 수 있다고 믿었다. 이베리아 반도 스페인과 포르투갈이 대항해 시대를 연 것은 이슬람 문명이 유럽과 아시아 사이 중동을 가로막고 있었기 때문이다. 당시 이슬람의 군대가 유럽의 군대보다 강해 유럽이 아시아와 교역을 하기 위해서는 아프리카 남단을 돌아야만 했다.

17세기 유럽 선박들의 아시아 항해는 그렇게 안전한 것이 아니었다. 1500년에서 1635년까지 포르투갈 리스본에서 출발한 배들이 인도를 거쳐 다시 돌아오는 데에는 약 20개월의 시간이 소요되었는데, 그 기간 동안 912척의 배 가운데 6.5퍼센트는 인도로 가는 도중 회항하고 9퍼센트는 실종되었다. 목적지까지 무사히 간 배는 85퍼센트를 넘지 못했다. 게다가 이 배들이 약탈한 물건들을 싣고 귀환할 때는 20퍼센트가 넘는 선박이 해상에서 사고를 당해 바닷속에 잠기고 말았다. 무사히 유럽까지 도착했다고 하더라도 영국이나 프랑스 배들이 길목을 지키고 있다가 이들 상선을 약탈했다. 이런 위험을 감수하면서도 끊임 없이 항해의 길에 나선 것은 상인들의 집요한 부(富)에 대한 탐욕 때문이었다.

정부가 주도하는 투기시장

영국과 네덜란드는 네덜란드 독립을 계기로 극심한 갈등관계에 놓여 있었다. 그러나 1619년 양국은 해상에서 적대행위를 하지 않기로 합의하고 아시아에서 공동으로 후추를 구매하자는 조약을 체결하기도 했다. 두 나라 사이의 지나친 경쟁으로 후추는 과거처럼 높은 이윤을 내지 못했다. 영국은 인도의 풍부한 노동력과 질 좋은 캘리코(면직물)를 발견한 후 가볍고 무늬가 화려한 이 직물에 관심을 갖기 시작했다. 그러나 인도에서 값싼 면직물 원료들이 마구 들어오자 영국 런던의 노동자들이 일자리를 잃고 거리의 폭도로 변하기 시작했다. 거리에서는 인도산 옷을 입고 다니는 사람들을 테러하는 행위도 일어났다. 이에 영국 의회는 캘리코 사용을 규제하는 법안을 만들기도 했다.

1694년 영국은 중앙은행을 설립했다. 그것이 바로 '잉글랜드 은

괴물의 탄생

행'이다. 이렇게 해서 영국은 국채를 발행해서 식민지 쟁탈전에 유용한 자금을 생산할 수 있었다. 4년 뒤 영국은 주식거래소를 런던에 설립했다. 그러나 거래 회사들이 많지 않고 네덜란드 주식시장에 비해 규모도 초라했다. 그렇게 초라했던 영국의 주식시장이 빠르게 네덜란드를 따라잡을 수 있었던 이유는 두 가지였다. 하나는 '금본위제'를 채택해서 영국 화폐를 유럽의 화폐로 통용시킨 것이고(이는 '만유인력의 법칙'을 발견한 뉴턴의 헌신적인 노력 덕분에 가능했다), 다음으로는 네덜란드처럼 동인도회사를 설립해서 해상으로 나가 식민지 개척에 나선 것이었다.

1708년 영국 정부는 새로운 동인도회사를 만들었다. 과거의 동인도회사를 합병한 이 회사는 영국의 주식시장을 활성화시켜 런던이 국제금융도시로서 네덜란드 암스테르담을 능가하기 위해 국가 전략상 발족되었다. 당시 네덜란드는 최고의 금융강국이었다. 이런 네덜란드를 따라잡기 위해 영국도 금융을 발전시켜야 한다는 데 생각이 미친 것이다. 유럽의 경제 중심이 금융강국 네덜란드에서 제조업을 기반으로 한 영국으로 이동하기 시작한 것도 그 무렵이었다. 영국은 1711년 아메리카 무역을 담당할 국가전략기업 '남해회사'를 설립했다. 이 회사 설립에는 작가들의 상상력까지 동원됐다.

다니엘 디포는 『로빈슨 크루소』라는 책을 써서 일반인들의 신대

류에 대한 막연한 꿈을 갖게 했다. 다니엘 디포는 런던의 푸줏간집 아들로 태어나 제대로 된 교육을 받지 못했다. 그는 목사가 되고 싶어 했지만 뜻을 이루지 못했다. 벽돌 공장 노동자, 왕실 정보원 등 먹고 살기 위해 하지 않은 일이 없었던 다니엘 디포는 다양한 직업을 전전해야 했다. 하지만 그의 나이 예순 살에 쓴 소설 『로빈슨 크루소』는 이 가난한 작가를 부자의 대열에 편입시켰다. 조난당한 어느 선원이 칠레 무인도에서 4개월 동안 생활하다 구출된 신문기사에서 영감을 얻은 그의 소설은 대항해 시대 주식시장의 활황 덕분에 날개 돋친 듯이 팔려 나갔다.

영국 정부가 남해회사를 설립한 것은 다분히 돈 때문이었다. 프랑스와 전쟁을 하게 되자 영국 정부는 국채를 발행하고 그 권리를 남해회사에게 넘긴다고 발표했다. 그러자 갑자기 남해회사 주식에 대한 일반인들의 관심이 거의 광풍에 가깝게 일기 시작했다. 이 광풍의 대열에 프랑스에서 쫓겨난 볼테르, 근대과학혁명의 선구자였으며 영국 런던 화폐제조국장을 지냈던 뉴턴, 영국 사람들의 탐욕을 비난하던 작가 조나단 스위프트까지 모두가 참여했다.

주식시장은, 오늘날도 그렇지만, 언제나 예측이 불가능하다. 물리학에 온 정열을 바쳤던 뉴턴. 물리학과 함께 20년 동안 경제학 공부에도 매달렸던 그이기에 시장에서 큰 이익을 얻었을 것이라고 생각하면 착각이다. 주식은 지식과는 상관없었다. 세 사람 가운데 가장 나이

괴물의 탄생

가 어린, 당시 스무 살을 갓 넘긴 볼테르만이 큰 이익을 보았고 나머지 두 사람은 그동안 모은 돈을 다 날려버렸다.

　　남해회사 주식 붕괴사건은 당장 돈이 필요한 영국 정부의 주도면밀한 작업과 의회의 적극적인 지원에 작가들의 꿈과 모험심까지 가미되어 순식간에 벌어진 일이었다. 1720년 6월 14일, 남해회사 주가는 주당 750파운드가 됐다. 그리고 다음날 주당 1000파운드가 됐다. 이 회사 주가 액면가 100파운드가 불과 일주일 만에 10배나 뛴 것이다. 남해회사 회장은 영국 국왕 조지 1세였다. 그는 4월에 처음 주식이 발행될 때 2만 파운드의 주식을 매입하고 6월 중순에 팔아서 8만 파운드의 이익을 챙겼다. 7월에는 남해회사 주식을 사고 싶은데 돈이 없는 일반 투자자들을 위해 잉글랜드 은행에서 돈을 빌려주기 시작했다. 풍선은 빵빵했다. 볼테르는 그 빵빵한 풍선에서 얼른 탈출했다. 하지만 뉴턴은 말년의 안락함을 보장받기 위해 주식투자를 하다 그만 빠져나오지 못하고 풍선이 터지는 바람에 쫄딱 망했다. 치킨게임에서 볼테르는 성공했고 뉴턴은 실패한 것이다. 근대과학의 아버지, 화폐개혁을 이루어낸 경제분야의 최고 지식인이었던 뉴턴이지만 주식투자에서는 완벽하게 실패했다.

　　런던의 금융시장이 남해회사로 뜨거워지자 당시 블루칩이었던 잉글랜드 은행 주가와 동인도회사 주가, 그리고 아프리카회사 주가 등이 동반상승했다. 대개 1720년 1월부터 8월까지 두 배에서 일곱 배까지 뛰었다. 그런데 그 무렵 주식시장을 어지럽힌 것은 바로, 지금으로 말하자면 페이퍼 컴퍼니(paper company), 즉 서류상의 회사들이었다. 아이디어와 이름만 있지 공장이 없는 이들은 각기 이름뿐인 회사주식을 발행했다. 또 사기성 짙은 회사들도 많이 출현했다. 침몰한 배의 보물을 인양하는 '보물인양회사'가 그 대표적인 예이다. 당시 기술로는 도저히 불가능했지만 사람들은 별 의심 없이 이런 회사의 주식에 돈을 투자했다가 얼마 뒤 그것이 사기라는 사실을 알게 되었다.

볼테르가 큰돈을 번 계기였던 복권발행도 많았다. 처음에는 정부가 시작했지만 차츰 돈을 받고 민간에게 위탁하자 주식을 끼워 팔면서 사람들은 복권열풍에 빠져들었다. 복권과 남해회사 주식이 함께 판매되면서 일확천금에 대한 영국인들의 부푼 꿈은 터지기 직전의 풍선과 같았다.

1720년 8월 18일, 남해회사가 새로운 주식 1만 주를 발행할 것이란 소식이 주식시장에 투매로 나타났다. 그렇게 비싼 주식을 더 이상 시장에서 받을 여력이 없는데 탐욕에 눈이 먼 정부가 다시 돈을 쓸어 담으려 한다는 비난이 쏟아졌고 놀란 투자자들이 서둘러 주식을 투매하기 시작했다. 9월 1일 770파운드 하던 주가가 9월 말이 되자 100파운드로 주저앉았다. 그 무렵 런던 주식거래소에서 거래되던 회사 주식은

괴물의 탄생

170개. 하지만 이들 가운데 40개만 남고 나머지는 모두 휴지조각이 돼 버렸다.

미쳤어! 정말 미쳤어!

18세기 유럽은 미친 사회였다. 국가는 많은 땅을 차지하기 위해 배를 만들었고 국민들은 그 배를 건조하기 위해 식민지 국가를 착취하는 회사들에게 돈을 밀어주었다. 18세기 유럽인들의 주식광풍은 식민지 국민들의 지옥 같은 삶에 의해 이루어진 것이었다. 영국 남해회사에서 돈을 가장 많이 번 사람은 국왕 조지 1세다. 영국 왕실의 이런 투기수법은 프랑스 왕실에게서 배운 것이었다. 프랑스 왕실은 미시시피 회사 주식사건으로 한몫을 챙겼다. 당시 프랑스 왕실은 영국과의 전쟁으로 빚에 시달리고 있었다. 그때 재테크의 천재, 스코틀랜드 출신 존로가 등장한다. 그는 1717년 미시시피 회사를 설립했다. 이 회사는 프랑스 동인도회사를 비롯해 다른 회사 몇 개를 합병해 아메리카에 대한 거대한 개발 프로젝트를 발표한다. 물론 이 모든 발표는 프랑스 왕실의 지원 아래 이루어졌다. 프랑스 정부는 국가 채권을 미시시피 회사에게 모두 넘겼다.

프랑스 사람들은 액면가 500리브로의 이 회사 주식을 사기 위해 경쟁을 벌였다. 1719년 5월, 한 달 사이 주식은 두 배가 됐다. 7월에는 이 회사가 프랑스 화폐 발행권을 갖게 됐다는 발표가 났다. 그러자 주식은 네 배로 뛰었다. 1719년 12월 회사 주식은 5000리브로가 됐다. 무려 7개월 사이 열 배가 뛴 것이다. 프랑스 왕실은 그 덕분에 많은 부채를 일시에 탕감하고 풍부한 왕실 운영자금을 확보했을 뿐만 아니라 주식거래로 인한 세금 증대로 많은 돈을 만질 수 있었다. 그러나 미시시피 회사 주식에 끼었던 거품은 순식간에 꺼졌고 많은 사람들은 거지가 되어 거리에 나앉아야 했다. 친절한 정부는 투기바람이 불 때는 은행을 동원해 마구 대출을 해준다. 그리고 거품이 꺼지면 성난 민심을 잠재우기 위해 몇 사람을 잡아들인다.

영국 역시 남해회사 주식파동을 조사하면서 더러운 정치인들을 희생양으로 삼았다. 주식을 뇌물로 받거나 몰래 얻어들은 정보로 주식을 재빨리 사고팔면서 부를 축적한 의원들의 명단이 발표됐다. 남해회사에 전 재산을 걸었던 뉴턴은 죽을 때까지 그때의 공포와 허무를 잊지 못했다. 1720년 겨울 런던 시내는 자살한 사람들의 시체가 흔하게 발견됐다. 그렇지만 인간의 탐욕은 무덤에서도 발휘되는 법. 주식투자로 비관 자살하는 사람들의 숫자가 늘어나자 당시 런던 주식시장에서는 장례대행회사 주식이 상한가를 쳤다. 2001년 공포의 9·11 테러가 일어나자 그 다음날 뉴욕 증시에 건설 관련주들이 일제히 상승한

괴물의 탄생

것과 같은 풍경이었다.

400년 주식시장의 역사를 돌이켜보면 그곳은 약탈적 도박판이었다. 주식시장에서는 다른 사람의 불행이 곧 나의 행복이다. 모두가 행복할 수는 없다. 누군가의 불행이 나의 행복이니, 누군가의 사업이 실패해서 집이 경매로 넘어가면 그 경매 물건을 싼 가격에 사들이려는 사람들이 자살을 한 사람의 관에다가 빨간 딱지를 붙이는 꼴이다. 성난런던 시민들은 남해회사와 관련된 의원과 각료들을 처벌하라고 항의시위를 했다. 하지만 거의 모두가 참여한 일종의 '국민 스포츠' 였던 남해회사 주식 사건은 어느 한 사람을 처벌해서 해결될 문제가 아니었다. 당장 국왕부터 투기꾼이었기에 함부로 말할 수 있는 입장도 못됐다. 뇌물을 받은 정치인들 명단이 발표되자 손해를 본 투자자들이 그 정치인들에게 분풀이를 하려고 달려들었지만 이미 그들은 몸을 숨긴 뒤였다. 어떤 장관은 의회 출석을 앞두고 다량의 아편을 먹고 목숨을 끊기도 했다.

투기를 부추겨 서민들을 죽음으로 내몬 것에 대한 도의적 책임을 느끼고 자살을 했던 영국의 정치인들은 그나마 양심이란 것이 있다. 하지만 오늘날 한국의 정치인들이나 관료들은 마치 투기로 얻은 이익이 무슨 자랑이라도 되는 것처럼 떠들고 다닌다. 투기를 통한 불로이익이 선량한 시민들의 죽음으로 이루어진 탐욕의 결과물이란 생각은 전혀 없다. 그만큼 자본주의 경제는 뻔뻔하고, 천박해졌다.

오월의 꽃, 순수한 기독교인들

1620년 12월 21일, '오월의 꽃(Mayflower)' 이란 이름을 가진 배 한 척이 미국 북동부 해안에 도착했다. 배는 180톤 노르웨이 선박인데, 원래 화물수송선이어서 그런지 고기 썩은 냄새와 기름 냄새로 악취가 심했다. 그런 고약한 환경을 극복하고 102명의 영국의 청교도들은 '엄격한 기독교 국가 건설' 이란 이상을 품고 북아메리카 대륙에 발을 내디뎠다. 그들은 배에서 나라를 운영할 때 제일 중요한 원칙을 정해 서약을 했는데, 대표적인 것이 "모든 결정은 다수결의 원칙에 따른다"는 내용이었다. 이것이 바로 민주주의, 미국 민주주의의 시작이었다. 미

괴물의 탄생

국 동부해안에서 청교도들은 인디언들을 발견하고 먼저 총을 발사했다. 그해 미국 동부해안에 많은 눈이 내렸고 청교도들은 인디언들의 도움이 절실히 필요했다. 그들은 배가 고프면 몰래 인디언 마을로 잠입해서 먹을 것을 훔쳐갔다. 인디언들은 그것을 알고서도 눈감아주었다. 그들에게 배가 고파 먹을 것을 훔치는 것은 죄가 아니었기 때문이다.

처음 인디언과 청교도 백인들 사이에는 협동심과 우애가 있었다. 근엄하고 엄격했던 초기 청교도들은 너그럽고 인정 많은 인디언들의 호의에 감사할 줄 알았다. 그들은 인디언들의 도움으로 옥수수를 심고 물고기를 잡으며 한해를 무사히 보냈다. 그리고 그렇게 무사히 한해를 보낼 수 있도록 도와준 인디언들을 불러 사흘 동안 축제를 벌였다. 이것이 추수감사절의 시작이었다.

황금의 시대를 지나 혼돈의 시대로

신대륙을 찾아 몰려드는 난민들이 점점 증가하면서 청교도들은 인디언들을 동부 해안에서 자꾸 서부로 밀어내며 자기 영토를 넓혔다. 1690년 25만 명이었던 아메리카의 인구가 1790년에는 300만 명을 넘어서고 있었다. 미국의 1800년대는 황금의 시대이면서 동시에 혼돈의 시대였다. 이디스 워튼의 소설 『순수의 시대』를 읽어보면 1870년대 미국 뉴욕 상류층 사람들의 이런 두 가지 복잡한 심리 갈등을 아주 잘 표현하고 있다. 이튼은 뉴욕 상류층 사람들을 두 가지 이질적인 존재가 화학적으로 결합된 형태로 보았다. 한 부류는 청교도 윤리에 집착하는 전통적인 귀족가문이고 다른 한 부류는 황금에 몰두해서 돈을 번 신흥귀족이다. 두 부류는 서로 필요에 의해 집안끼리 결혼하고 결합한다. 하지만 그들은 서로의 가치관 때문에 혼란을 겪는다. 영국의 혼탁한 천민자본주의 병폐에 신물이 난 전통귀족들이 순수한 기독교 나라를 건설하기 위해 미국으로 왔지만 그들은 결국 천민자본주의의 속성에 물든 새로운 귀족들과 동화되어버린다.

1900년대에 들어서 미국의 개신교 근본주의자들이 다시 청교도 원래의 생각으로 돌아가자고 부르짖고 나섰다. 그리고 성경에 충실하지 않은 것은 모두 이단이라 배척했다. 1920년에는 고등학교 교사가 학교에서 다윈의 진화론을 가르쳤다는 이유로 법원 심판대에 서는 일까지 벌어졌다. 물론 법정공방에서 패배를 했지만 기독교 복음주의는 광기를 띠고 있었다. 그들은 유색인종을 멸시했고 백인 순결주의로 노예제도를 옹호했다. 사람의 생각은 언제나 경제보다 더디게 발전한다. 19세기 말과 20세기 초 미국의 정신적 혼돈은 우리가 상상하는 것 이상이었다.

1907년 인디애나 주에서 시작된 정신이상자, 백치, 강간범을 거세

괴물의 탄생

하는 '거세법'은 1931년에는 30개주에서 시행됐다. 이런 악법은 중세에서 근대로 넘어오면서 국가폭력의 전통을 본받은 것이다. 집시들을 부랑자 수용소에 감금하고 거세하던 전통은 미국에서 범죄의 유전인자를 말리려는 국가폭력으로 발전했으며 이런 추악한 법은 1960년 케네디 정부시절에야 사라졌다.

1602년 네덜란드에서 동인도회사가 만들어진 것을 자본주의 경제의 시작으로 본다면 400년이 지난 오늘까지의 자본주의 경제사는 인권과 평등이 박해받은 역사였다고 할 수 있다. 링컨으로 인해 노예해방이 이루어졌지만 흑인들에 대한 멸시는 1960년 케네디 정부 시절에도 계속되었다. 기차를 타고 여행을 하려고 해도 흑인과 백인은 객차를 달리하여 탑승해야 했다. 그것이 엄연히 법으로 존재했다. 공식적인 노예제도가 없어졌지만 노예의 일을 노동자들이 대신하면서 노동자가 노예취급을 받았다.

노예와 노동자가 다른 점이 있다면 노예는 24시간 고용돼 있지만 노동자들은 법으로 노동시간이 제한돼 있다는 것뿐이다. 1848년 영국 의회에는 노동자들의 노동시간을 10시간으로 제한하는 법안이 제출됐다. 16세기 중반 노동자들의 노동시간이 법적으로 11시간이었으니까 노동시간을 한 시간 줄이는데 300년이란 시간이 걸린 셈이다. 하지만 이 법률은 잘 지켜지지 않았다. 당시 자본가 이익을 대변하는 의원들은 노동자들에게 한 시간 여가를 주는 것은 사회를 더욱 타락시키는 짓이라고 주장했다.

산업화 과정에서 근면과 성실이 최고

어느 나라이건 산업화 과정에서 가장 중시되는 것은 노동자들의 근면과 성실 두 가지 덕목이었다. 근대화 과정 속 한국의 학교 교훈으로 가장 많이 등장한 것이 '근면과 성실'이었던 것처럼, 당시 사회도 노동자들에게 죽도록 열심히 일할 것을 강요하는 분위기였다. 이런 생각을 가장 적극적으로 편 사람들이 바로 영국의 개신교 목사들였다.

19세기 초 영국의 염색공장 노동자들은 마흔 살을 채 넘기지 못하고 죽었다. 열악한 노동환경 탓에 많은 노동자들이 병으로 쓰러졌다. 아홉 살 어린아이들도 노동자 대열에 합류했고 기계 앞에서 깜빡 졸았다는 이유로 채찍질이 가해졌다. 마르크스의 『자본론』은 당시 영국 사회의 노동자 착취에 대한 여러 사례들을 담고 있다. 이 책의 많은 부분은 자본이 어떠한 방식으로 노동을 학대하는가를 구체적으로 기술하는데 할애되었다.

1836년 6월, 영국 법원 기록물을 보면 노동법을 위반한 고용주들의 사례가 기록돼 있다. 그들은 열두 살에서 열다섯 살 소년들을 금요일 오후 6시부터 다음날 오후 4시까지, 식사시간과 한 시간의 수면시간 이외의 휴식시간 없이 일을 시켰다는 이유로 고소당했다. 아이들은 '넝마구덩이'라고 불러도 좋을 만한 굴속에서, 공기 중에 양모 보푸라기와 먼지 등이 가득 차 있는 작업환경으로 인해 자신의 폐가 손상될까 늘 수건으로 입을 막고 일을 해야 했다. 하지만 법정에 불려나온 공장주는 "아이들에게 자비심으로 4시간 수면을 허락했지만 한사코 잠을 자려 하지 않았습니다. 이들은 일에 대해 아주 열정적이었지요"라고 거짓말을 늘어놓았다.

당시 런던에는 많은 노동자들이 열악한 환경에서 살고 있었다. 건물 정면을 제외하고는 햇빛과 공기가 들어올 틈이 없었다. 창문은 모두 돈이었다. 1851년까지 영국에서는 창문 숫자로 세금을 매기는 제도가 있어 집주인들은 창문을 되도록 적게 만들려고 했다. 방에는 침대 하나에 화장실 하나가 전부였다. 시골에서 런던 빈민가로 올라온 사람들은 오늘날 한국의 고시원보다 더 열악한 곳에서 일가족들이 구부리고 뒤엉켜 자야 했다. 한국의 고시원에도 '창문세(?)'라는 것이 있다. 창문이 달린 방은 다른 방보다 조금 더 비싸다.

이런 열악한 주택에서 기거하던 영국 노동자들은 주당 받은 급료 가운데 3분의 1을 집세로 내고 나머지 돈으로 일주일 동안 마실 커피와 설탕, 보릿가루, 비누, 양초, 맥주 등을 조금 살 수 있었다. 그들이 사는 곳은 런던 한복판이었지만 그곳은 감옥이나 마찬가지였다. 불결한 런던 시가지에 혐오감을 느끼던 런던의 상류층 사람들은 철도주식과 부동산투기로 돈을 벌어 도시 외곽으로 벗어나 상류층들만 사는 거리를 조성했다.

괴물의 탄생

자본주의 괴물의 탄생

미국은 영국 노동자들의 절박한 현실도피로 생겨난 곳이다. 또한 탐욕과 부패로 물들어가는 유럽 대륙에 신물이 났던 성직자들의 새로운 나라를 건설하겠다는 열망에 의해 생겨난 나라이기도 하다. 1791년 만들어진 미국 헌법에는 의회가 어떤 종교도 국교로 삼지 않는다고 명시돼 있다. 그것은 그들이 종교적 갈등을 원하지 않는 자유로운 국가 건설을 최고의 가치로 삼았기 때문이었다.

빈곤에 시달리지 않는 나라, 다양성을 인정하는 국가를 만들기 위해 유럽 대륙을 떠난 이들은 신대륙에 발을 내딛고 곧바로 인디언들과 마찰을 일으켰다. 순박한 인디언들의 땅을 갈취한 그들은 인디언들과 싸움을 할 수밖에 없었다. 인디언들은 땅에 대해 욕심이 없는 사람들이었다. 영혼이 자유로운 그들은 재물에 구속되지 않는 사람들이었다. 그래서 백인들이 땅에 대해 욕심을 부리자 모든 것을 주고도 화를 내지 않았다. 백인들은 자기 것이 아닌 땅을 차지하고 그 땅에 말뚝을 박았다. 그리고 울타리를 쳤다. 인디언들은 백인들이 친 울타리가 무엇을 의미하는지 몰랐지만 시간이 지나자 그것이 자신들을 바깥으로 내몬 경계라는 사실을 알게 되었다.

영국 정부는 이민자들이 북아메리카 동부연안에 서서히 정착을 하자 그들에게 자치정부 수립의 특권을 부여하고 특허장을 발행했다. 그러나 점차 영국 정부와 이민자들 사이에 세금을 둘러싼 분쟁이 생겼고, 보스턴에서 울린 한 발의 총성과 함께 두 나라는 전쟁을 시작했다. 영국과의 전쟁을 통해 미국 역사상 두 명의 중요한 인물이 등장하게 된다. 바로 조지 워싱턴과 로버트 모리스이다. 조지 워싱턴이 초대 대통령이 된 것은 미국 역사에 있어 큰 행운이었다. 그의 행적은 이후 미국 대통령들에게 큰 귀감이 되었다. 조지 워싱턴은 전쟁 승리 뒤 13개 주 대표들을 소집하여 몇 달 동안 대륙회의라는 것을 열어서 연방헌법을 만들게 했으며, 그 진통의 과정에서 대화와 타협이 민주주의의 초석이란 점을 행동으로 보여주었다. 신생국가 미국은 조지 워싱턴이란 인물의 위엄을 바탕으로 하여 생성되었다.

괴물의 탄생

미국 초대 재무관, 파산자로 몰락하다

그러나 불행히도 미국의 초대 재무관은 로버트 모리스였다. 그는 미국 초대 대통령 조지 워싱턴과도 친분이 있었고 나라가 위기에 빠진 순간 자기 호주머니를 털어 구국에 앞장선 사람이었다.

1781년. 6년 동안 지속된 전쟁으로 미국 정부의 재정은 완전 거덜이 난 상황이었다. 연방정부는 병사들에게 먹일 식량도 확보하지 못한 상황에까지 이르렀다. 당시 미국에는 은행도 증권거래소도 없었다. 프랑스의 도움도 중단됐다. 조지 워싱턴은 병사들이 전선에서 배고픔에 걷지도 못하고 쓰러지는 광경을 그저 멍하니 지켜보다가 친구 모리스에게 도움을 요청했다.

로버트 모리스는 영국 리버풀에서 담배수입상의 아들로 태어나 1734년 열세 살 어린 나이에 아버지를 따라 미국으로 건너왔다. 젊은 시절부터 선박회사를 만들었고 담배와 밀가루, 설탕 등 많은 이윤이 남는 물건들을 팔아 돈을 벌었다. 그가 가장 많은 돈을 번 것은 독립전쟁 때문이었다. 그는 연방정부에 군수물자를 판매하면서 많은 돈을 벌었다. 모리스는 친구 워싱턴의 간곡한 부탁을 받아들여 1781년 미국의 초대 재무관이 되었다. 재무관으로서 그가 처음으로 한 일은 자본금 40만 달러의 국책은행, 북미은행을 설립하는 것이었다. 모리스는 프랑스 관료들과의 친분을 적극 이용해 프랑스의 지원을 다시 받아내었다.

그는 프랑스에서 들어온 돈은 국고에 보관하고 미국의 화폐를 만들어 찍기 시작했다.

모리스 덕분에 전선에 돈이 돌자 1781년 10월 19일, 미국은 요크타운 전투에서 승리를 거두고 전쟁을 종식시켰다. 다음해 2월 영국 하원은 전쟁 종결을 선언했다. 하지만 전쟁을 위해 찍어낸 화폐가 너무 많이 시중에 나돌아 미국은 심각한 후유증에 빠져들었다. 각주 대표들이 모여 연방정부의 부채를 떠안아야 했지만 주정부 역시 돈이 없는 것은 마찬가지였다. 보다 못한 모리스는 결국 자신의 돈을 투입해서 급한 불을 껐다. 하지만 이는 그저 반가운 일만은 아니었다. 무슨 돈이든 돈은 다 같다는 도덕적 해이를 낳을 수 있기 때문이었다. 노예밀매, 전쟁물자 사재기 등으로 막대한 부를 축적했지만 그 돈의 일부를 나라 빚을 갚는 데 사용했다면 그간의 모든 허물은 벗을 수 있는가? 모리스는 관직에 마음을 두지 않았고 얼마 뒤 재무관 자리에서 물러났다.

초대 대통령으로 워싱턴이 추대되었다. 모리스는 재무장관 자리를 맡아달라는 그의 부탁을 거절했다. 그리고 자신의 본능대로 부동산 투기에 매달렸다. 모리스는 버지니아와 뉴욕의 많은 땅을 사들였다. 부자 모리스가 땅을 사들이자 미국 땅값이 들썩였다. 하지만 모리스에게 부채를 갖고 있던 미국 정부는 그를 제지할 수 없었다. 모리스는 부동산투기에 광적이었다. 그래서 자기 재산이 얼마나 남았는지 확인도 하지 않고 마구 어음을 남발했다. 자신에게 남은 자금이 없다는 것을 알게 됐을 때는 이미 은행에서 압류가 들어오기 시작한 후였다. 국책은행을 세웠던 미국 경제의 아버지가 은행들에게 재산을 압류당하는 처지로 전락한 것이다. 1798년 2월, 모리스는 채무 불이행 및 사기혐의로 체포되어 감옥에 갇히는 신세가 됐다. 모리스는 징역 3년형을 받고 감옥에 있으면서 처음 얼마동안은 너무도 혼란스런 자기 인생 때문에 발작까지 일으켰다. 하지만 친구 조지 워싱턴 방문을 받고 점차 안정을 찾은 그는 3년 감옥생활을 무사히 마치고 사회로 복귀했다. 하지만 그를 도와주는 사람은 아무도 없었다. 이 불쌍한 초대 재무관은 한 푼의 돈도 없이 1806년 5월 9일 쓸쓸한 인생을 마쳤다.

'건국의 아버지'들 가운데 경제를 책임졌던 로버트 모리스의 이 같은 삶은 미국 경제의 불길한 앞날을 예고하는 것 같다. 1790년대 미국은 부동산투기 열풍으로 전 국민이 몸살을 앓았다. 미국 건국의 아버지들 역시 모두 부동산과 주식투기에 참여했다. 1792년 5월 17일 뉴욕에 증권거래소가 처음 설립되었다. 초대 재무장관으로 임명된 알렉산더 해밀턴 역시 불우한 어린 시절을 보냈다. 그는 서인도 제도에서 스코틀랜드 상인의 사생아로 태어나 어렵게 뉴욕에서 대학을 졸업했다. 그러나 그는 철저하게 부자들의 생각을 대변했다. 부강한 미국을 건설하기 위해서는 엘리트들이 나라를 이끌어야 한다고 주장했던 그는 확실한 보수주의자였다. 특히 그는 화폐정책에서 줄곧 대통령이었던 토머스 제퍼슨과 충돌했다.

해밀턴은 화폐를 소수 독점자본가 손에 맡겨야 한다고 생각했지만 제퍼슨은 그 반대였다. 그는 화폐가 독점자본가 손에 농락당한다면 가난한 사람들은 평생 은행의 볼모로 지내야 한다고 안타까워했다. 1804년 토머스 제퍼슨은 압도적인 지지로 재선에 성공했다. 그가 다시 대통령에 당선될 수 있었던 것은 미국 역사상 가장 훌륭한 협상을 성공시켰기 때문이다. 그는 미시시피 강 왼쪽 지역을 1500만 달러라는 헐값에 프랑스로부터 구매했다. 미국 정부는 땅이 넓어지자 국민들에게 금이나 은화를 받고 토지를 팔아 부족한 재원을 확보했다. 토지에 대한 수요는 철도건설과 운하개발로 더욱 급증했다.

성장과 질주의 시대

철도는 자본주의의 상징이다. 철도가 생기기 전에 런던에서 에든버러까지 200톤의 화물을 육로로 수송하려면 400필의 말과 100명의 마부들이 3주 분의 식량을 갖고 출발해야 했다. 실로 어마어마한 거추장스러움이었다.

그러나 철도는 이런 불편을 단번에 해결했다. 철도가 운송체제를 맡으면서 상품들이 대량으로 도시를 넘나들었다. 산업 발달의 속도는 기차의 속력만큼이나 빨라졌다. 유럽의 자본들이 유럽의 부동산과 철도를 들썩여 투기를 부추긴 다음에 버블붕괴가 찾아왔다. 유럽 경제에 몰아닥친 한바탕의 광풍은 그 뒤 미국으로 건너갔다. 과거에도 미국과 유럽은 자본이 복잡하게 얽혀 있었다. 미국을 대표하는 재벌 밴더빌트는 네덜란드계 사람이고, 듀퐁은 프랑스, 록펠러는 독일계다.

유럽의 대표적인 금융재벌로는 이탈리아 메디치 가문과 유대인 로스차일드 가문이 있다. 그들은 영국의 런던 시티를 중심으로 금융자본을 형성했다. 미국의 월가 역시 미국과 유럽 재벌들의 자본이 복잡하게 얽혀 생성된 곳이다. 유럽과 미국의 모든 정치적 견해가 일치를 보이는 것은 이런 자본의 얽힘과 무관하지 않다.

유럽의 큰손들이 대서양을 건너 미국에 투자하기 시작한 때는 미국의 금광개발과 철도건설이 시작된 시점과 맞물린다. 그렇게 해서 미국의 재벌들은 독점적 지위를 갖게 됐고, 미국이 세계경제를 끌고 가면서 이들 재벌기업은 세계경제를 독점한다. 철도의 밴더빌트와 해리먼, 철강의 카네기, 석유의 록펠러, 담배의 듀크, 광산의 구겐하임, 금융의 로스차일드는 모두 세계경제를 쥐고 있던 공룡들이었다. 이들은 모두 철도가 건설되면서 부를 축적했다. 물론 로스차일드는 혁명을 통해 더 많은 돈을 긁어모았지만 대개의 기업들은 철도로 돈을 벌었다. 로스차일드는 다른 재벌에 비해 뒤늦게 미국에 진출했는데 모건은행에 투자한 상당 부분의 지분이 나중에 영국과 미국 금융 트러스트(독점재벌)의 발판이 되었다.

1831년, 뉴욕에 처음으로 16마일 길이의 철도가 놓이면서 미국 철도의 역사가 시작됐다. 그리고 5년 만에 1000마일 이상의 철로가 놓였다. 철도가 생기자 미국 경제는 무서운 속도로 질주하기 시작했다. 미국의 서부 확대정책은 결국 캘리포니아 지역의 멕시코 사람들과 갈등을 유발했고 결국 1846년 전쟁이 발발했다. 그리고 2년 만에 캘리포니아와 뉴멕시코 지역을 모두 획득해서 지금의 광활한 미국 대륙이 완성된다. 땅이 넓어지고 자본이 참여하자 미국의 경제는 비약적으로 발전한다.

마크 트웨인의 자서전에 보면 그의 아버지는 1830년에 테네시 주제임스타운의 10만 에이커 땅을 400달러를 주고 샀다. 그런데 친구에게 잘못 보증을 서는 바람에 그는 가진 재산을 모두 은행에 압류당하고 땅을 산지 4년 만에 모든 것을 잃고 플로리다로 쫓겨나야 했다. 마크 트웨인은, 자신의 아버지는 땅에 대한 애착은 강했지만 투기적인 집착이 아니라 앞으로 태어날 아이들, 손자들의 삶의 터전으로 생각했다고 말한다. 그런 아버지는 1847년 가족들에게 가난만 물려준 채 세상을 떠났다. 마크 트웨인은 아버지를 회고하면서 "아버지가 철도를 알고 계셨다면, 그래서 그 괴물이 지나갈 자리에 땅을 사두었다면 나는 물론 당신의 손자들까지 돈 걱정 없이 부자 소리를 들어가며 살았

괴물의 탄생

을 것"이라고 아쉬워했다.

1852년 미국 역사를 바꾸는 중요한 소설 한 권이 출간됐다. 바로 해리엇 비처 스토 여사가 쓴 『톰 아저씨의 오두막』이다. 이 소설은 남부에서는 거친 욕설을 들어야 했지만 북부의 많은 지식인들에게는 "미국의 잠든 양심에 불을 지른 소설"이란 극찬을 들었다. 이 책으로 인해 남부와 북부는 미국의 노예들을 어떻게 할 것인가에 대해 첨예한 논쟁을 시작했다. 남부의 입장에서 흑인노예들은 남부의 문명사회에 편안하게 동화된 사람들이었다. 그러나 북부는 흑인노예가 비참한 노동자로 전락했다며 그들의 운명을 스스로 선택하게 하자고 주장했다. 남부사람들은 돈만 아는 탐욕에 물든 사람들이란 뜻으로 북부사람들을 '양키'라고 불렀다. 오늘날 우리가 '양키'라고 말할 때 그것은 북부 천민자본주의 속성을 가진 미국인을 의미한다.

〈바람과 함께 사라지다〉는 남북전쟁이 배경인 영화다. 러닝타임이 무려 4시간이나 되는 이 작품은 풍요로운 남부가 몰락하고 투기꾼들과 사기꾼들로 가득한 양키 북미가 건설되는 과정을 주인공 스칼렛 오하라의 눈으로 바라본다. 영화 속에서 '바람과 함께 사라진' 것은 '남부의 문명'이다. 흑인과 백인들이 공존했던 점잖은 사회, 기사도 정신이 살아 있던 남부는 사라지고 탐욕의 북부 사회가 미국을 이끌면서 미국의 자본주의는 추악한 모습으로 변했다는 것이 이 영화의 주제이다.

링컨이 암살당한 후부터 시어도어 루스벨트 대통령이 집권하기 전까지, 19세기 후반의 미국 정치는 황금에 눈이 먼 탐욕가들이 집권하는 '황금시대'로 쏠려 들어가고 있었다. 그래서 주식투자에 열광적이었던 마크 트웨인은 1860년부터 1890년 사이를 '황금깡패들의 시대'라고 불렀다. 사람들은 독한 술을 마시고 서로를 증오하면서 싸움을 일삼았다. 돈을 제법 가진 자들은 수단과 방법을 가리지 않고 총잡이들을 동원해서 땅을 갈취하고 철도를 통해 부동산 가격을 올려 재벌 명단에 자신들의 이름을 올렸다. 그렇게 거칠게 돈을 벌어 그 돈을 담배처럼 말아 피우며 황금벌레들은 거드름을 피웠다. 그리고 탐욕스런 양키들의 표를 받은 공화당 대통령 후보들은 1929년 대공황까지 줄기차게 집권한다. 거의 70년 동안 공화당 대통령이 집권하면서 재벌이나 기업을 위주로 한 정책은 독점재벌의 성장을 부추겼고, 1차 세계대전을 마치면서 미국은 세계경제 최강자로 군림했다. 공화당의 독주는 결국 1929년 대공황으로 막을 내렸다.

괴물의 탄생

금, 갱스터무비, 그리고 **경제공황**

1848년 1월 24일 캘리포니아 주 새크라멘토 시 근방. 제임스 마셜이란 사람이 존 수터 농장에서 제재소를 건설하고 있었다. 수로 점검을 하던 중 제임스 마셜은 반짝이는 금 조각을 발견했다. 캘리포니아 금광개발은 이렇게 시작되었다.

캘리포니아 금광 덕분에 미국은 후진국에서 선진국 대열에 합류할 수 있었다. 만약 캘리포니아 금광개발이 이루어지지 않았다면 미국의 많은 은행들은 금이 모자라 파산했을지도 모른다.

1848년은 유럽이나 미국에게 중요한 해였다. 유럽은 심각한 경제 공황으로 몸살을 앓고 있었다. 많은 빈민들이 배고픔에 허덕였으며 파리에서 시작된 혁명의 기운이 전 유럽을 감싸고 있었다. 유럽의 은행은 비상 경제체제로 돌입했다. 만약 캘리포니아 금광개발이 없었다면 미국 경제는 물론 세계경제는 붕괴됐을 수도 있었다. 당시 미국의 은행들은 보유한 금보다 더 많은 화폐를 발행했다. 그 규모도 200퍼센트 이상이었다. 은행이 자신들의 화폐를 교환할 만큼 충분한 금이 없다는 소문이 조용하게 돌고 있던 상황이었다. 1848년 캘리포니아에서 금광이 발견됐다는 것은 유럽의 은행이나 빈민들에게 놀라운 소식이었다. 제일 먼저 가난에 노출된 아일랜드 사람들이 금광을 찾아 대서양 뱃길에 올랐다. 이어 유럽 여러 나라 사람들도 미국행 배에 몸을 실었다.

1850년 캘리포니아 금광에서는 50톤의 금이 생산되었다. 1852년에는 100톤의 금이 뉴욕으로 수송되었다. 수터 농장에서 금이 발견됐다는 소문은 미국 전역을 술렁이게 만들었다. 미국 동부에서 출발한 배들이 남아메리카 대륙을 돌아 서부 캘리포니아로 향했고, 성격 급한 사람들은 남북으로 가로놓인 로키 산맥을 피해 위험한 파나마 협곡을 지나다가 목숨을 잃었다. 그러나 세계경제를 살린 캘리포니아 금광개발은 한 가족을 철저하게 파멸로 몰아넣었다.

수터 농장의 주인 존 수터는 천성적으로 선하고 탐욕에 물들지 않은 사람이었다. 그는 자신의 땅에서 금이 발견되었다는 이야기를 듣자 오히려 절망하고 슬퍼했다고 한다. 수터는 미국에 큰 농장을 만들겠다는 포부를 안고 독일에서 건너온 사람으로 동부에서 몇 년 동안 온갖 일을 하면서 착실하게 돈을 벌어 서부 새크라멘토 계곡에 자신의 보금자리를 마련했다. 꽤 넓은 부지였던 그곳에 그는 여러 개의 농장을 세우고 가축들을 방목해서 키우고 있었다. 수터는 재제소를 짓기 위해 제임스 마셜이란 사람을 불렀는데 그가 어느 날 계곡에서 사금을 발견한 것이다.

수터는 마셜에게 금이 발견됐다는 것을 비밀로 해달라고 부탁했다. 그런데 그와 함께 일했던 일꾼이 술집에서 술을 먹고 돈을 내려 했지만 돈이 없자 주머니 속에 들어있던 사금 조각을 주인에게 주면서 수터 농장에서 금을 발견했다고 떠벌렸다. 술집주인은 그 다음날 만나는 사람들 모두에게 이 사실을 알렸고 소문은 미국의 동부지역까지 퍼졌다.

1849년 미국 11대 대통령 포크는 연두교서에서 금 발견을 공식적으로 언급했다. 멕시코와의 전쟁을 통해 캘리포니아 지역을 차지한 미국 정부는 서부 개척자들을 유인하기 위해 금광이 발견됐다는 것을 정부차원에서 홍보했다. 그러자 본격적인 동부의 금 채굴꾼들이 서부로 들이닥쳤다. 유럽의 많은 가난한 노동자들도 부자가 될 수 있다는 꿈을 안고 미국 캘리포니아로 향했다.

캘리포니아 금광개발의 전성기는 고작해야 4년이었다. 그 4년 동안 수터 농장의 일꾼들은 금을 채취한다며 농장을 떠나버렸고 순식간에 농장은 폐허가 됐다. 수터는 자기 소유의 농장을 무단 점거하고 있는 1만7000 가구를 퇴거조치시켜달라고 미국 연방정부에 탄원서를 올렸다. 금을 캔다고 왔다가는 그냥 수터 농장 안에 눌러 앉은 사람들이었다. 그는 직접 워싱턴 의회에 가서 여러 차례 자신의 농장을 무단 점거한 사람들을 다른 곳으로 강제 이주시킬 것을 요구하는 탄원서를 제출했지만 의회는 묵묵부답이었다. 그는 직접 그들을 상대로 법적 소송을 제기해서 법원으로부터 소유권 확인을 인정받았다.

미국 법원은 이들에게 즉각 퇴거할 것을 명령했지만 이들은 오히려 캘리포니아에서 폭동을 일으켰다. 수터의 아들 세 명 가운데 두 명이 폭도들에게 살해됐고 남은 아들과 부인은 그들을 피해 도망치다 아들은 자살하고 부인은 물에 빠져 죽었다. 1880년 워싱턴 미국 의회 계단 앞에 거지 모습을 한 어떤 노인이 쓰러져 있었다. 사람들이 일으켜 세우자 그는 자기 호주머니에서 한 장의 서류를 꺼내어 보이고는 숨을 거두었다. 그가 바로 존 수터였다. 죽기 전까지 그가 호주머니에 넣고 있었던 것은 농장소유를 확인하는 법원의 등기였다.

캘리포니아에서 금을 캔다고 몰려든 사람들은 많았지만 그들 모두를 만족시킬 만한 양의 금은 나오지 않았다. 다음으로 금광이 개발

괴물의 탄생

된 곳은 덴버와 네바다 주였다. 1874년 6월 30일 조지 암스트롱 커스터 대령은 사우스다코타 주 블랙힐에서 콩알 반만 한 금을 발견하고 미국 정부에 급전을 보냈다. 그렇게 해서 인디언 최후의 도시 블랙힐도 미국인의 손에 넘어가게 되었다. 미국 정부는 양심이 있어 그랬는지 인디언 축출을 미적거리고 있었다. 아직 인디언들과 맺은 조약에 잉크도 마르지 않았기 때문이었을 것이다. 그동안 인디언들은 동부에서 서부로 계속 밀려나고 있었고 미국 정부는 사우스다코타 주 블랙힐 전체를 인디언 자치지역으로 인정했다. 그런데 그곳에서 금이 발견되자 인디언들을 또다시 치졸하게 밀어내려 한 것이다. 커스터 대령은 인디언들과의 전투에서 용맹을 떨친 장군이었다. 그는 계속해서 인디언들을 몰아내고 그들이 주로 먹는 들소를 대량 학살했다. 들소가 사라진 곳에서는 인디언들도 살 수 없었다. 인디언들은 결국 스스로 수용소에 들어갈 수밖에 없었다. 미국 정부는 수십 년이 지난 뒤 그때 일을 반성하며 수용소에 있는 인디언들에게 돈으로 보상하려 했지만 인디언들은 이렇게 말했다.

"당신들은 모른다. 세상에는 돈으로 해결되지 않는 것들이 참으로 많다는 것을. 오늘 우리는 돈이 없어도 살 수 없지만 너희들은 돈 때문에 망할 것이다."

한편 캘리포니아 금광개발 때문에 서부로 몰려든 '황야의 무법자' 들에게는 윤리와 도덕이란 찾아볼 수 없었다. 미국인들에게 총은, 법은 멀고 무력은 가깝다는 것을 상징한다. 1787년 필라델피아에서 미국 12주 대표 55명이 모여 헌법을 마련했다. 헌법 10개항 중 세 번째 조항이 특이했다. "국민은 누구나 무기를 휴대하고 자기 생명을 보호하기 위해 사용할 수 있다." 이렇게 헌법에 무기소지를 보장한 이유는 무엇일까? 사람들이 금광을 찾아 몰려든 서부는 법보다는 총이 먼저였던 곳이다. 미국 서부개척 시절 악명 높던 총잡이 제시 제임스는 모두 일곱 차례 열차강도를 저질렀다. 그는 결국 1만 달러 현상금이 걸린 채 쫓겨 다니다 오두막에서 총에 맞아 죽었다. 이런 유명한 총잡이들에게 서부는 군침이 도는 곳이었다. 금광개발 투자자들을 모으기 위해 마을마다 하나씩 있었던 슈퍼마켓 같은 은행은 그들의 주요 먹잇감이었고, 검은 연기를 내뿜으며 달리는 기차들을 탈취해서 귀중품을 터는 것은 그들의 생활이었다.

총잡이들의 무용담은 미국 '갱스터무비'의 소재로 차용되었다. 갱스터무비로 가장 많은 관객을 동원한 〈내일을 향해 쏴라〉는 원제가 〈부치 캐시디와 선댄스 키드〉다. 영화는 1890년 남미 볼리비아에서 경찰에 쫓기다 자살한 두 명의 미국인 은행강도의 실제 이야기를 바탕으로 한다. 부치와 선댄스는 미국 서부지역의 은행과 유니온퍼시픽 철도에서 강도짓을 하다가 거액의 현상금이 걸리면서 많은 사립탐정들에게 쫓기자 남미 볼리비아로 숨어들었다. 남미의 볼리비아 하면 떠오

괴물의 탄생

르는 인물은 체 게바라다. 체 게바라가 활동하던 1960년대 볼리비아도 가난했지만 부치와 선댄스가 미국의 사립탐정들에게 쫓겨 그곳으로 숨어 갔을 때도 볼리비아는 가난한 나라였다. 은행강도에게는 열악한 환경이었지만 그래도 그들은 그 가난한 나라의 작은 은행들을 털면서 생활하다 볼리비아 광산촌에서 경찰들에게 포위돼 결국 자살로 삶을 마감했다.

그러나 영웅은 자살하지 않는 법. 실제 사건은 자살로 끝나지만 영화에서 두 사람은 볼리비아 경찰 수백 명에 둘러싸인 상황에서도 "이제 호주로 가는 거야. 그곳 역시 금이 많으니까. 이곳보다는 나을 거야"라는 마지막 대사를 남기고 힘차게 뛰어나간다. 그리고 화면은 정지된다. 그 뒤에 물론 난사당해 죽었을 테지만 영화는 절제의 미학을 보여준다. 이 영화의 하이라이트는 끝나기 2분 동안 나누는 두 사람의 대화이다. 사방이 완전히 막힌 상황에서도 주인공들은 농담을 하면서 새로운 미래를 이야기한다. 어깨에 총상도 입고 죽음이 눈앞에 있는 상황에서도 두 사람은 실없이 농담을 계속한다.

당시 한국의 외화 수입업자들은 이 영화의 한글제목을 뽑기 위해 무척 고민을 했다고 한다. 결국 그들은 은행강도들에게도 내일에 대한 멋진 꿈이 있었다고 내용을 포장하여 제목을 〈내일을 향해 쏴라〉로 지었다. 그 덕분일까. 영화는 많은 관객을 끌어 모으며 흥행에 성공했다.

부치와 선댄스, 두 명의 열차강도들을 볼리비아로 내쫓은 인물은 유니온퍼시픽 철도회사 사장 에드워드 해리먼이었다. 해리먼은 1909년 사망했는데, 유산이 무려 1억 달러에 달했다고 한다. 유니온퍼시픽 회사의 주식이 가장 고공행진을 하던 1906년의 주가는 주당 195달러였다. 당시 광산노동자들의 일당이 5달러였으니까 노동자들은 먹지 않고 한 달 이상 꼬박 돈을 모아야만 이 비싼 주식 한 주를 살 수 있었다. 해리먼은 주식가치를 올리기 위해 주식을 사고 소각하기를 반복했고 작은 철도회사들을 인수합병했다. 부치와 선댄스 같은 총잡이들이 하나둘 사라지면서 해리먼은 돈방석에 앉았다. 철도역사 주변으로 작은 은행들이 들어서고 상권이 소규모로 형성되면서 철도회사들은 엄청난 부동산을 소유했다. 부치와 선댄스가 은행을 털었던 것처럼 해리먼은 작은 철도회사들을 집어 삼키며 큰 도둑으로 성장했다.

서부대륙이 철도와 금광개발, 석유개발로 들썩이고 있던 1857년, 뉴욕 증권거래소에서는 좋지 않은 사건 하나가 발생하여 대공황을 야기했다. 1857년 9월 12일 토요일, 캘리포니아에서 금을 잔뜩 싣고 승객 578명을 태운 센트럴아메리카 선박이 미국 동부 뉴욕으로 향하다 갑자기 몰아친 허리케인으로 침몰하는 일이 벌어진 것이다. 당시 캘리포니아에서 뉴욕으로 향하는 항로는 매우 불안한 노선으로 항상 허리케인의 위험에 노출되어 있었다. 이 항로는 1914년 파나마 운하가 개통될 때까지 미국 서부에서 출발한 선박이 동부에 갈 수 있었던 유일한 통

괴물의 탄생

로였으며, 남아메리카 대륙 남단까지 돌아가야 하는 멀고도 험한 길이었다.

배에 물이 차기 시작한 것은 저녁 8시, 하지만 선장은 대수롭지 않게 생각했다. 하지만 선실이 점차 물에 잠기자 급하게 구조요청을 했고 미국 해군함정은 현장으로 신속하게 출동했다. 하지만 함정은 578명의 승선 인원 가운데 바다 위에 표류하고 있던 153명만을 구조할 수 있었다. 나머지 사람들은 금괴 21톤과 함께 바닷속으로 가라앉고 말았다. 뉴욕에서 배가 도착하길 목 빠지게 기다리던 투자자들은 사고로 배가 침몰했다는 소식에 주식을 팔고 시장에서 철수했다. 불과 배 한 척이 침몰했을 뿐이지만 세계적인 공황은 이 사건에서 시작되었다. 곧바로 미국 경제를 이끌고 있던 철도주식이 폭락했고 철도회사들이 도산했다. 그 영향으로 은행들은 문을 닫았다. 미국 공황의 여파는 대서양을 건너 런던과 파리까지 파급되었다. 금광개발이 본격화하면서 많은 영국 자본이 미국의 철도건설에 투자돼 있던 상태였다. 그런데 미국에서 시작된 금융위기가 유럽을 강타했던 것이다. 영국 런던에서 이런 광경을 목격한 마르크스는 구상 중이던 『자본론』의 집필에 박차를 가했다. 생각보다 빨리 자본주의 경제체제가 몰락하고 있다고 믿었기 때문이었다.

센트럴아메리카 선박에 실려 있던 금괴는 1988년 발달된 해양탐사기술 덕분에 인양됐는데 그 가치가 약 10억 달러에 달했다고 한다.

검은 양에 미친 황금벌레들

1850년대 영국 신문들은 "영국에는 너무 많은 자본가들이 활동한
다. 주식을 구입할 능력도 없는 빈민들이 하루에 한 끼만 먹으면서 철
도주식을 사고 있다"고 걱정했다. 철도주식에 대한 중산층의 투기바
람이 노동자들에게까지 분 것이다. 이러한 광풍은 성직자들도 예외가
아니었다. 그들은 탐욕의 경제를 비판하면서도 한편으로 철도주식을
매입했다. 영국의 철도건설은 1848년 가장 번창했으며 노동자 20만 명
이 건설현장에 동원됐다. 1850년 중반 영국의 철도 길이는 8000킬로미
터나 됐다. 영국 철도의 아버지 조지 허드슨은 국민적 영웅이 되었다.

괴물의 탄생

철도광풍으로 그는 영국 철도노선의 3분의 1을 거머쥘 수 있었다. 철도광풍은 영국 국토를 실핏줄처럼 연결시켰다. 아일랜드에도 100개가 넘는 철도노선이 계획되었다. 영국 정부는 철도주식투기를 방조했다. 정부는 세금이 많이 들어오니까 좋았고 노동자들 역시 일자리가 많아져 좋았다. 유럽의 경제는 1840년대 잠시 휘청거렸지만 철도개발 덕분에 다시 질주할 수 있었다.

철도는 영국뿐 아니라 프랑스 독일, 그리고 미국까지 넘어갔다. 철도의 검은 연기가 세상을 망하게 할 것이라는 주장을 편 신문 편집인들은 자신의 생각을 수정해야 했다. 1845년 여름, 런던의 신문광고 절반 이상을 철도주식 공모광고가 차지했다. 그리고 갑자기 과열현상이 일기 시작하면서 철도주식은 불타나게 팔리기 시작했다. 이상과열현상에 대해 위험경고는 계속 울려댔지만, 모든 투기거래가 그렇듯이 한참 달아오를 때는 아무리 경고를 보내도 묵묵부답이기 마련이다. 투기의 광풍에는 항상 누군가의 이익과 누군가의 눈물이 교차한다. 그해 늦가을 철도버블이 터지자 런던 하이드파크 공원에서 권총으로 자살하는 사람들이 생겨나기 시작했다. 1846년 가을, 영국은 흉작으로 고통을 받고 있었고 영국의 교도소에는 철도와 관련된 사기죄로 수감된 사람들로 넘쳐났다.

영국에서 철도가 처음 나타났을 때 사람들은 이 이상한 괴물이 검은 연기를 뿜으며 달리는 것을 보고 두려워했다. "이 괴물이 뿜어내는 검은 연기는 새를 죽이고 하얀 양털을 까맣게 만들면서 세상을 멸망시킬 것이다." 이 검은 연기를 내뿜는 괴물로 인해 경제는 정신없이 광란의 질주를 계속했다. 영국의 사업가들은 제조공장에서 거둔 이익을 철도회사 주식에 투자하여 막대한 부를 축적했다. 신문들은 사설에서 "검은 양(철도) 한 마리가 사람들을 모두 검게 물들이고 있다"고 철도주식에 미친 영국인들을 비난했다. 영국의 철도주식 거품이 꺼지자 돈은 다시 미국으로 건너가 미국에 철도회사를 만들기 시작했다. 영국에서 배운 투기수법들은 곧바로 미국으로 공수되었다.

1850년대 세계경제는 황금의 시대였고 동시에 광풍의 시대였다. 사람들은 금광개발에 이어 석유라는 검은 보물에 열광했다. 1851년 미국 펜실베이니아에서 발견된 석유는 '가자, 펜실베이니아'라는 노래를 유행시켰고 땅 이곳저곳은 석유개발로 파헤쳐졌다. 석유개발에는 많은 돈과 노동이 필요했다. 1859년 8월 28일, 지하 23미터에 석유지층을 발견한 코네티컷 석유회사는 하루 30배럴씩의 석유를 생산하면서 석유시대의 막을 열었다. 이 무렵 이제 막 사업을 시작한 록펠러가 펜실베이니아 석유생산에 관심을 갖기 시작했다. 그는 곧바로 석유정제회사를 설립하고 서서히 독점자본가의 길로 들어섰다. 록펠러는 사업을 시작하고 불과 15년 만에 미국 정유산업의 90퍼센트를 차지하는 거대 독점재벌로 성장했다.

1860년대 미국 경제를 움켜쥔 사람은 코넬리우스 밴더빌트였다. 그는 돈을 벌기 위해서라면 좋은 일과 나쁜 일을 가리지 않는 사람이었다. 1868년 3월 10일, 미국에 흥미로운 전쟁이 벌어졌다. 그것은 미국 자본주의 역사상 가장 추악한 전쟁이었다. 싸움은 버팔로와 뉴욕을 운행하는 철도구간, 일명 '황금노선'이라 불리던 이리철도의 이권을 둘러싸고 시작되었다. 증기선을 독점하고 있던 밴더빌트가 철도노선도 독점하기 위해 이 황금노선에 군침을 흘렸다. 그는 막대한 자금력을 동원해서 이리철도 주식을 매입하면서 공격을 시작했고 방어를 하고 있던 제이 굴드는 경영권이 넘어갈 위험에 처하자 대니얼 드루와 함께 성능 좋은 인쇄기를 구매하여 기계가 고장 날 때까지 신주를 발행했다. 아무리 주식을 매입해도 주식이 계속해서 시장에서 돌자 이상하게 생각한 밴더빌트는 보안관들을 매수해 그들이 주식을 찍는 것으로 의심이 가는 인쇄소를 급습했다. 불법으로 주식을 찍어낸 것을 확인한 밴더빌트는 평소 자신이 돈으로 매수했던 판사를 시켜 그들에게 체포영장을 발부하게 했다.

　　체포영장이 발부되자 굴드와 드루는 현금을 챙겨 뉴저지로 야반도주를 했다. 뉴저지 주는 돈 많은 도둑이 들어오는 것을 환영하면서 그들을 보호할 법안을 만들었다. 이들의 싸움으로 피해를 본 것은 일반투자자들이었다. 미국 연방정부는 서둘러 일반투자자들을 보호하기 위해 기업이 주식을 새로 발행할 때는 반드시 시장에 공개하는 '공시제도'를 만들었다.

아직도 제이 굴드는 '월스트리트의 악마'로 불린다. 그는 이리철도 사건이 종료되고 얼마 뒤, 보스턴에서 의류장사와 밀수입을 통해 돈을 모은 짐 피스크와 손을 잡고 광산주식에 작전을 시도했다. 그는 주로 '치고 빠지는 수법'을 썼다. 1869년 제이 굴드와 짐 피스크는 정부를 상대로 투기를 벌였다. 그들은 정부가 남북전쟁을 치르면서 사용한 4억 달러 국채를 갚기 위해 금값을 조절한다는 것을 알고 금을 사들이기로 했다. 연방정부는 유통되는 금보다 100배나 많은 화폐를 발행했다. 그리고 금값을 안정적으로 가지고 가기 위해 금을 시장에 적절히 내다 팔기도 하고 사기도 했다.

제이 굴드는 정보를 얻기 위해 워싱턴에서 보스턴까지 가는 그랜트 대통령에게 자신이 소유한 멋진 증기선을 제공했다. 배 위에서 이런저런 얘기를 나누며 그랜트 대통령의 경제정책을 파악한 제이 굴드는 재무부 관리들을 돈으로 매수하고 그랜트 대통령이 이제 더 이상 금을 내다 팔지 않을 것이란 정보를 시장에 흘렸다. 1869년 가을, 금값은 하늘 높은 줄 모르고 뛰기 시작했다. 제이 굴드는 측근들에게 금값이 최고로 올랐다고 판단되는 시점에 금을 시장에 내놓으라고 지시했다. 그랜트 대통령 역시 금값을 안정시키려고 400만 달러치의 금을 시장에 내놓았다. 금에 투기를 했던 투자자들은 폭락하는 금값을 보면서

괴물의 탄생

망연자실했다.

　금융강도들은 서로 은밀하게 협력하면서 시장을 교란시키는 데 수단과 방법을 가리지 않았다. 1893년 금융자본이 철도회사를 붕괴시킨 사건이 또 한 번 발생했다. 필라델피아와 리딩 철도회사가 갑작스런 은행들의 지불요구를 감당하지 못하고 파산한 것이다. 두 회사의 파산으로 주식시장에 돈이 빠져나가자 다시 여러 기업들이 연쇄 파산했다. 1893년 철도회사로 시작된 공황은 미국 경제 역사상 가장 큰 홍역이었다. 1893년 3월부터 시작된 공황으로 6개월 만에 8000개가 넘는 기업이 문을 닫았는데, 그 중에는 156개의 우량 철도회사들도 포함되어 있었다. 400개 은행도 문을 닫았다. 100만 명의 노동자들이 실업자 신세로 전락했다. 극심한 공황으로 생활고에 시달리던 노동자들은 총을 들고 정부에 항의하기 시작했다.

두 얼굴의 금융재벌

　1929년 대공황만큼이나 심각한 공황이 닥쳤다. 이때 등장한 인물
이 바로 미국 최고의 거물 존 피어폰트 모건(J.P. 모건)이다. 런던 금융을
장악한 네이선 로스차일드가 1836년 죽은 뒤 9개월 만에 그에 버금가
는 인물인 J.P. 모건이 태어난다. 그는 영국 상업은행에서 신용을 쌓던
아버지의 뒤를 이어 미국에서 'JP 모건 상회'란 이름으로 금융산업을
장악하기 시작한다. 1900년 무렵에는 로스차일드 가문의 지분 일부가
여기에 투자되었다. 모건 금융재벌은 이렇게 구축되었으며 1935년 모
건스탠리가 투자은행으로 분리되었다.

괴물의 탄생

JP. 모건은 미국을 대표하는 금융인이며 독점금융재벌의 대부다. 그는 에디슨과 함께 1892년 GE를 설립했고 1901년에는 철강재벌 카네기와 손을 잡아 US스틸을 만들었다. 그는 이미 이때부터 금융자본을 통해 산업자본을 상당부분 잠식한다. 그의 손아귀에 철도와 철강이 들어오게 된 것이다. 이는 위기를 기회로 살리는 그의 특유한 전략 때문에 가능한 일이었다. 그는 다른 사람에게는 나라를 구한 영웅으로 대접받으며, 스스로는 미국 산업을 지배하는 제왕으로 군림했다. 부와 명예를 동시에 거머쥔 놀라운 능력의 소유자가 바로 JP. 모건이었다.

2008년 9월 미국의 거대한 투자은행들이 쓰러지자 JP모건은 부도 위기에 빠진 베어스턴스를 인수했다. 리먼브라더스 파산으로 AIG가 휘청거리자 미국 정부는 JP모건에게 AIG 인수를 제의했지만 난색을 표명했다. 그들은 이미 그 회사의 부실규모가 얼마인지 파악하고 있던 것이다. 그러나 JP모건이 리먼 딜러부분에 돈을 투자하여 월가 붕괴를 막았다는 후문은 잘 알려진 사실이다. 이들의 행동은 100년 전 JP. 모건이 미국을 구한 것과 똑같은 모습이었다.

1907년에 JP. 모건은 미국을 두 번이나 구한 인물로 사람들에게 알려져 있었다. 당시 한 식당에서 식사를 하던 모건은 은행이 파산할지 모른다는 소문을 냈다. 누구는 그가 소문을 냈다고 하고 누구는 그가 신문을 보고 얼굴을 감싸 쥐는 모습에서 은행 파산에 대한 공포감이 확산됐다고 하는 등 말들은 엇갈리지만 어쨌든 그는 표정만으로 미국 금융시장을 좌지우지할 수 있는 인물이었다. 사실 1907년 모건은 정부를 상대로 도박을 벌이고 있는 중이었다. 당시 미국 대통령 시어도어 루스벨트는 재벌기업들에 대해 손을 보고 있었다. 그러자 금융재벌 모건이 반기를 든 것이다.

모건은 집요하게 루스벨트 대통령을 욕하고 다녔다. "경제를 망치는 대통령이다. 그는 우리들에게 유리지갑을 가지고 사업을 하란 소리를 자주 한다. 이건 말이 안 되는 요구다." 그는 왜 그렇게 심하게 대통령에게 저항했을까? 모건은 루스벨트가 셔먼독점금지법을 더 강화해서 금융자본을 견제한 것에 화가 나있었다. 루스벨트는 금융자본이 산업자본을 가만히 앉아서 먹어치우고 있다고 판단해 견제에 들어간 것이었다.

모건은 미국 경제를 두 번이나 구한 인물로 추앙받고 있었지만 그를 미워하는 사람들은 그가 은행 뱅크론을 조작해서 많은 이익을 챙겼다고 비난했다. J.P. 모건은 1877년 남북전쟁이 끝나고 의회가 군인들에게 임금을 주지도 않고 해산하는 바람에 폭동이 일어나자, 가진 재산을 털어 직접 군인들에게 밀린 월급을 제공했다. 전쟁을 통해 이룬 부를 국가에 환원한 것이다. 그것은 그가 미국을 첫 번째로 구한 일로 기록되고 있다. 그러나 모든 사람들의 찬사 뒤에서 그는 금값 폭등을 예상하고 금을 사들이고 있었다. 보이는 곳에서는 선행을, 보이지 않는 곳에서는 금을 갖고 투기를 했다. 그의 나이 불과 서른 살이었다.

1895년 미국의 금보유량이 부족해서 국가파산위기가 닥쳤을 때도 모건은 자기가 가지고 있던 금을 과감히 연방정부 금고에 밀어 넣었다. 다시 사람들은 그의 결단에 박수를 보냈다. 이런 신뢰가 바탕이 되어 1907년 위기를 해결하는 해결사로 그는 다시 등장한다. 이번 위기를 구한다면 모건은 미국 역사상 금융위기를 세 번이나 구한 영웅이 되는 것이었다.

1907년 가을, 모건은 3주 동안 버지니아 주 리치먼드의 아름다운 고급별장에 머무르고 있었다. 그는 그곳에서 많은 사람들을 만나며 위기의 미국을 구해낼 세 번째 이야기를 연출하고 있었다. 금융위기가 닥칠 때마다 미국이 반복적으로 처하게 된 상황은 중앙은행이 없어 정부가 할 수 있는 일이 거의 없다는 데에서 비롯된 것이었다. 중앙은행 설립은 건국 초기부터 해밀턴과 제퍼슨의 대결처럼, 연방이 중심이 될 것인지 각 주가 우선이 될 것인지를 놓고 첨예한 대립을 거듭하다 결국 해결을 보지 못한 문제였다.

모건은 정부를 대신해서 은행가들을 모두 불렀다. 위기를 수습하기 위해 합숙에 들어간 것이다. 이곳에는 은행가들뿐 아니라 록펠러와 해리먼 등 철도와 석유재벌들도 참석했다. 모건은 자신의 능력으로 이 위기를 헤쳐나가는 것처럼 보이기 위해 때로는 결단에 찬 표정으로,

때로는 고뇌에 찬 표정으로 신문기자들의 사진촬영 요구를 받아들였다. 1907년 10월 중순, 상황은 더욱 악화됐다. 은행에 돈을 찾으려는 사람들은 줄어들지 않았다. 모건은 기업과 은행의 생사여탈권을 쥐고 있는 신과 같은 존재처럼 보였다. 1907년 10월 21일, 모건은 신탁회사 니커보커를 어떻게 할지 고민했다. 그는 특별위원회를 소집하고 이같이 말했다. "위기에서 살아남으려면 죽을 놈을 빨리 죽여야 한다. 니커보커는 오늘로 죽었다." 자기 역시 상당한 돈을 투자했지만 그는 손해를 감수하고 과감히 그 신탁회사를 포기했다. 그는 일반투자자들에게 약속을 지켰다. "1907년 10월 22일 오전 11시 50분까지 은행에 오십시오. 그럼 돈을 내줄 것입니다." 이 한 마디에 그는 다시 존경받는 사람이 됐다. 자기도 손해를 입은 회사의 빚을 자기 통장에서 돌려준다고 신문들은 모건을 칭찬했다. 그렇지만 사람들이 은행을 불신하는 분위기가 만연하자 1907년 10월 24일 은행과 증권회사들이 연쇄 도산하기 시작했다. 며칠이라도 더 버티기 위해 은행들은 원금의 두 배나 되는 살인적인 이자를 감수하고 사채에 손을 벌렸다. 그러나 그것도 쉽지 않았다.

모건은 은행이 다 죽으면 미국 전체가 공멸한다며 은행 앞에 줄을 서서 돈을 찾지 말아달라고 호소했다. 그의 진정어린 호소에 목사들도 동참하고 언론사 편집인들도 동참했다. 1907년 10월 28일, 뉴욕시 간부가 갑자기 모건을 찾아왔다. 시가 발행한 채권이 만기가 되었

괴물의 탄생

는데 돈이 하나도 없다는 것이었다. 뉴욕 시가 파산한다면 모든 것이 끝나는 상황이었다. 모건은 시가 발행한 채권 모두에 대해 6퍼센트 가산금리를 지불한다며 구입을 결정했다. 1907년 11월 6일까지 모건은 시장에서 죽을 은행과 살아남을 은행들을 결정했다. 1907년 금융위기는 모건의 노력으로 해결될 수 있었다. 그러나 1907년 금융위기 이후 모건이 이끄는 금융과 산업 트러스트들은 미국 경제의 절반 이상을 차지했다. 급박한 상황이 종료되자 미국 언론들은 중앙은행이 없으면 미국의 금융위기는 계속해서 일어날 것이라고 떠들었다. 1908년 올드리치 상원의원은 중앙은행이 없는 미국 경제의 취약점을 생각해 몇 가지 대안을 마련하는 법안을 제출했다. 처음에 '긴급화폐법'이라 불렸던 이 법안은 발전하여 연방준비은행법의 기초가 되었다. 이렇게 해서 미국은 중앙은행의 역할을 연방준비위원회(FRB)가 맡게 된 것이다.

1913년 1월, 우드로 윌슨이 28대 대통령으로 당선됐다. 윌슨은 개혁조치들을 추진했다. 재벌기업의 반대에도 불구하고 '언더우드 관세법안'을 통과시켜 관세인하를 추진, 상품가격 인하의 결과를 가져왔다. 1913년 3월 31일, J.P. 모건이 75세의 나이로 사망했다. 그는 연방준비위원회 설립에 죽는 순간까지 관여했다.

그리고 윌슨 정부는 그동안 논란을 거듭했던 '연방준비위원회'를 1913년 12월 의회의 승인을 거쳐 설립했다. 윌슨은 죽기 전에 금융재벌들이 국가체제 위에서 돈을 마음대로 발행하는 것에 내심 불쾌해하며 "내 인생에 가장 잘못한 일은 '연방준비위원회'를 만든 것이다"라고 고백하기도 했다. 1919년 재벌 해체의 주역이었던 시어도어 루스벨트 대통령도 숨을 거두면서 국민들에게 이렇게 말했다. "앞으로 미국 경제를 추락시킬 세력은 금융재벌들입니다. 이들을 조심하세요. 이들은 자신들 의견에 동조하지 않으면 공직자들까지도 매장시킬 것이고 마음에 들지 않으면 대통령도 죽일 것입니다." 금융강도들은 자본주의가 가는 길 곳곳에 나타나 엉뚱한 곳으로 세계경제를 움직였다. 오늘날 금융위기 역시 그들의 음모로 촉발된 것이다.

은행을 통폐합하고 산업자본을 점령한 모건의 신화와 연방준비위원회의 등장과 관련해 1933년과 1934년에 벌어진 두 개의 비극적인 사건이 묘한 연관성을 갖는다. 아무런 관련이 없을 것 같은 두 개의 사건은 그 속살을 들여다보면 하나라는 것을 알 수 있다.

1933년 5월 23일, 미국 하원 금융통화위원장을 지냈던 루이스 맥파든은 여러 가지 자료를 토대로 미국 대공황은 금융재벌들이 일으킨 것이고 그 책임은 연방준비제도이사회에 있다면서 '연방준비제도이사회 탄핵안'을 제출했다. 그러나 그는 두 번이나 의문의 총격을 받았고 마침내는 원인모를 독극물에 의해 독살 당했다. 그의 죽음은 그가 하려는 일로 인해 가장 큰 피해를 입게 될 조직의 음모였을 가능성이

괴물의 탄생

높다. 그러나 그의 죽음은 영원히 미궁에 빠져버렸다. 그가 죽은 지 꼭 1년 뒤인 1934년 5월 23일, 신기하게도 날짜까지 같다. 두 명의 은행 강도가 전기고문을 당한 채 죽었다. 1967년 만들어진 영화 〈보니와 클라이드〉(한국 개봉명 〈우리에게 내일은 없다〉)는 1930년대 미국 은행털이범의 삶을 그린 작품이다.

보니 파커와 클라이드 배로는 실제로 존재했던 인물들이다. 보니 파커는 1910년 텍사스에서 노동자의 딸로 태어났다. 그녀는 열여섯 살에 결혼했지만 남편은 감옥에 들어갔고 술집 종업원으로 일하면서 근근이 살아갔다. 한편, 보니보다 한 살 어린 클라이드 배로는 남부 목화 농장에서 가난한 노동자의 아들로 태어났다. 그 역시 주유소에서 일하면서 좀도둑질로 유치장을 들락거렸다. 그러다가 1930년 클라이드는 우연히 보니가 일하던 카페에서 그녀를 만났고 서로 사랑하는 연인이 된다. 처음에는 자동차를 훔쳤던 두 사람은 1932년 11월 드디어 처음 은행을 턴다. 1933년 7월 특수부대에 포위된 두 사람은 방송국 보도진까지 몰려든 가운데 귀신처럼 그곳을 빠져나갔다. 그러자 이들 은행강도 커플은 사람들의 관심을 한 몸에 받게 된다. 언론은 은근히 그들이 잡히지 않고 계속 살아서 은행들을 괴롭히는 것을 즐기는 듯한 태도를 보였다. 하지만 결국 두 사람은 체포되어 사형선고를 받고 1934년 5월 23일 전기의자에 앉아 죽음을 맞았다.

하지만 영화는 은행강도로 이름을 날린 두 사람을 전기의자에 앉히지 않았다. 은행강도가 영웅이었던 시대, 그들을 바보처럼 전기의자에 앉혀 죽인다면 영화의 극적 효과가 반감된다는 판단 때문이었다. 영화는 무려 150발의 총알을 맞고 두 사람이 차 안에서 죽음을 맞는 장면으로 마지막을 연출했다. 〈보니와 클라이드〉의 흥행으로 미국에서는 갱스터무비가 줄줄이 제작됐다. 정부는 돈이 없으면 인쇄기를 동원해 돈을 찍어 은행에 풀고, 은행은 개인을 상대로 돈놀이를 하고, 개인은 평생 은행의 횡포에 신음하는 세상은 그때나 지금이나 한결같다.

전설적인 은행강도 커플의 마지막 죽음 장면에 사용된 8기통 포드자동차는 박물관에 전시돼 여전히 사람들을 불러 모으고 있다. 1929년 대공황이 끝나고 모건계열 금융자본들은 미국 경제의 절반을 움켜쥐었다. 진짜 큰 도둑들은 보니 파커와 클라이드 배로가 아니라 이들 금융재벌들이 아닐까? 1929년 대공황 이후 가장 심각한 경제위기가 찾아오자 그때와 너무도 흡사한 사건들이 똑같이 벌어지고 있다.

2008년 뉴욕에서는 은행강도가 무려 444건이나 발생했다고 한다. 2008년 12월 30일, 뉴욕 시에서 그날 하루에만 다섯 개 은행이 강도에게 털렸다. 뉴욕의 은행들 입구에 이런 안내문구가 나붙기 시작했다.

"은행에 들어오실 때는 선글라스와 두건, 그리고 모자도 좀 벗어주세요!"

예수의 경제학, 마르크스의 경제학

잭나이프의 탄식과 오바마의 등장

2008년 9월 미국 최대 투자은행 리먼브라더스의 파산결정이 내려
지고 일주일 뒤, 세계 최고의 경영자란 찬사를 들었던 잭 웰치 전 GE
회장이 한 강연회에서 이렇게 말했다.

"이번 금융위기는 한마디로 금융 살인사건이다. 이 사건의 주연
은 단연 투자를 유혹하는 펀드매니저들이다. 이들은 저주받을 사람들
이다. 그들은 이익이 생기면 통상 수익의 20퍼센트를 보수로 받는다.
그러나 문제가 생기면 약간의 보너스를 삭감하는 것으로 모든 책임을

예수의 경제학, 마르크스의 경제학

진다. 하지만 그들이 저질러놓은 범죄는 모든 사람들이 떠안아야 한다. 누군가는 감당할 수 없는 상황이 오면 죽음으로 내몰린다. 그래서 이번 금융위기는 이들 금융투기꾼들이 저지른 일반인들에 대한 살인사건이다."

잭 웰치, 그가 누구인가? 한동안 끝없이 추락했던, 발명왕 에디슨이 만든 GE라는 '공룡 회사'를 살린 사람이다. 그는 끊임없이 직원들을 경쟁시키고 혁신시켰으며 도태된 사람들을 마구 잘랐다. 그의 말 한마디에 많은 직원들이 갑자기 다니던 직장에서 짐을 꾸려 나와 집에 가서 점심을 먹어야 했다. 이처럼 인정사정없는 경영원칙은 그에게 '잭나이프'라는 별명을 붙여주었다. 잔인한 경영자는 인정머리 없이 직원들을 해고시킨 공로로 주주들에게 매년 '최고의 경영자'라는 찬사를 들었다. 그가 공룡 GE를 살린 것은 미국 최대 제조업체를 금융업체로 바꿨기 때문이다. 물론 오늘날 GE를 먹여 살리는 것은 금융이다.

10만 명의 부하직원을 잘랐고 그들의 월급으로 세계 최고의 연봉을 받았던 잭 웰치의 눈에도 이번 금융위기는 잔인하게 보였나 보다. 이름도 생소한 이 회사 때문에 미국뿐 아니라 한국 경제도 완전히 박살이 났다. 리먼브라더스 사태 이후 한국의 주가는 2008년 5월 16일 최고점(1888.88)의 질반도 되지 않는 938.75(2008년 10월 24일 현재)로 떨어졌다. 반대로 환율은 2008년 1월 2일 938원에서 같은 해 11월 24일 연중최고치인 1513원을 기록했다. 누구는 가진 돈을 다 날렸을 것이고 누구는 엄청난 부를 거머쥐었을 것이다. 약탈 경제체제 자본주의의 현실은 이렇게 참혹하다.

리먼브라더스의 파산과 어느 할아버지의 재산

파산한 리먼브라더스는 한국의 주식시장에 등록된 모든 기업의 시가총액을 다 합쳐도 그 회사의 자본금에 미치지 못할 정도로 크다. 하지만 우리나라 70대 할아버지에게는 그저 낯선 회사일 뿐이다. 그런데 그 회사가 파산한 날 할아버지에게 은행으로부터 한 통의 전화가 걸려왔다. "할아버지! 지난번에 가입하신 펀드 5000만 원이 지금 휴지조각이 돼버렸네요. 죄송합니다." 고작 안내 전화 한 통이다. 5000만 원이 휴지조각이라니, 아니 세상에 그렇게 비싼 휴지도 있단 말인가? 할아버지는 벌렁거리는 가슴을 진정시키며 은행 본점으로 달려갔다. 이미 본점 앞 거리에는 할아버지와 비슷한 처지의 사람들이 뒹굴고 있었다. 모두들 몇 십 년을 모은 돈이었다. 은행 직원은 열심히 설명했지만 할아버지 귀에는 아무것도 들리지 않았다.

그는 앉아 있던 의자를 집어 내동댕이쳤다. 그리고 직원 멱살을 잡으며 "이 도둑놈아! 내 돈 내놔!" 라고 소리쳤다. 그 할아버지 말처럼,

아니, 잭 웰치의 말처럼 금융산업을 투기장으로 만든 그들은 언제나 책임을 지지 않는다. 금융깡패들은 시장에 선수들이 너무 많다 싶으면 꼭 그들을 정리하는 못된 버릇이 있다. 누구에 의해 그런 음모가 진행됐는지는 아무도 모르고 한 번도 역사에서 그 실체가 밝혀진 적도 없다.

오바마 당선은 기적이야!

위기이지만 그나마 위안을 삼는 소식은 미국에서 새로운 젊은 지도자가 당선됐다는 것이다. 나이는 40대, 더구나 그는 아버지가 케냐 사람인 아프리카계 흑인 혼혈 대통령이다. 불과 40년 전만 해도 미국에서는 흑인이 백인과 결혼을 하면 목숨까지 잃었다. 1967년까지 미국의 17개 주에서는 다른 인종 사이의 결혼을 엄격하게 금지하고 있었다. 기차를 타도, 음식점이나 호텔을 가도, 흑인과 백인은 따로 생활해야 하는 사회였다. 그런 미국에서 흑인 대통령이 나왔다는 것은 정말 놀라운 일이다. 1865년 노예제도가 공식 폐지됐지만 차별의 역사는 그후 100년이 지나도록 계속되었다. 사람들의 습관이나 관습은 법으로 금방 바뀌는 게 아니었다. 백인은 똑똑하고 세상을 지배하는 인종, 흑인은 미개하고 게으른 인종이라는 인식은 여전했다. 이런 편견은 오늘날에도 존재한다. 그런데 버락 오바마가 대통령에 당선된 것이다. 그래서 미국은 희망이 있고, 가능성이 있는 나라다.

40대 대통령을 배출할 수 있는 나라는 희망이 있다. 마흔, 그 나이는 모든 세대를 다 아우를 수 있다. 그러나 불행히도 한국은 50대 대통령도 불안해하는 사회다. 50대 중반의 대통령이 선출된 뒤 보수진영에서는 '너무 젊은 사람'이 대통령이 됐다고 우려했다. 대한민국은 노인을 우대하는 사회다. 실제로는 그렇지 않지만 정치적으로만 그렇다는 이야기다.

1899년 4월 12일, 미국 남동부 조지아 주에서 발생한 샘 호스 사건을 보면 백인들의 흑인에 대한 증오심이 얼마나 강했는지 알 수 있다. 불과 100년 전의 이야기지만 굉장히 충격적이다. 샘 호스는 스물한 살의 일용직 흑인 노동자였다. 그는 백인 알프레드 크렌포드가 운영하는 농장에서 일을 했는데 두 사람은 임금문제로 다투게 되었다. 크렌포드는 화가 나서 총을 들어 샘 호스를 겨냥했고 샘 호스는 자위권 차원에서 도끼를 들고 크렌포드를 내리쳤다. 그래서 그는 살인자가 됐다. 여기까지가 사실이다. 나머지 이야기들은 살이 보태지거나 과장된 것이다.

백인들 사이에서는 샘 호스가 주인의 아내까지 성폭행했다는 소문이 떠돌았다. 물론 사실이 아니었지만 이 끔찍한 이야기가 지역신문을 통해 알려지자 흥분한 백인들은 호송 중이던 샘 호스를 기차에서

예수의 경제학, 마르크스의 경제학

끌어내 성기를 비롯한 신체 일부를 자르고 얼굴가죽을 벗겨냈으며 그의 몸에 기름을 끼얹고 산 채로 불에 태웠다. 몇몇 잔인한 사람은 불에 탄 샘 호스의 시신을 먹기도 했다.

이렇게 잔인한 살인을 저지르면서 백인들은 마치 신성한 의식을 치르는 것처럼 정장을 차려입었고, 샘 호스를 죽이는 현장에는 어린아이부터 늙은이까지 남녀노소를 가리지 않고 수천 명의 백인들이 몰려들었다고 한다. 어떤 이는 그 자리에 모인 백인들에게 숯덩이로 변한 샘 호스와 사진을 찍어주고 돈을 받았으며 그의 성기를 비롯한 신체 일부도 돈을 받고 팔았다. 샘 호스 사건은 나중에 정당방위로 판결이 났지만 이미 그는 잔인하게 살해당한 뒤였다. 문명사회에서는 도저히 있을 수 없는 참혹한 범죄가 단지 흑인이라는 이유로 백인들에 의해 자행되었다.

샘 호스 사건이 일어나고 거의 40년이 지난 뒤 '블루스의 여왕' 빌리 홀리데이는 '이상한 열매' 라는 노래로 흑인들의 슬픈 과거를 위로했다. '이상한 열매' 란 제목은 교수형당한 흑인들의 몸이 바람에 흔들리는 모습을 상징한 것이다. 흑인들은 노예해방 뒤에도 노예로 살아야 했고, 백인들에게 처참하게 목숨을 잃는 일이 다반사였다. 흑인으로 태어난 빌리 홀리데이의 인생 역시 고난했다. 그녀의 어머니는 겨우 열세 살 때 성폭행을 당해 빌리 홀리데이를 낳았고, 빌리 홀리데이 역시 성매매 여성으로 한때를 살았다. 빌리의 음색은 유난히 슬프고도 맑았다. 그녀는 노래를 좋아했고 음반을 취입하고 가수가 되었다. 그녀의 노래는 마치 슬픈 목소리로 이야기하듯이 감미로웠고 대공황으로 마음에 상처를 안고 있던 미국인들에게 위안이 되었다. 하지만 '이상한 열매'의 노랫말에 담긴 흑인들의 아픔을 이해하는 백인은 많지 않았다.

"남부의 나무에는 이상한 열매가 열리네. 잎사귀와 뿌리에는 피가 흥건하고 남부의 산들바람에 검은 몸뚱이가 매달린 채 흔들린다. 포플러 나무에 매달린 이상한 열매. 멋진 남부 풍경에 튀어나온 눈과 찌그러진 입술, 달콤하고 상쾌한 향기, 그리고 어디선가 살덩이를 태우는 냄새! 까마귀가 뜯어먹고 비를 맞고 바람을 빨아들이면 이상하고 슬픈 열매는 나무에서 떨어지네."

경제적 불평등으로 인한 흑백갈등은 흑인 대통령이 되었다고 금방 바뀔 것 같지 않다. 미국 빈민층 대부분이 흑인이다. 2004년 통계를 보면 백인남성의 평균 연봉은 4만 달러, 흑인남성은 2만5000달러라고 한다. 백인들의 양보나 이해 없이는 이런 불평등이 언제 또 흑인폭동으로 이어질지 모른다. 비록 정치적인 양보는 있었지만 미국 백인사회가 흑인들에게 재산권까지 나눠줄 것이라고는 기대하기 어렵다. 또한 유대인들을 비롯한 미국의 금융재벌들은 이미 오바마에 대한 견제를 시작했다. 이런 장벽을 그가 어떻게 뚫고 갈지 자못 궁금하다.

다윈 탄생 200주년, 묘한 움직임들

미국이 아닌 한국에서는 여전히 과거 권위주의 시대로 회귀하는 일들이 벌어지고 있다. 다윈이 태어난 지 200년이 지났지만 그의 저서 『종의 기원』은 아직도 자본주의와 공산주의 사상가들이 각각 자기 입맛에 맞게 아전인수 격으로 해석하고 있다. 『종의 기원』 초판이 발간됐을 때 마르크스는 다윈과 멀지 않은 곳에 있었다. 마르크스는 런던가 중심에, 다윈은 거기에서 20킬로미터 정도 떨어진 한적한 교외에 살고 있었던 것이다. 마음만 먹으면 두 사람이 언제든지 만날 수 있는 거리였다. 하지만 다윈은 한 번 만나고 싶다는 마르크스의 간절한 소망을 무시했다.

그는 공산주의자들을 별로 좋아하지 않았다. 그런데 마르크스는 새로운 자신의 공산주의 이론에 다윈의 진화론과 적자생존, 그리고 헤겔의 유물론적 변증법칙을 적용시켰다. 다윈은 자신이 자본주의와 공산주의 두 진영의 이데올로기적 희생물이 될 것 같다는 두려움 때문인지 철저하게 은둔하며 살았다.

다윈의 이론은 1890년대 미국에 출현한 독점자본가들의 경제이념에도 한몫을 했다. 자연의 법칙이 약육강식인 것처럼 사회경제적인 측면에서 재벌의 등장을 자연스럽게 받아들여야 한다는 사회이론이 탄생한 것이다. 이것은 트러스트들이 독점하는 경제를 이념적으로 뒷받침해주었다. 그리고 트러스트 독점성의 폐해는 1929년 대공황으로 나타났다.

전 세계에서 오바마가 선거에서 이겼다는 소식을 제일 기쁘게 생각한 사람들은 한국인들이다. 실패한 투표 덕분에 혹독한 대가를 치른 뒤였기 때문이다. 많은 한국인들은 새벽에 생방송으로 중계된 오바마 취임연설을 경청하고 감동했다. 취임연설에서 오바마는 두 개의 미국 사회를 보았다고 말했다. 가난한 자의 미국과 부자의 미국. 두 개의 사회가 대립하면 결국 미국은, 아니 세계는 흔적도 없이 사라질 것이라고 그는 강조했다. 역사적으로 한 번도 성공한 적 없는 대화를 통한 혁명은 과연 성공할 수 있을까?

버락 오바마는 놀랄 만큼 대중들을 설득하는 힘이 있다. 사람들은 링컨과 케네디를 보는 것 같다고 말했다. 그러나 낙관적이지는 않다. 그가 등장해도 미국을 비롯한 세계는 혹독한 인내의 시간을 보내야 할 것이다. 이번 공황은 1929년 대공황과 같이 장기간 지속될 것이다. 그러나 한국에는 여전히 다윈 탄생 200주년을 기념하며 강한 놈은 살고 약한 놈은 다 죽는 것이 당연하다는 약육강식만 외치는 다윈주의자들이 판을 치고 있다. 그리고 그 결과는 다른 나라보다 더 잔혹한 국민경제추락으로 나타났다. 어제까지 음식점을 운영하면서 잘 살아가던 중산층이 갑자기 살던 동네에서 쫓겨나 철거민으로 내몰렸다. 갈 곳 없는 사람들은 거리를 방황하거나 집단으로 정부에 대항하기 시작했다. 아무도 가보지 않은 시간이 지나고 있으며 누구도 생존을 장담할 수 없는 그야말로 공포의 시간이 전개되고 있다.

1998년 IMF 시절에는 대기업들이 추락했지만 2009년에는 한 달에 수십만 명의 사람들이 중산층에서 빈곤층으로 추락하고 있다. 2009년 한해가 지나면 적어도 빈곤층이 국민 절반 이상이 될 것이란 예측도 있다. 빈곤층이 절반 이상이라면 그 사회는 성장동력을 대부분 상실하는 것이다.

이명박 정부 이후 그들이 주장하는 약육강식의 시장논리가 얼마

예수의 경제학, 마르크스의 경제학

나 무서운 모습으로 한국에 나타날지 아무도 모르고 누구도 상상하지 않는다. 답답한 정권이야 5년만 지나면 그만이지만 그들이 만들어놓은 엉망진창 한국 경제를 살리려면 또 얼마의 희생이 필요할지 걱정이다. 한국에서는 아직 한 번도 생존권을 위한 집단항쟁이 일어난 적이 없다. 하지만 그런 불길한 기운들은 곳곳에서 감지되고 있다. IMF 체제 이후 너무도 취약해진 빈곤층은 체념 속에서 살고 있다. 하지만 체념이 분노로 바뀌는 순간 사회는 걷잡을 수 없는 무정부상태로 변할 가능성이 높다. 1987년 6월 항쟁 기간 내내 매캐한 최루탄 가스가 서울 하늘을 가득 뒤덮었던 것처럼 이명박 정권이 서민을 죽이는 지금과 같은 정책을 계속 편다면 최루탄과 돌멩이가 다시 서울 하늘을 가득 채울 수도 있다.

그래서일까? 최근 경찰은 정부에 최루탄 사용을 허가해달라고 요청하고 있다. 경찰 정보부의 이 같은 판단은 경제위기로 인한 국민의 분노가 이미 위험 수준에 도달했다는 내부첩보에 따른 것일까? 하기야 청와대 민정수석은 실업의 고통에서 돌파구를 찾으려는 청년층의 행동이 폭력시위로 변질될 우려가 있다고 판단하지 않았는가. 참으로 걱정스런 시간들이 지나고 있다. 하지만 별로 해결할 방법은 없어 보인다. 기껏 하는 이야기라고는 하느님의 복음으로 경제위기를 극복하리라는 것과 애덤 스미스 할아버지의 근면한 자본주의뿐이다. 그런데 정말, 그거면 다 되나?

스미스 선생, 이건 **아니잖아요?**

자본주의 경제학에서 애덤 스미스의 위상은 하느님과 동일하다. 보수주의자들은 언제나 이 할아버지 말씀을 인용한다. 목사들이 신자들 호주머니를 털면서 하느님 말씀을 인용하는 것처럼.

근면과 공업이 왜 같은 말이야?

가난한 노동자들은 그저 자신의 처지를 운명으로 받아들여야지

예수의 경제학, 마르크스의 경제학

그것을 가지고 부자들을 질투하고 시기하면 지옥에 떨어진다. 산업혁명이 한창이던 시절 목사님들의 단골 설교 메뉴다. 오늘날 목사님들도 가난한 사람들에게 고난을 잊고 하느님 말씀을 따르다 보면 좋은 날이 온다는 낙관적 미래를 말씀하신다. 긍정의 마음을 가져야지 증오나 시기하는 마음은 옳지 않으며 특히 부자들을 그렇게 바라보는 사람들은 하느님이 멀리하신다고도 이야기한다.

애덤 스미스가 자본주의를 설교하러 다니던 시절은 노동자들의 근면성이 유난히 강조되던 시기였다. 근면(Industry)과 공업(Industry)이 같은 단어를 사용하게 된 것도 노동자들의 근면성을 강조하기 위해서였다. 산업혁명 시작과 동시에 노예제도가 폐지되면서 노동자와 노예는 비슷한 개념으로 인식됐고 지식인들이나 성직자들은 노동자는 천성이 근면해야 한다고 노래를 불렀다.

영국 산업혁명의 상징은 1859년 만들어진 국회의사당 시계탑, 런던의 명물 '빅벤' 이다. 이 시계는 꼭 15분마다 종을 울렸는데, 그 웅장한 소리는 영국의 노동자들을 15분마다 감시하는 영국의 근위병과도 같았다.

애덤 스미스가 노동자들을 가장 힘들게 한 것은 바로 '핀 공장' 이야기다. 스미스 선생은 여기에서 노동자들을 고통스럽게 만든 '분업' 을 처음으로 언급했다. 노동자 20명이 핀을 만드는 공장이 있다. 그런데 각자 핀을 만들면 한 사람이 한 개씩 하루에 고작 20개를 만들 뿐이지만 분업을 하게 되면 같은 인원으로 4000개의 핀을 생산할 수 있다. 스미스 선생의 분업에 대한 열띤 강의를 통해 공장주들은 산업혁명에 더욱 박차를 가할 좋은 아이디어들을 얻어낸 것이다. 분업은 기계화로 발전했다. 똑같은 동작을 반복하던 노동자들의 자리를 기계가 채워갔다. 1811년 노동자들은 자기 자리를 기계에게 넘겨주어야 했다. 일자리를 빼앗기자 노동자들은 기계를 파괴하고 폭동을 일으켰다. 러다이트 운동이었다. 1812년 2월 의회는 기계를 파괴하는 노동자는 사형에 처할 수 있다는 법안을 통과시켰다. 하지만 기계를 파괴하는 운동은 계속됐다. 1813년 3월, 러다이트 운동을 주동한 14명의 노동자들은 교수형에 처해졌다.

러다이트가 일어나고 100년 뒤 살기 좋은 미국, 그 심장부 뉴욕에서 끔직한 일이 벌어졌다. 1911년 3월 25일, 미국 뉴욕의 워싱턴 스퀘어 근처 한 의류공장에서 불이 났다. 그런데 불과 15분 만에 이 공장의 여성노동자 146명이 불에 타서 죽고 말았다. 이처럼 짧은 시간에 많은 사상자가 난 것은 공장주의 지시로 비상구 출입문을 잠가버렸기 때문이었다. 공장주는 여성노동자들이 물건을 몰래 가지고 나가는 것을 막기 위해 그런 조치를 취했다고 변명했다. 당시 이 의류공장은 뉴욕의 10층짜리 멋진 건물의 맨 꼭대기 세 개 층을 임대했는데 그곳에는 13세의 어린 소녀부터 20대 중반의 여성까지 500명의 노동자가 일을 하고 있었다. 이들은 대개 미국으로 이민온 여성들이었다. 탈출할 곳을 찾지 못한 여성노동자들은 창문에 매달려 있다가 건물 아래로 추락했다.

　사건이 일어나고 미국의 언론은 이 회사 여성노동자들의 비참한 노동조건을 자세히 소개했다. 하루 14시간 노동, 불결하고 비위생적인 작업환경은 미국 시민들을 분노케 했다. 하지만 화재사건으로 기소된 공장주는 무죄판결을 받았다. 사망자들에게는 보상금으로 겨우 75달러씩이 지급됐을 뿐이다. 하루 2달러 임금이 보통이었으니까 약 한 달치의 월급을 받고 사건이 마무리된 것이다. 안타까운 여성노동자들의 죽음은 그 뒤 미국 여성노동자운동으로 이어져 1915년 '노동자재해보상법'이 만들어졌다.

　공장에서 분업이 확대되자 인간의 정교한 솜씨는 하찮은 평가를 받았다. 당연히 숙련노동자들의 불만은 계속 쌓여갔다. 분업은 대량생산을 위해 기계적 반복을 노동자들에게 강요했고 더 고통스런 노동조건을 만들었다. 애덤 스미스의 말대로 하루 4000개 핀을 20명이 만들기 위해, 노동자들은 화장실 가는 것까지 감시받으며 허리도 펴지 못하고 계속 똑같은 일을 하게 됐다. 얼마나 많은 공장주들이 애덤 스미스의 말에 탄복하고 좋아했을까? 이렇게 좋은 아이디어를 만든 스미스 할아버지는 자본가들에게 영웅으로 추앙되었다.

　1930년대 미국의 대공황으로 인해 자본주의 경제의 모순을 비판하는 분위기가 형성되기 시작했다. 1936년 발표된 찰리 채플린의 〈모던 타임스〉는 애덤 스미스식 분업이 인간을 얼마나 황폐하게 만드는지를 잘 보여준 풍자 코미디다. 영화 속에서 생산라인에 서 있는 노동자들은 기계부속품의 하나에 지나지 않는다. 종일 똑같은 일을 하는 그들은 각종 직업병에 시달린다. 영화에서 공장주는 모니터를 통해 노동자들의 작업을 감시하고 강도 높은 노동을 요구한다. 그러면 공장의 작업반장은 생산라인 속도를 올리고 노동자들의 행동은 생산라인 속도에 따라 우스꽝스럽게 빨라진다. 생산성 향상에 골몰한 공장주들은 노동자들에게 주어진 한 시간의 점심시간도 줄이려고 자동으로 입에 음식을 넣어주는 기계를 발명한다.

실제로 산업혁명이 한창이던 시절에는 노동자들의 근로시간이 어느 정도가 적당한가에 대한 논쟁이 끊이지 않았다. 과다한 노동으로 죽어가는 노동자들이 많은 현실인데도 악덕 공장주들은 열심히 일을 해서 죽은 사람보다 과다한 음주로 죽는 사람이 더 많다고 주장했다. 노동시간을 줄이는 것보다 차라리 술을 먹지 못하게 하자는 법안도 만들어졌다. 노동자들의 과음은 노동자도 손해이고 고용주도 손해라는, 술집주인 이외에 모두가 손해라는 주장에 따라 술 마시는 것을 법으로 금지하자는 움직임이 일어난 것이다.

채플린은 디트로이트 한 청년노동자가 공장에서 일을 하다 신경쇠약에 걸렸다는 신문기자의 말을 듣고 〈모던 타임스〉를 제작했다고 한다. 영화의 화면 중간 중간에는 시계와 톱니바퀴가 등장한다. 작업 반장이 단추를 누르면 노동자들 손은 볼트를 조이기 시작한다. 퇴근시간이 가까우면 기계는 더 빨라진다. 파리가 콧잔등에 앉아도 손은 멈출 수 없다. 그때나 지금이나 모든 노동자들은 생산성 향상의 노예가 된다. 기계도 아닌 인간으로서 올림픽 신기록도 아니고 매년 어떻게 그렇게 계속 성장바퀴를 돌릴 수 있을까? 쥐어짜는 자본주의의 모습을 채플린은 정말 우스꽝스럽게 그려냈다. 채플린의 재미있는 동작 때문에 관객들은 신나게 웃는다. 하지만 이내 슬퍼진다. 그것은 다른 누구도 아닌 자기 자신의 모습이었기 때문이다. 공산주의자를 냄새로 잡아냈다던 매카시는 채플린의 영화에서 공산주의 냄새가 난다고 했다. 1950년 채플린은 결국 서슬 퍼런 매카시즘 때문에 미국을 떠났다. 그리고 1977년 88세의 나이로 숨을 거두었다.

매카시가 했던 집요한 냄새 맡기 시도는 오늘날 한국에서도 계속되고 있다. 분단된 대한민국은 노동자의 비참한 현실이나 불평등을 이야기하면 빨간 딱지를 붙여 매도해버린다. '공산주의자라서 그래.' '체제를 위협하고 있어!'

문득 묻고 싶어진다. "스미스 선생님! 당신이 생각한 자본주의 모습을 보시고 어떠신가요? 이건 아니잖아요?"

예수의 경제학, 마르크스의 경제학

인류 역사에서 새로운 종교의 탄생은 언제나 빈곤으로 허덕이는 민중들에게 구세주가 나타난다는 메시아주의에서 비롯됐다. 예수의 등장도 그랬다. 예수가 태어났던 예루살렘은 로마의 식민지였고 그들이 파견한 총독은 유대인들에게 많은 세금을 요구했다. 또한 당시 이스라엘을 다스렸던 헤롯왕은 많은 토목공사로 유대인의 노동을 착취하고 있었다. 유대인의 성지 예루살렘은 경제적으로 매우 융성한 국제 교역 도시였지만 빈부격차가 극심했다. 왕실과 귀족들은 외부와의 무역으로 막대한 수입을 얻었던 데 반해 가난한 사람들은 영양부족으로 굶어 죽는 일이 비일비재했다. 그런 상황에서도 유대교회는 꼬박꼬박 십일조를 받아 사치를 일삼았다. 이런 힘들고 고달픈 시대에 유대인들 앞에 나타난 인물이 바로 예수였다.

가난한 사람들의 구원자 예수

예수가 사람들의 마음을 얻을 수 있었던 것은, 사람은 태어나면서부터 하느님의 자식이며 그 앞에서 모두가 평등하다는 주장 때문이었다. 부자보다 가난한 사람들이 천국에 가기 낫다고 하자 가난한 사람들이 그를 따랐다. 성경에는 예수가 가난한 사람들을 위해 빵과 포도주를 주는 이야기들이 나온다. 빵과 포도주는 기독교의 핵심이며 예수가, 그리고 당시로서는 신흥종교인 기독교가 가난한 자에 대한 배려를 바탕에 두고 있었음을 의미한다. 예수가 부활하여 승천한 후 그의 제자들이 로마 땅에 뿌리를 내릴 수 있었던 것도 이런 평등사상 때문이었다.

석양에 붉은 노을이 질 때 가난한 농부 부부는 밭에서 감자를 캐던 일을 멈추고 하느님께 기도를 올린다. 서양미술사에서 대표적인 작품 밀레의 '만종' 이란 그림의 전경이다. 그림의 전체적인 분위기는 석양 무렵이라 그런지 어둡다. 물론 농부의 표정 또한 엄숙하고 어둡다. 가난의 냄새가 물씬 풍기는 그림이다. 그러나 그들은 땅에서 영양가 없는 하찮은 감자를 수확하고도 그것을 갖게 해준 하느님께 감사의 기도를 올렸다.

밀레의 '만종'은 산업혁명에서 소외된 농부의 모습과 시골의 순박함을 잘 표현한 그림이다. 물론 시골의 가난함도 고스란히 담겨 있다. 그러나 감자 한 개에도 감사하는 마음만으로는 가난을 이겨낼 수 없었다. 결국 아침부터 밤늦게까지 열심히 일을 해도 땅을 소유하지 못한 농민들은 농촌을 버리고 도시로 몰려들었다.

처음 산업혁명이 일어나던 때의 재래식 방직기들은 크기가 아주 작아서 집에서 일을 할 수 있었다. 온 가족들이 다 매달려 방직기에서 하루를 보냈다. 1765년 하그리브스가 발명한 제니방적기는 네 개의 다리가 달린 직사각형 틀로 이루어져 있었고 한 사람이 발을 구르며 손으로 천을 짤 수 있었다. 의복 수요가 많아지자 이런 가내수공업을 하는 집들도 많아졌다. 그런데 문제는 이런 방적기계들이 계속 발달해서 공장시스템이 나오기 시작했다는 것이다. 기계가 빨라지고 공장들이 늘어나면서 가내수공업은 경쟁에서 밀리게 되었다. 증기기관을 발명한 제임스 와트의 노력으로 공장들은 더이상 물을 끼고 있지 않아도 됐다. 와트의 증기기관 이전에 공장들은 대개 풍력을 이용했기 때문에 강 하류에 머물러야 했다. 그러나 와트의 증기기관은 석탄을 필요로

했다. 이렇게 해서 영국의 산업혁명은 농촌 사람들을 도시 공장노동자 혹은 탄광노동자로 내몰았다. 노동자가 된 사람들은 기계처럼 더 많은 생산을 강요받았다.

마르크스 사상은 이처럼 노동자들이 인간의 존엄성을 인정받지 못하고 기계화에 밀려 '소외'를 경험한 데에서 나온 것이다. 마르크스는 죽기 전에 "당신은 혁명가로 남고 싶은가 아니면 사상가로 남고 싶은가?"라는 질문에 "나는 한 번도 혁명가를 꿈꾼 적이 없다"고 대답했다. 애덤 스미스가 죽기 전에 자신은 도덕철학자로 남고 싶다고 이야기했다는 말을 연상시키는 이야기다. 하지만 애덤 스미스를 누가 철학자로 생각할까? 그는 경제학의 아버지가 아닌가? 마르크스 역시 스스로 사상가로 남고 싶었지만 역사 속에서 그는 항상, 어쩔 수 없는 혁명의 아버지였다.

자본과 노동의 격렬한 싸움

미국 역사상 가장 존경받는 대통령 중 두 명이 루스벨트라는 이름을 가지고 있다. 한 명은 대공황을 성공적으로 타개하여 네 번이나 재임한 프랭클린 루스벨트이고 다른 한 사람은 시어도어 루스벨트이다. 두 사람은 미국의 부유한 루스벨트 가문에서 태어났지만 가난한 사람과 사회적 약자를 배려했고 사회 시스템도 평등에 무게를 둔 대통령이었다.

미국이란 나라가 탐욕의 자본주의 상징처럼 보일지 몰라도 오늘날까지 강대국의 지위를 굳건하게 지킬 수 있었던 것은 미국을 이끈

예수의 경제학, 마르크스의 경제학

위대한 정신이 있었기 때문이다. 초대 대통령 워싱턴부터 제퍼슨을 거쳐 공화당의 시작이었던 링컨과 시어도어 루스벨트로 이어지는 지도자들의 '통합의 리더십'이 오늘날 최강의 미국을 만든 것이다. 특히 시어도어 루스벨트는 미국이 앞만 보고 달리는 과정에서 생성된 독점기업들이 미국의 성장을 가로막기 시작하자 과감하게 재벌을 견제하고 해체하는 결단을 내린 대통령이었다.

철도재벌들의 횡포에 시달리던 미국 국민들은 그들을 노상강도라고 비난했다. 철도재벌들은 말뚝을 박고 거주하던 사람들에게 형편없는 돈을 쥐어주고 내쫓았다. 나가지 않는 사람들에게는 총잡이들을 고용해서 행패를 부렸다. 펜실베이니아에서는 석유 독점재벌 록펠러에 대한 저주가 극심했다. 그의 모습을 본뜬 인형을 나무에 매달고 저주를 퍼붓는가 하면 록펠러 사무실에는 매일 증오와 저주가 가득한 협박편지들이 날아들었다. 하지만 록펠러는 부하들에게 다른 사람들의 악담을 무시하라고 소리쳤다. 철도와 석유, 철강 등이 독점화되면서 1909년 4000명의 부자들이 미국 전체 자산의 85퍼센트를 차지했다. 이런 극심한 부의 쏠림은 오히려 경제발전을 후퇴시킨다는 역사적 교훈이 있다. 시어도어 루스벨트는 국가발전을 위해 칼을 빼들었다. 1911년 록펠러의 스탠더드 석유회사가 몇 개의 회사로 분리되었다. 프랭클린 루스벨트는 대공황 당시 누진과세를 적용했고 상속세는 90퍼센트를 부과해 재산의 대물림을 완강하게 막기 시작했다. 부자들은 소득을 숨기기 위해 카리브 해 연안 케이먼 군도 등으로 돈을 빼돌렸다. 그러나 이 두 사람의 지도자 덕분에 미국은 대공황 이후 다시 성장할 수 있었다. 지금의 한국 같으면 좌파 소리를 들어도 여러 번 들었을 두 루스벨트를 미국인들이 여전히 존경하는 것은 그들이 좌파 대통령이어서가 아니라 미국을 초일류 국가로 만들었기 때문이다.

1886년 미국 시카고 노동자들은 하루 12시간이 넘는 노동시간을 여덟 시간으로 줄일 것을 요구하는 총파업에 들어갔다. 파업은 5월 1일 시작되었다. 파업 시작 이틀 뒤 경찰들은 노동자들을 향해 발포했으며 그로 인해 여섯 명이 목숨을 잃었다. 동료 노동자들의 죽음을 목격한 시카고를 비롯한 미국의 30만 명의 노동자들은 5월 4일 헤이마켓 광장에 모였다. 그런데 누군가의 음모로 인해 집회 말미에 폭탄이 터져 수십 명의 경찰이 사망하는 사건이 발생했다. 경찰과 정부는 집회 주동자들을 체포하여 이들에게 사형선고를 내렸다.

1890년대 미국은 부강했지만 부의 쏠림으로 인해 노동자들은 낮은 임금과 열악한 노동환경으로 고통을 받고 있었다. 미국 피츠버그 탄광촌의 노동자는 하루 12시간 이상씩 일을 했지만 일당은 겨우 2달러에 불과했다. 독점체제는 노동자들 근로환경을 더욱 열악하게 만들었다.

1892년 피츠버그 근교 홈스테드 제철소 노동자들이 임금삭감에 항의하며 파업을 벌였다. 그때 등장한 것이 악명 높은 탐정회사 핑커튼으로, 오늘날 회사를 위해 노동운동을 분쇄하는 구사대의 원조인 셈이다. 1892년 7월 6일 파업 노동자들이 있는 공장으로 핑커튼 요원들이 바지선을 타고 접근했다. 그들은 총과 다이너마이트로 무장하고 있었다. 전쟁과 같은 싸움이 시작되었고 이날 전투로 핑커튼 요원 세 명과 파업노동자 열 명이 사망하고 다수가 부상했다. 그러자 곧바로 펜실베이니아 주 방위군이 홈스테드로 파견되어 노동자들의 파업을 진압했다.

1862년 3월 링컨 대통령 시절, 연 1만 달러 이하의 소득이 있는 사람은 3퍼센트, 그 이상을 버는 사람은 5퍼센트를 국가에 내기로 하는 소득세 제도가 처음 도입되었지만 부의 쏠림은 전혀 개선되지 않고 오히려 더욱 확대됐다. 남북전쟁 이후 미국의 재벌들은 백만장자 클럽을 운영했다. 그리고 필요에 따라 합종연횡을 했다. 1900년 모건과 강철왕 앤드루 카네기가 US스틸이란 회사를 탄생시켰다. 스코틀랜드에서 태어난 카네기는 전신기사 비서를 거쳐 놀랄 만한 사업수완으로 미국 철강재벌이 됐다. 석유재벌 록펠러는 젊은 시절 다니던 회사에서 임금을 올려달라고 하였지만 사장이 요구를 거절하자 독립을 결심했다고 한다. 그러나 그는 노동조합을 인정하지 않았다. 그는 노동자들에게 많은 임금을 주는 대신 노동조합을 구성하지 못하게 했다. 그는 노조라는 것은 최대한 적게 일하고 많은 임금을 받으려는 집단이라고 주장하며 자기 회사는 노조설립을 절대 인정하지 않겠다고 했다.

1914년 록펠러는 콜로라도 연료 철강회사에 많은 투자를 했다. 지대가 험준해서 노동자들에게 악명이 높은 회사였다. 그곳에서 5년 동안 석탄채굴을 했지만 투자에 비해 나오는 석탄의 양이 너무 적어 수익성이 별로 없었다. 록펠러는 광산을 접으려고 했다. 그러자 그곳 노동자들이 반발을 하고 나섰다. 그들은 회사 관리실에 기관총을 난사했다. 그러자 회사 측에서도 노동자 텐트촌에 불을 질러 두 명의 여성과 열한 명의 아이들이 사망하는 사건이 발생했다. 윌슨 대통령은 연방 군대를 동원해서 이 분쟁을 진압했다. 록펠러는 반독점법을 통과시킨 정부 결정을 이해하지 못했다. 순수하게 자신의 노력으로 얻은 부를 왜 국가가 해체시키느냐는 것이 그의 주장이었다. 물론 그의 주장을 옹호하는 재벌 선호 언론들도 들고 일어났다.

미국의 많은 지식인들은 독점으로 인한 국민의 피해를 깊이 인식하고 있었다. 미국의 재벌은 남북전쟁 이후 철도와 금광개발, 석유자원을 통해 부를 획득했다. 이들이 다시 금융자본과 손을 잡으면서 미국 산업은 독점재벌에게 다 넘어갔다. 미국의 노동자들은 자신들의 권익을 대변할 정치체제를 갖지 못했다.

이렇게 위축된 미국 노동자들에게 희망을 이야기하는 작가가 나타났다. 『진보와 빈곤』이란 책을 쓴 헨리 조지다. 헨리 조지는 19세기 중반 이후 미국 철도회사들이 농민들을 총으로 위협하여 본래 살던 곳에서 쫓아내는 기막힌 현실을 보면서 철도회사를 비롯한 재벌들을 '노상강도'라고 비난한 최초의 인물이다. 그는 그렇게 해서 주식가치를 올리는 것은 마치 도둑질을 해서 전리품을 나눠 갖는 것과 똑같다며 철도회사에 투자하는 미국의 중산층까지 비난했다. 그리고 재벌들이 벌이는 철도회사 주식투기를 도박판이라고 비판했다.

그의 대표작 『진보와 빈곤』은 본인 스스로 탈고한 후 벅찬 가슴에 눈물을 쏟았다고 말할 정도로 심혈을 기울인 책이지만 출판사에서는 모두 거부당했다. 할 수 없이 그는 자비출판을 했다. 상당히 두꺼운 책임에도 불구하고 『진보와 빈곤』은 당시 수많은 노동자들에게 토지문제, 불평등의 문제를 명쾌하게 설명하여 인기를 얻었다. 이 책은 영국과 미국 두 나라에서만 수십만 부가 팔렸다. 헨리 조지는 이 책으로 노동자들에게 자신들의 노동에 대한 자부심을 갖게 했다. 이전까지 노동자들은 빈곤이 자신들의 무능함 때문이라고 자책하고 좌절했지만 책을 읽고 난 후 노동이 가장 소중한 가치이며 자본보다 월등한 것이라고 자부하기 시작했다.

임금은 자본가가 아닌 노동자 주머니에서

자본가들은 항상 자신들의 주머니에서 임금을 준다고 거만했다. 하지만 임금은 자본가가 아니라 노동자의 주머니에서 나온다. 그 단순하고 명확한 진실을 알려준 사람이 바로 헨리 조지다. 1839년 미국 필라델피아에서 스코틀랜드 복음주의 목사의 아들로 태어난 헨리 조지는 중학교를 마치지도 못하고 학업을 그만두었다. 그만큼 그는 가난했다. 열여섯 살에는 동인도회사 선원으로 취직해서 호주와 캐나다 등지를 여행했다. 1858년 미국의 황금시대에 그 역시 캘리포니아로 가서 사금채취로 약 2년을 보냈지만 금을 발견하는 데는 실패했다. 그리고 20대에 인쇄소에서 일을 하면서 간간이 글을 썼다. 그의 20대는 지독한 가난으로 고통 받던 나날들이었다.

스물여섯 살 때 링컨 피격에 격분해 기고한 글이 캘리포니아 신문 편집인에게 인정받아 기자가 되었고 1877년 『진보와 빈곤』이란 책을 2년 동안 집필해 자비로 출간했다. 그러나 어느 출판사도 책으로 내려 하지 않았던 무명기자의 책은 단 3년 만에 30만 부가 팔려나갔다. 대단한 인기였다.

헨리 조지는 뉴욕이 미국 자본주의의 상징이지만, 미국에서 가장 번화한 그곳은 노동자들에게는 지옥이나 마찬가지라고 주장했다. 겉만 화려할 뿐 이주노동자들이 좁아터진 건물에서 종일 햇빛도 보지 못하고 죽도록 노동에 시달리고 있으며 거리에는 그들의 아이들이 옷도 신발도 갖추지 못하고 돌아다닌다고 지적했다. 그러나 뉴욕의 또 다른 거리에서는 탐욕의 주식투기꾼들이 돈을 벌려고 종일 눈에 불을 켜고 있었다. 헨리 조지는 그런 투기꾼들에게 노동의 대가를 빼앗기고 있기에 노동자들의 빈곤은 더욱 극심해질 것이라고 지적했다. 그의 책『진보와 빈곤』의 핵심구절은 다음 몇 줄의 문장이다.

"임금은 사본이 아니라 노동에서 나온다." 이 문장은 그가 노동운동을 하면서 줄곧 외친 주제이기도 하다. 그래서 노동자들은 자본가에게 구걸할 필요 없이 자신의 노동에 대한 순수한 대가를 요구할 수 있다는 것이다. 너무도 당연하지만 아직도 이 이야기는 불온한 사상이라고 찍혀 있다. "산업은 자본에 의해 움직이는 것이 아니라 노동에 의해 움직인다. 만약 노동이 없으면, 원료도 없으며 생산은 존재할 수 없다. 이건 자명한 사실인데 종종 망각된다."

노동자들이 후불제 임금을 받는 것은 그만큼 자본을 믿기 때문이다. 그러나 자본가들은 노동을 믿지 못하고 있다. 런던이고 어디고 생산노동이 완전히 중지된다면 불과 몇 시간 만에 많은 사람들은 병든 양처럼 죽기 시작할 것이고 몇 주 후, 혹은 몇 달 후에는 아무도 살아남지 못할 것이다. 헨리 조지는 이 점을 지적했다. 노동자들이 가진 유일하고 완벽한 자본주의 생산수단인 '노동'을 왜 무가치하게 생각하는

가? 생산노동의 완전한 정지는 자본주의 역사상 가장 비참한 재앙일 것이다. 헨리 조지의 『진보와 빈곤』이 출간되자 노동자들은 물론 진보 지식인들조차 자본에 의해 여지없이 농락당하던 상황에서 이 책을 반겼다. 다윈과 함께 진화론을 연구했던 알프레드 러셀 월리스는 "금세기 출간된 가장 중요한 책"이라고 침이 마르게 칭찬했다.

미국의 노동자들은 물론 유럽의 노동자들도 열광했다. 『진보와 빈곤』은 어렵고 딱딱하고 비싼 마르크스의 책보다 한결 쉽고 명확했다. 1897년 10월 29일 헨리 조지는 세상을 떠났다. 그는 노동자의 가장 위대한 친구라는 찬사를 받았다. 헨리 조지는 노동자들의 권리를 보호하기 위해 정치조직을 만들기를 원했다. 그리고 그 정치조직을 대중정당으로 발전시켜서 노동자들이 천국인 세상을 만들려고 했다. 그래서 죽기 나흘 전에도 그는 뉴욕시장 선거에 시장 후보로 출마해서 열심히 강연을 하고 다녔다. 의사들은 선거에 출마하는 것은 자살행위나 마찬가지라고 강력히 경고했지만 그는 대중들을 상대로 노동자들의 세상을 건설하자고 연설하다 숨을 거두었다.

예수의 경제학, 마르크스의 경제학

34

내 치즈는 왜 자꾸 작아질까?

헨리 조지의 책 때문에 미국에서 공화, 민주 양당의 나눠먹기 정
치질서가 깨지고 정치 분위기는 성숙해졌다. 그러나 진보정당은 잠깐
대중적인 인기를 누렸을 뿐 뿌리를 내리지 못했다. 진보정당이 자리를
잡지 못한 것은 미국 노동자들의 비극이다. 오늘날 미국의 노동자들은
불경기가 닥치면 여지없이 해고된다. 그것은 노동자들이 정치세력화
하지 못했기 때문이다. 노동자들에게 노동이 가장 큰 무기라고 가르친
헨리 조지도 노동자들은 단결만이 살길이라 했지만 그러기에는 저마
다 처한 위치와 상황이 힘들게 변해버렸다. 구조적으로 노동은 계급화

하고 세분화되었고, 노동자이면서 또한 다른 회사의 주주라는 이중적 위치는 그들로 하여금 온전히 '노동자적인' 생각을 갖지 못하게 만들었다.

오늘날 대개의 노동자들은 자신의 비참한 노동현실에는 광분하면서 다른 노동자들이 노동현실에 불만을 갖고 파업이나 집단쟁의를 할라치면 여지없이 욕을 한다. 그들의 파업이 자기 이익에 반하는 행동이기 때문이다. 그래서 오늘날의 노동자들은 함께 어깨 걸고 나가기 힘든 상황에 빠져버렸다. 특히 정치정당으로 확고한 자리매김을 한 유럽의 노동조합과 달리 한국이나 미국, 일본에서 노동자들의 집단행동은 범죄행위처럼 취급되고 있는 것이 현실이다. 어느 나라고 정치조직화하지 못한 노동자들은 노예취급을 받게 되어 있다. 노예란 무엇인가? 그것은 자율적 판단이 아닌 타의나 권력에 의해 자신의 자유를 빼앗긴 상태를 말한다.

1920년대 미국은 보수주의 물결이 가득했다. 물론 그 반대로 자본주의 병폐를 비난하면서 태어난 공산주의에 대한 동경도 꿈틀대고 있었다. 1차 세계대전 이후 미국의 산업발전을 위해 항상 희생을 강요당했던 노동자들은 장시간 노동에 극도의 반감을 갖고 있었고 파업은 강도가 높았다. 미국의 사법부는 이런 노동자들을 '빨갱이'라고 비판하면서 혹독한 판결을 내렸다.

예수의 경제학, 마르크스의 경제학

신문은 종종 파업을 하는 철강노동자들을 향해 "좀벌레 혹은 바퀴벌레 같은 인간들"이란 혐오에 가득한 말을 쏟아냈다. 노동자들의 파업에 맞서 미국 정부는 강력한 공권력으로 무참히 그들의 요구를 짓밟았다. 일부 극우정치가들 중에는 "이들 빨갱이들을 돛단배에 태워 망망대해에 버려야 한다"고 주장하는 사람들도 있었다. 이들은 '히스테리 애국주의자'라고 불렸다. 탄압이 강하면 강할수록 노동자들 폭동 역시 과격해졌다. 1920년 9월 월가에 폭탄테러가 일어나 30명이 사망하고 수백 명이 부상당하는 참사가 벌어졌다. 바로 모건은행 앞에서였다. 2009년 한국의 상황은 1920년 초 미국의 모습과 비슷하게 전개되고 있다. 한국에도 극우 보수주의자들이 '히스테리적 애국심'에 불타 가난한 서민들을 폭력집단으로 매도한다. 이들은 그동안 '한강의 기적'으로 일컬어지던 한국의 경제발전을 군부독재와 개발독재의 업적으로 치부하고 있다. 이명박 정부는 강력한 리더십으로 경제성장을 주도했던 1970년대식 정치를 하고자 했지만 2009년 재현된 것은 개발독재의 병폐였던 인권탄압뿐이다. 이명박을 이을 차기 대권 유력 주자는 박정희 향수에 편승한 여성정치인으로 모아지고 있다. 경제가 어려워진 여파가 가난하던 시절 삶을 억압했던 지도자에 대한 그리움으로 나타난 셈이다. 이상한 일이다.

1929년 대공황 직전 미국의 국내총생산은 1040억 달러였다. 그렇지만 당시 미국 중산층은 지금보다 나은 삶을 살고 있었다. 2007년 미국의 국내총생산은 무려 14조 달러에 달한다. 하지만 미국의 중산층은 그때보다 더 열악한 상황에 몰려 있다. 그 많은 돈을 누가 다 쓸어갔지? 치즈는 자꾸 사라지고 사람들은 "내가 먹던 치즈는 어디 있지?"라고 묻는다. 치즈는 사라지지 않았다. 다만 자꾸 작아지는 것이 문제다. 작아지는 치즈를 보고 그들은 이렇게 말한다. 이제 안락한 경제는 사라졌다고. 과거 손만 뻗으면 먹을 수 있던 치즈는 사라졌다. 그래서 다시 200년 전 영국에서처럼 근면과 성실을 강요하는 목사님들 말씀에 귀를 기울인다. 이상하게도 사람들은 이런 엉터리 주장에 잘 속는다. 문제는 중산층이나 그 이하 국민들의 치즈는 자꾸 규모가 작아지고 재벌이나 일부 상류층의 치즈는 보기 흉하게 커져 있다는 것이다.

미국의 실업자 수가 500만 명을 넘었다. 중산층 가운데 절반 이상이 하층민으로 추락했다. 추락한 사람들은 작은 치즈에 매달려 서로 헐뜯고 싸움질을 한다. 한국도 마찬가지다. 그런데도 치즈가 어디로 갔을까 두리번거리고만 있다. 접시에 놓인 치즈가 10년 전, 아니 20년 전보다 더 작아졌는데 작다고 투덜대기라도 할라치면 언론과 재벌, 정부가 나서서 나태함과 안락함을 즐기려는 게으른 근성이라고 개인들을 나무란다. 거기에 동조하는 개인도 있다. 작아진 치즈가 보이지 않을 정도인데도 개인만 문제라 주장하고 동조한다. 정말 이상한 일이다.

예수의 경제학, 마르크스의 경제학

부자들이 제일 무서운 건 세금

자본가들 가운데는 경쟁을 게임처럼 즐기는 사람이 있다. 승부의 세계를 좋아하는 기업가들은 돈이 아니라 그로 인해 벌어지는 무한경쟁을 즐기는 것이라고 이야기한다. 우리나라 재벌을 대표하는 현대그룹의 고 정주영 회장은 자기 전에 '아! 내일은 무슨 게임이 나를 즐겁게 할까?' 생각하며 마치 소풍가는 사람처럼 내일 벌어질 일을 기다렸다고 한다. 치열한 경쟁중독에 빠진 자본가 가운데 한평생 신나게 경쟁을 즐기다 죽기 전에 가진 재산을 전부 사회에 환원하는 멋진 이들이 전혀 없는 건 아니다. 그러나 그런 사람은 대개 극소수다. 자본의 이동이 자유로운 오늘날 자본가들은 자신이 이룩한 부를 대물림하기 위해 혈안이 되어 있다.

부자들의 부에 대한 집착은 죽는 순간에도 발휘된다. 사람이 죽으면 상속세라는 것을 내야 한다. 그러나 부자들은 재산의 절반 이상을 사회환원 원칙에 따라 상속세로 반납하길 극도로 꺼린다. 그래서 세상과 작별할 날이 얼마 남지 않은 사람들은 미리 손을 쓴다. 문제는 갑자기 죽는 경우다. 이런 경우에는 정말 빠르게, 아무도 모르게 주식 가치를 떨어뜨려야 한다. 막대한 상속세를 줄이기 위해 주식을 낮게 평가받아야 하니까. 작전세력들이 서로 도와 고인(故人)이 보유한 개별기업의 주식을 일제히 동반 하락시키면 그날 저녁 "고인은 운명하셨습니다"라고 죽음을 공개한다. 간혹 주식가격이 생각했던 것보다 높다 판단되면 자녀들은 고인의 죽음을 하루 뒤에 알리기도 한다. 그러나 주가가 떨어진 것을 너무 슬퍼하지 말라! 작전이니 얼마 뒤 곧바로 평균시세를 회복할 뿐더러 오히려 더 치고 올라갈 것이다. 이런 주가 관리방법은 로스차일드 가문에서 자주 사용하던 것이다. 로스차일드 가문의 사람이 죽으면 주가가 출렁거리는 이유가 여기에 있다. 세금 때문에 로스차일드 가문의 돈이 국경을 이동하면 세계경제의 중심축이 흔들린다.

세금은 죽은 사람이나 산 사람이나 가장 무서워하는 괴물이다. 세금으로 인해 소유하던 재산에 이상이 생길 경우를 대비해서 많은 재벌들은 국회의원들을 매수한다. 그리고 자신들에게 유리한 법을 만든다. 돈으로 안 되는 것은 세상에 아무것도 없다. 돈은 국가권력도 무릎 꿇린다. 재벌은 자기가 가진 재산을 자식들에게 물려주고 싶어 하는 부모의 마음에서 생겨났다. 록펠러, 밴더빌트, 모건, 로스차일드, 듀퐁, 구겐하임 등의 기업 트러스트들은 상속세를 피하기 위해 기업을 여러 개로 나누면서 생긴 형태다. 트러스트는 대대로 부의 물림을 하기 위한 욕구에서 출발한 것이다.

계열기업을 만들어 재산을 아래로 물려주는 방법 이외에 좋은 방법이 또 있는데 그것은 금덩어리를 손에서 손으로 전해주는 것이다. 금덩어리는 그래서 과거에도 그렇고 오늘날에도 그렇고 언제나 부자들의 욕망의 상징이다. 금보다 더 좋은 것은 예술작품이다. 재벌들의 예술작품에 대한 애착은 금에 대한 애착과 전혀 다를 바 없다.

타이타닉 침몰사고로 목숨을 잃은 몇몇 부자들 가운데 광산재벌 벤저민 구겐하임이 있었다. 그는 여성과 어린이를 구하기 위해 자기의 비싼 목숨을 버렸다. 참 멋진 남자로 많은 미국인들 기억에 남아 있다. 그런데 그의 재산이 후손들에게 내려갈 수 있었던 것은 고가의 고미술품을 모으는 그의 취미 덕분이었다. 그의 아들은 아버지가 가진 예술품들을 잘 모아두었다가 구겐하임 미술관을 개관했다. 금과 예술품 두 가지는 언제나 손바꿈이 자유롭다. 그런 것에 비하면 제조업체들은 불편하다. 자동차 신화의 주인공 헨리 포드는 재산의 91퍼센트를 상속세로 국가에 반납하고 즐거운 인생을 끝마쳤다고 신고했다.

그에 비해 록펠러 집안은 문어발처럼 가지를 친 기업확장 덕분에 오늘날 미국 최고의 부자집안 순위에서 부동의 1위를 차지할 수 있었다. 기업도 돈이 저절로 돈을 버는 금융과 석유기업에 몰려 있다. 록펠러 가문을 흉내 낸 것이 바로 멜런 가문이다. 오클라호마 남부지역 유전을 지배했던 엔드류 멜런은 1920년대 말, 미국 재무부장관을 지내면서 부자들의 부의 대물림을 유리하게 하는 각종 정책들을 만들었다. 1929년 대공황으로 서민들은 거지로 전락하고 있었지만 엔드류 멜런을 비롯한 후버의 부자내각은 자신들 재산이 순조롭게 자손들에게 대물림되도록 많은 법을 손질했다. 그래서 당시 사람들은 이런 말을 했다. "멜런에게 재무장관을 시키는 것은 카사노바에게 여학교 교장을 맡기는 것과 같다." 오늘날 한국의 정치인들도 부자들을 위한 유리한 법을 만들고 그것을 꼭 '경제 살리기 법안' 혹은 '서민 경제 법안'이라고 포장한다.

두려워할 것은 두려움뿐?

신나는 스윙재즈 열풍

'정의로운 사회구현'이란 미국의 청교도 정신이 가장 천박하게 변질되었던 시절은 1920년대였다. 뮤지컬 〈시카고〉처럼 법은 부자들에게 항상 관대했고 수임료를 많이 받는 변호사들은 죄인을 영웅으로 만들었다. 미국 경제는 부자들의 천국이었다. 소득분배가 골고루 이루어지지 않았으며 공화당이 추진한 감세정책은 부자들의 부를 더 많이 늘려주었다. 1920년대 미국은 양극화가 극심했다. 상류사회는 돈이 넘쳐나서 그런지 문화적 분위기도 도시적이고 소비적이며 천박한 풍조를 띠고 있었다. 부자들은 먹고 마시고 치장하는 데 원 없이 돈을 썼

두려워할 것은 두려움뿐?

다. 그 밑바탕에는 주식시장에서 들어오는 돈이 있었다.

1927년에서 1929년까지 3년 동안 주식시장 평균 수익률은 300퍼센트를 넘고 있었다. 여성들은 패션에 몰두했다. 귀족재벌들의 패션은 중산층에게도 확대됐다. 소년처럼 단발머리를 한 여성들, 일명 '플래퍼' 들이 거리를 활보했고 재즈문화에 흠뻑 취한 젊은이들이 바(bar)에서 몸을 흔들었다.

1925년, 이런 사회를 잘 보여주는 소설이 한 편 출간됐다. 스콧 피츠제럴드의 『위대한 개츠비』가 바로 그것이다. 사람들은 거울을 비춰보듯 자신들의 삶을 그린 소설에 열광했다. 이 소설은 영화로도 만들어졌다. 또한 미국 사람들이 20세기 가장 좋아하는 소설로 뽑히기도 했다. 이야기는 스콧 피츠제럴드의 자전적인 내용이며 또한 1920년대 보편적인 미국인들의 모습이기도 했다. 영화는 뉴욕 동쪽에 있는 롱아일랜드 섬에 주인공이 등장하면서 시작된다. 롱아일랜드 섬은 지금도 그렇지만 1920년대 미국 신흥부자들의 호화별장들이 즐비한 곳이었다. 영화에서 개츠비라는 젊은 신흥부자가 주말마다 많은 사람들을 불러 모아 호화파티를 연다. 사람들은 그의 파티를 즐기면서도 그가 어떤 인물인지 궁금해한다. 그리고 자기들끼리 결론을 내린다. 몰래 밀주를 팔아 돈을 모았을 것이라고.

영화는 개츠비의 사랑을 이야기한다. 집안이 가난해 대학에 들어가지 못한 개츠비는 직업군인으로 생활하다 주인공의 사촌동생 데이지를 만나 사랑에 빠진다. 1차 세계대전에 참전하게 된 개츠비는 데이지에게 기다려달라고 말하지만 그녀는 "가난은 사랑을 지켜주지 않는답니다"라는 말을 남기고 시카고 출신의 부자 톰 뷰캐넌과 결혼한다. 전쟁에서 살아 돌아온 개츠비는 열심히 돈을 모아 부자가 된다. 그리고 데이지가 살고 있다는 롱아일랜드로 이사를 한 후 그녀를 만나기 위해 부자들을 주말마다 파티에 초대한다. 그런 이야기를 들려준 뒤 개츠비는 데이지를 꼭 한 번 만날 수 있게 해달라고 주인공 닉에게 부탁한다.

브라보! 1920년대

영화는 계속 개츠비가 여는 주말 파티를 보여준다. 신나는 스윙 재즈에 온몸을 맡긴 사람들은 정신없이 몸을 흔들다가 나중에 술에 취해 개츠비의 넓은 수영장에 뛰어들며 "브라보! 브라보!"를 연신 외친다. 감독은 1920년대 광란의 시대를 그렇게 표현했다.

닉의 협조로 데이지와 개츠비는 파티에서 만나고 두 사람은 과거처럼 다시 사랑에 빠진다. 하지만 남편 톰이 아내를 포기하지 못한다

두려워할 것은 두려움뿐?

고 버티면서 세 사람은 긴장관계에 돌입한다. 데이지의 남편 톰은 지독한 보수주의자다. 아내 말고도 따로 애인이 있는 그는 1920년대 미국 보수주의자들의 생각을 대표한다. 그는 기독교 근본주의자로 이혼은 자신의 신앙 가치로는 절대 있을 수 없는 일이라고 데이지의 이혼 요구를 거절한다. 또한 그는 순수 백인혈통주의자로 백인들이 지배하는 사회를 유지해야 한다고 주장하는 사람이다.

푹푹 찌는 어느 여름 날, 뉴욕 시내 호텔에서 개츠비와 톰은 데이지를 사이에 두고 서로 자기 여자라며 다툼을 벌인다. 당황스러운 데이지는 갑자기 울면서 호텔 밖으로 뛰쳐나간다. 그 뒤를 개츠비가 따라가고 영화는 갑자기 장면이 바뀐다. 톰과 닉이 뉴욕 호텔에서 롱아일랜드 집으로 자동차를 타고 가면서 우연히 톰의 애인이 사는 주유소 근처를 지나다가 그곳에서 뺑소니 교통사고를 목격한다. 그런데 사고로 죽은 사람은 바로 톰의 애인이자 그 주유소 주인의 아내였다.

아내가 돈 많은 남자와 바람이 났다는 것을 눈치 챈 주유소 주인 윌슨, 하지만 아내의 정부가 자신의 단골 고객인 톰이란 사실은 모른다. 바람난 아내는 남편과 심하게 다투고 집을 뛰쳐나가다 달려오는 톰의 차를 보고 손을 흔든다. 하지만 그 차를 운전한 것은 톰이 아닌 데이지였으며 놀란 그녀는 차에 치인 사람을 버려두고 뺑소니치고 만다. 윌슨은 자기 아내를 치고 달아난 차가 톰의 것이라는 사실을 알고 복수하기 위해 총을 들고 톰의 집을 찾아간다. 톰은 오후에 있었던 일을 자세히 설명하면서 그 차를 운전한 것은 개츠비라고 이야기하고 사고를 낸 차가 개츠비의 차고에 있음을 확인해준다. 복수심에 불타는 윌슨은 곧바로 개츠비의 별장으로 찾아가 총으로 그를 쏴 죽인다. 그리고 윌슨 자신도 스스로 목숨을 끊는다.

이 영화는 결국 개츠비의 비극적인 사랑이야기다. 영화 내내 광란의 파티는 이어지고 음악은 경쾌하게 통통 튄다. 그야말로 1920년대 미국의 광기와 풍요로움을 잘 보여주고 있는 것이다. 작가는 1920년대 어딘가 홀려 있는 미국의 정신 나간 광경을 잘 묘사했다. 그리고 마치 공황을 예견이라도 한 듯이 참혹한 죽음으로 끝을 냈다. 하지만 데이지는 개츠비 죽음에도 불구하고 전혀 죄책감 없이 톰과 잘 산다. 영화 속에서 재즈음악에 엉덩이를 흔들면서 춤을 추는 사람들 모두는 흥청거리며 정신없이 부를 좇는 1920년대 미국인들의 모습을 반영하고 있다.

소설에서 스콧 피츠제럴드는 1920년대 미국의 뉴욕을 이렇게 표현한다. "나는 뉴욕이 좋다. 활기차고 모험이 가득한 곳, 끊임없이 사람들이 나타나고 사라지는 그곳, 밤에는 네온사인이 비추고 그 불빛을 보면 흥분을 하게 된다."

스콧 피츠제럴드는 미네소타 주에서 가구상을 하던 집안에서 태어났다. 그는 부유층이 다니던 프린스턴 대학교에 입학했지만 얼마 뒤

두려워할 것은 두려움뿐?

아버지의 사업이 실패하자 학업을 포기하고 1차 세계대전에 참전했다. 그리고 제대한 뒤 광고회사를 다니다 애인 젤다를 만났고 그녀에게 청혼했지만 가난하다는 이유로 헤어지고 만다. 충격을 받은 피츠제럴드는 한동안 술로 세월을 보내다가 몇 개의 소설로 베스트셀러 작가가 되었다. 돈과 명예가 생기자 과거의 애인 젤다가 찾아왔고 두 사람은 결혼을 한다. 하지만 두 사람은 1920년대 전반적인 분위기처럼 흥청거리며 사치에 빠져 세월을 보낸다. 결국 아내 젤다는 정신병원에 입원을 하고 피츠제럴드는 다시 가난과 술로 청춘을 모두 보낸 다음 마흔다섯 살의 나이에 심장발작으로 사망하고 만다. 미국인들은 왜 피츠제럴드의 소설에 열광할까? 그의 소설이 작가 자신의 모습이자 그무렵 미국인들의 가장 솔직한 모습이기 때문일 것이다.

1929년 가을 **미국**의 **풍경**

1930년 새해 벽두의 모습과 2009년 새해 벽두의 모습은 거의 똑같다. 모든 것이 암울한데, 주식을 팔려고 하는 투자회사들은 매일 사람들에게 버블 막차 탑승을 권한다. 1930년에는 TV 수상기로 유혹했고 2009년은 치킨게임으로 유혹하고 있다.

1928년 3월, 미국 주식거래소에서 라디오 주식이 갑자기 뛰기 시작했다. 불과 일주일 만에 60달러가 치솟았다. 가난한 구두닦이 소년이나 신문배달원도 주식에 몰려들기 시작했다. 신문은 서서히 걱정스

두려워할 것은 두려움뿐?

런 눈빛으로 주식시장을 바라보고 있었다. 작전세력이 라디오 주식을 가지고 장난을 치고 있다는 이야기도 돌았다. 하지만 사람들은 상관없다고 생각했다.

정부에서 라디오 주가가 조작되고 있는지를 조사한다고 발표했다. 그러자 갑자기 하루에 20달러나 주가가 폭락했다. 1928년 12월과 1929년 3월 주식시장이 잠시 휘청거렸다. 대폭락을 예고한 신호였다. 그러나 곧바로 주가는 반등했다. 이런 반등이 일시적이라고 이야기하는 사람은 아무도 없었다. 주식은 잠시 조정을 거친 뒤 더 높은 가격으로 뛰고 있었다. 이제 평소 관심을 갖지 않던 사람들도 주식시장에 뛰어들었다. 1929년 미국 주식투자자들에게는 현란한 기술분석이란 게 없었다. 대개가 감으로 하는 투자였다. 어떤 사람은 별자리나 천체의 움직임으로 주가를 예측할 수 있다고 주장하는 점성가들이 발행하는 투자소식지를 보기도 했다. 당시 이런 잡지를 구독하는 사람이 10만 명이나 되었다고 한다.

1929년 9월 3일. 운명의 날이 왔지만 아무도 그날이 마지막 식사 자리인 줄 몰랐다. 그날의 화려한 식사는 앞으로 보급될 텔레비전 수상기에 대한 기대감까지 다 먹어 치웠다. 주가가 연일 고공행진을 하자 신문들은 찬란한 미래를 미리 내다보는 특집기사를 쏟아냈다. 신문들은 TV가 보급되면 라디오 주가와는 비교도 되지 않는 엄청난 수익을 기업들에게 가져다 줄 것이고 세상은 완전히 다르게 변할 것이라고 잔뜩 기대를 부풀렸다. 주식버블을 키운 또 다른 원인은 너무나 많은 투자회사들이었다. 투자회사들 덕분에 개인들은 주식예탁금 10퍼센트만 내면 90퍼센트를 대출 받아 자기가 원하는 주식에 투자할 수 있었다.

사람들은 이렇게 호황이 영원할 것이라고 착각하며 빚으로 주식을 사고 그로 인해 생기는 수입으로 흥청망청 술을 마셨다. 술집마다 재즈음악이 넘쳐났다. 1929년 9월 4일도 시작은 좋았다. 그런데 갑자기 오후 들어서 먹구름이 몰려들기 시작했다. 당시 철강주식은 블루칩이었다. 그런데 철강의 대표주식 US스틸 주식이 떨어지기 시작했다. 폭락의 신호탄이었다. 그렇다고 완전 붕괴는 아니었다. 오르고 내리기를 반복하였다.

모두가 낙관하고 있던 당시 한 마리 미운 오리가 나타났다. 바로 투자분석가 로저 밥슨이다. 그는 그 무렵 신문 칼럼에 불길한 예감을 기고했다. "시장은 이제 붕괴될 일만 남았다. 왜 그런지 묻지 말고 빨리 탈출하라!" 하지만 누구도 그의 말을 믿고 싶어 하지 않았다.

긍정과 부정의 심리 공방

로저 밥슨의 기사를 읽고 불안해진 투자자들이 투자설명회에 참석하면 다른 대부분의 투자분석가들은 그들에게 희망을 불어넣었다. 사람의 심리란 미래의 확실한 불행에 대비하기보다는 실낱같은 불확실한 희망에 기대기 마련이다. 심리학에서는 이렇게 항상 낙관하려는 사람의 마음을 '인지부조화' 라고 부른다. 1929년 9월 5일, 거래 종료가 있기 불과 한 시간 전에 블루칩 주식들이 일제히 하락했다. 신문들은 이를 '밥슨 브레이크' 라고 이름 붙였다.

10월 중순으로 접어들자 신문들이 대폭락이 예상되니 준비하는 것이 좋다는 기사들을 싣기 시작했다. 일부에서는 로저 밥슨이 시장을 공포로 몰아넣었다고 주가하락의 책임을 그에게 돌렸다. 하지만 그때까지 누구도 주가하락이 공황으로 연결될 것이라 예상하지 못했다. 1929년 10월 21일 월요일은 뉴욕증권거래소 사상 세 번째로 매도 물량이 많은 날이었다. 전문가들은 이제 막 만들어진 금주법의 긍정적인 효과가 아직 반영이 안됐다며 여전히 추락하는 주가에 기대를 걸었다. 그리고 1929년 10월 24일, 이날이 그 유명한 '검은 목요일' 이다. 11시가 되자 주식시세표는 잠시 멈췄다. 전광판은 너무나 빨리 떨어지는 숫자를 표시하지 못하고 있었다. 11시 30분, 갑자기 객장에서는 비명소리들이 들렸다. 12시, 몇 명의 투자자들이 자살을 했다는 소식이 급보로 전해졌다. 오후 들어 은행들이 주식을 사기 시작했다. 일반인들이 내다팔면 은행들이 사는 상황이었디. 거래량은 사상 최대였다. 하지만 '검은 목요일' 은 몇 차례 계속되는 붕괴의 시작이었다. 빙산이 갈라지듯 주식시장은 그렇게 무너지고 있었다.

1929년 10월 29일, 다시 한 번 사람들은 비명을 질렀다. RCA의 주식이 두 시간 만에 40달러에서 26달러로 폭락했다. 골드만삭스는 60달러에서 35달러로 주저앉았다. 이 모든 게 두 시간 만에 벌어진 일이었다. 여기저기 전화통에 불이 났고, 통신이 두절되는 일도 벌어졌다. 이날 떨어진 주가지수보다 더 걱정스런 일은 사실상 많은 회사들이 파산 상태에 들어가고 있다는 것이었다. 불안한 사람들이 투매하는 주식을 은행들이 받아내려 노력했지만 역부족이었다. 조직적으로 주가를 지탱하던 은행들의 노력이 한계에 부딪혔다는 이야기는 일반대중들을 더욱 불안하게 했다. 1929년 11월 5일, 주가는 다시 급락했다. 이렇게 해서 2주 동안 주가는 계속 하락했다. 고공행진을 했던 1929년 9월 3일에 비하면 두 달 만에 주식가치는 거의 반 토막이 난 셈이었다. 하지만 그래도 희망을 버리지 않는 사람들이 있었다. 누군가는 항상 이런 말을 한다. "자, 이제 주식을 사세요. 아주 좋은 타이밍입니다. 최저점에 산 사람들은 얼마 있다가 엄청난 이익을 볼 거예요."

1930년 3월, 후버 대통령도 "두 달이 지나면 증시폭락에 따른 불안이 사라질 것입니다. 주식을 사세요"라고 말했다. 후버는 미국처럼 공황이 자주 찾아온 나라도 없고 또한 그것을 그렇게 잘 극복한 나라도 없다고 큰소리쳤다.

이런 대통령의 낙관적 전망 때문일까? 떨어진 주가는 잠시 다시

두려워할 것은 두려움뿐?

반등했다. 하지만 거리에는 실업자들이 넘쳐나고 있었다. 후버 대통령은 기업인들을 만나 노동자들의 해고를 자제해달라고 부탁했다. 그는 고통분담 차원에서 노동자들의 최저임금을 인하하겠다고 발표했다. 당시는 정부가 모든 임금과 물가를 통제하던 시절이었다. 종교단체 대표들이 후버를 방문했다. 거리에 실업자들이 넘쳐나니 예산을 조기 집행해서 사람들을 구출하라고 주문하자 후버는 "아직도 불황 타령이오. 한 달 전에만 해도 그런 말을 했으면 내가 움직였을 것이지만 지금은 아닙니다. 자! 보세요, 올라가는 주가를!"이라고 말했다.

하지만 얼마 뒤 주가는 다시 곤두박질쳤다. 그것으로 끝이었다. 주가는 계속 내려갔고 마지막 미련을 갖고 덤벼든 사람들이 제일 큰 손해를 보았다. 한 번 시장을 떠난 돈은 다시 주식시장으로 돌아오지 않았다. 모두가 그토록 바라고 원했지만 증시폭락은 결국 미국에 장기 공황을 가져왔다.

주무실 건가요? 뛰어내리실 건가요?

1929년 겨울, 공황의 문턱에서 한 번도 겪어보지 못한 충격 때문에 자살하는 사람들이 계속 생겨났다. 증권거래소 객장에는 누구누구가 이번 투자실패로 비관자살을 했다더라는 확인되지 않은 소문들이 떠돌았다. 덩달아 뉴욕의 호텔에는 비상이 걸렸다. 물론 과장된 이야기지만, 호텔 직원은 손님들이 방을 달라고 하면 "주무실 건가요, 아니면 뛰어내리실 건가요?"라고 먼저 물었다는 말이 나돌 만큼 상황은 심각했다. 미국 사람들은 거품이 꺼질 때를 자주 겪어 그런지 공황에 담담한 편이다. 하지만 1930년대 공황은 이전의 짧은 공황과는 달랐다.

두려워할 것은 두려움뿐?

처음에 미국인들은 "한두 번 이런 일을 겪는 거야? 쉽게 행동하는 자들이 항상 손해를 본다니까?"라며 태연해했다.

1930년 12월 11일, USA 은행이 문을 닫았다. 미국에서 가장 큰 은행이 파산을 한 것이다. 공황의 파도는 유럽까지 밀어닥쳤다. 1931년 5월 11일, 오스트리아 최대 은행이자 유럽에서 가장 중요한 은행인 크레디트 안살트가 도산했다. 지나친 배상금 때문에 독일 경제가 무너졌다. 1931년 7월 13일, 독일 최대 은행이 문을 닫았다. 불길은 유럽 금융의 상징인 런던으로 향하고 있었다. 1931년 말, 미국은 가장 혹독한 겨울을 보내고 있었다. 1931년 12월, 미국의 실업률은 15퍼센트까지 치솟았다. 하지만 6개월 뒤에는 23퍼센트, 1933년 말에는 37퍼센트로 계속해서 가파른 상승을 기록했다.

공황의 특징은 멀쩡하던 사람들을 거지로 만든다는 것이다. 뉴욕의 거리에는 직업을 찾는 줄과 배식을 기다리는 줄이 늘어섰다. 모두 중절모 하나씩을 눌러 쓰고 있었다. 어제까지 파티를 즐기고 재즈음악에 흥청거렸던 그들이었기에 지금의 모습이 현실로 믿겨지지 않는 분위기였다. 워싱턴에서는 거지들이 줄을 지어 행진했고 쓰레기 소각로 주위로 몸을 녹이려 몰려든 중산층 출신 거지들이 쓰레기차에서 먹을 것을 찾았다. 도시에서 일자리를 찾지 못하는 사람들은 시골로 가서 일을 하고 빵을 얻었다. 집을 잃고 방황하다가 공원에서 잠을 자던 사람들이 얼어 죽는 일이 생겼다. 정부에서는 이들을 위해 초라한 판잣집을 세웠다. 사람들은 이것을 후버 대통령이 지어준 집이라 하여 '후버빌'이라고 이름 붙였다. 대공황 직전에 취임한 후버는 부자들에게 세금을 깎아주는 정책에 몰두했다.

1932년 3월 14일, 조지 이스트먼은 좋아하는 친구들을 모두 불러 점심식사를 함께 했다. 그리고 그는 갑자기 유언장을 사람들에게 보여 주었다. 자기가 가진 재산을 모두 MIT공대와 로체스터대학교에 기부하겠다는 유언장이었다. 변호사 서명까지 하게 한 뒤 그는 조용히 자기 서재로 올라갔다. 그리고 얼마 뒤 총성이 들렸다. 사람들이 서재로 들어갔을 때 그는 이미 권총자살을 한 뒤였다. 이스트먼 손에는 한 장의 메모가 쥐어져 있었다. "친구들! 나는 할 일을 다 했으니 먼저 가네." 그의 자살소식이 알려지자 주식시장이 다시 출렁 내려앉았다. 1854년에 태어난 조지 이스트먼은 가난 때문에 학교를 중퇴한 것이 평생의 한이었다. 그래서 그는 자기가 돈을 벌 수 있을 만큼 벌면 그 돈을 모두 자기처럼 가난한 학생들이 마음 놓고 공부할 수 있도록 사용하겠다는 꿈을 평생 간직하고 살았다. 그는 롤필름을 발명하고 코닥사를 설립했다. 영화산업도 그의 롤필름 때문에 발전할 수 있었다.

문제는 조지 이스트먼이 자살하자 막연한 희망이 사람들 사이에 사라졌다는 것이었다. 1932년 미국 민주당 대통령 후보로 프랭클린 루

두려워할 것은 두려움뿐?

스벨트가 확정됐다. 반면 후버 대통령은 선거운동을 할 수 없을 만큼 국민들의 미움을 받고 있었다. 그의 유세차량에 계란과 썩은 과일이 날아드는 것은 기본이고 어떤 사람은 철도의 철목까지 뽑으려다 경찰에 체포됐다. 후버의 참혹한 실패는 루스벨트에 대한 막연한 기대로 변해 있었다. 1932년 11월 8일, 루스벨트는 투표자 57퍼센트의 지지를 얻어 겨우 17퍼센트를 획득한 후버를 압도적으로 따돌리고 대통령에 당선됐다.

참혹한 농촌풍경

1930년대 미국 농촌의 참혹한 실상을 가장 잘 표현한 책은 존 스타인벡이 쓴 『분노의 포도』이다. 이 책을 읽으면 우리는 왜 루소가 자연으로 돌아가자고 주장했는지 이해할 수 있다. 몇몇 금융재벌들의 음모나 혹은 그에 놀아난 탐욕스런 투자자들 때문에 벌어진 미국의 대공황은 평생 땅만 일군 농부들의 농촌마저도 처절한 생존의 현장으로 바꿔놓았다. 소설의 무대는 1933년 미국. 가뭄과 중부에서 밀어닥친 무서운 모래폭풍으로 가뜩이나 생존이 어려운 수백만 농민들은 죽음의 이주를 한다. 은행에서 비싼 이자로 농자금을 빌려 농사를 지었지만 가뭄과 흉작으로 빌린 돈을 갚지 못하자, 농지는 트랙터로 재빨리 정리되었다. 농민들이 토지를 빼앗기고 곧바로 난민으로 전락할 수밖에 없었던 당시 상황을 존 스타인벡은 생생하게 묘사했다.

"은행은 땅을 사랑하지 않아요. …… 트랙터 기계는 오르가즘을 느끼며 땅을 강간한다. 열정과 흥분도 없는 강간. …… 트랙터 운전사도 오클라호마가 고향이다. 하지만 그도 하루 일당 3달러를 벌기 위해서는 고향 사람들에게 욕을 먹으면서 그 일을 해야 했다."

뜨거운 태양 아래 모래폭풍이 휘몰아치는 가운데 열심히 농사를 짓던 농민들, 목화를 심어서 하루하루 목숨을 연명하던 그들에게는 땅이 전부였다. 하지만 그들은 땅을 가지지 못했고 노동력 착취로 이윤만을 챙기는 지주들과 은행 때문에 결국 평생 살던 고향과 농지를 버리고 다른 곳으로 이주해야 했다.

"집들은 모두 비어 있었다. 집들뿐 아니라 땅도 텅 비어 있었다. 오직 빛나는 것은 트랙터 삽날. 트랙터는 그렇게 농지정리를 한다고 밤낮 땅을 갈고 엎었다.…… 66번 고속도로는 이주자들의 도로다. 아니 그곳은 도망치는 사람들의 길이다.…… 아! 이제 뉴멕시코 주 경계선이다. 높은 산과 햇빛에 시들어버린 애리조나 울퉁불퉁한 산악지대를 지나면 콜로라도 강이 나온다. 그리고 애리조나 끝에 캘리포니아

두려워할 것은 두려움뿐?

초입 예쁜 도시, 강변의 도시 니들스가 있다. …… 도망치는 사람들의 자동차 행렬, 하루 종일 느릿느릿 가다가 밤이 되면 물가에 멈춰 라디에이터에 김을 뿜어 올리고, 다음 도시까지 얼마 남았지?'

존 스타인벡의 소설은 현장 다큐멘터리를 보는 것처럼 생생하다. 수십만 명의 농민들이 오클라호마 땅에서 강제이주당하자 캘리포니아 주민들은 "오클라호마 놈들은 기생충보다 못한 놈들이야"라는 소리까지 했다.

"이주민들 눈은 굶주림으로 이글이글 타오르고 있어. 일자리가 하나 생기면 열 명이 달려들어. 저 사람이 30센트를 받으면 나는 25센트만 받겠어. 아니 난 당장 굶어 죽을 판이니 15센트로 일을 하지. 대개 이런 식이었다. 품삯은 내려갔다. 자꾸 내려간 품삯으로는 빵을 살 수도 없었어. 그런데도 그들 대지주와 기업주들은 임금을 올리지 않고 독가스와 총을 샀지. 이 무식한 오클라호마 부랑자들이 언제 폭동을 일으킬지 모른다고 말하면서.…… 사람들이 강에 버려진 감자를 건지려고 그물을 가지고 오면 경비병들이 막는다. 사람들이 버려진 오렌지를 주우려고 하면 덜컹거리는 자동차를 몰고 오렌지에 휘발유를 뿌려 불 지르고 못 먹게 한다. 사람들 눈 속에는 처음에는 절망감이 그리고 나중에는 분노가 타오른다."

존 스타인벡의 글은 과장이 아니다. 당시 농민들의 삶은 정말 비참했다.

1929년 대공황 전에 록펠러와 몇몇 큰손들이 조용히 주식시장을 빠져나오고 있었다. 그리고 그들이 빠져나온 뒤 작전세력들이 주식을 대량으로 매도했다. 이렇게 해서 투기시장에서 크게 한 몫을 본 큰손들이 철수를 한다. 공황은 항상 이렇게 큰손들이 풀었던 돈을 회수하면서 시작되었다. 그런 다음에는 은행이 수천 개 도산을 하고 몇몇 금융가들이 경쟁은행들을 통째로 헐값에 매수한다. 공황과 버블은 누군가의 이익을 위해 적절하게 기획되고 연출되는 드라마 혹은 영화다. 그래서 사람들이 공황이 일어나면 극장을 찾는가 보다.

허버트 후버 대통령은 어린시절 고아로 성장했다. 자수성가한 사람들은 스스로의 힘으로 성공을 이룬 덕분에 다른 사람 말을 잘 듣지 않는 독선적인 면이 있는 게 특징이다. 젊은 시절 후버는 힘들게 돈을 벌어 가까스로 대학을 마쳤고 광산기술자로 일을 해서 돈을 좀 모았다. 그는 틈틈이 일을 하면서 『광산학 원리』라는 책까지 냈다. 1917년 윌슨정권에서 식량관리관이 되면서 뒤늦게 정계에 발을 들여놓았고 1921년 하딩 정권에서 상무장관으로 발탁되었다. 상무장관 시절 능력을 인정받아 공화당 후보로 대선에 출마한 후버는 1928년 대통령에 당

두려워할 것은 두려움뿐?

선되었다.

　　선거 당시 그는 "미국인들 모든 차고에는 자동차를, 미국인들 식
탁에는 닭고기를"이라는 모토를 내걸고 당선됐다. 당시 미국 사람들
은 모두 돈에 대해 끝없는 탐욕을 부리고 있었고 그런 대중들의 입맛
을 아주 잘 포장한 것이 후버이자 공화당 정권이었다.

두려운 것은 두려움 그 자체일 뿐

39

달리기에서 항상 1등 하는 사람은 꼴찌의 마음을 모른다. 성공에 취해 산 사람은 실패한 사람들 마음을 모를 뿐 아니라 이해하려고 하지 않는다. 특히 수단 방법 가리지 않는 마키아벨리 방식의 권모술수가 팽배했던 사회에서 성공한 사람들은 더욱 그렇다. 1933년 1월 20일, 선거에서 승리한 프랭클린 루스벨트가 대통령 취임식을 예정하고 있었다. 하지만 많은 정치인들이 아마도 그가 취임하기 전에 미국은 혁명으로 사라질 것이라고 예측했다. 실업자들은 거리로 쏟아져 나왔고, 마치 폭동과도 같은 노동자 시위가 매일 계속됐다. 루스벨트는 정치

감각이 탁월한 대통령이었다. 그는 취임 연설에서 사람들에게 강한 인상을 심어주었다. 그리고 취임식 뒤 '백일의회'를 가동했다.

1933년 3월 9일부터 6월 16일까지 열린 특별의회를 사람들은 백일의회라고 이름 붙였다. 이 기간 동안 루스벨트는 자신이 공약했던 개혁법안을 전광석화처럼 통과시켰다. 루스벨트는 자신을 미식축구의 쿼터백에 비유했다. 루스벨트는 우선 방만한 공기업들은 통폐합하고 교사늘 월급도 대폭 깎아버렸다. 그리고 실업자 구제에 많은 돈을 투입했다.

그 무렵 프랭클린 루스벨트는 역사상 가장 멋진 말을 했다. "우리가 두려워해야 할 것은 두려움, 그 자체밖에 없다." 짧지만 당시 미국의 모습을 가장 잘 설명한 말이었다. 말은 길어서 좋은 게 아니다. 간단하면서도 명확한 것이 설득력을 갖는다.

1933년 3월 8일 루스벨트는 대통령이 된 뒤 처음으로 기자회견을 열었다. 기자회견이 끝나자 기자들은 필기를 하는 대신 기립박수를 보냈다. 누가 시킨 것이 아니라 진심에서 우러나온 박수였다. 1933년 3월 12일, 루스벨트는 국민들 지지를 호소하는 라디오 담화를 시작했다. 사람들은 공황의 그림자에서도 따뜻한 것을 그리워했다. 대통령은 그런 대중들의 마음을 알고 '난롯가에서 담화'를 시작했다. 그렇게 뉴딜이 탄생했다. 그가 편 뉴딜정책은 가진 사람들이 가지지 못한 사람들을 배려하는 정책이고 빈곤을 국가가 책임진다는 따뜻한 정책이었다.

그는 임기 첫 100일 동안 놀라운 모습으로 사람들 앞에 나타났다. 100일 동안 그는 미국이 앓고 있던 모든 문제를 책상 위에 펼쳐놓았고 하나하나 해결하기 시작한 것이다. 갈등이 많은 문제들은 국민들을 직접 상대했다. 중요한 것은 국민들과의 소통이라고 생각한 그는 라디오라는 대중매체를 아주 잘 활용했다. 몸도 건강하지 못한 대통령이 다리를 절며 정력적으로 미국 이곳저곳을 휘젓고 다니는 것에서 사람들은 절망 대신 희망의 빛을 찾으려고 했다. 공황은 심리적 두려움을 제거하는 일이 가장 중요하다고 그는 생각했다. 그의 연설은 실망하고 좌절한 사람들을 위한 좋은 경구들로 가득했다. 그러나 보수주의자들이 '뉴딜은 볼셰비키주의자의 목소리'라고 비판했다. 연방법원은 대통령의 정책에 위헌판결을 내렸다. 그러자 그는 이렇게 말했다. "경제법이란 것이 하늘에서 떨어진 것이 아니라 인간을 위해 만든 것임을 알아야 합니다."

현충일, 노동자 학살사건

1933년 7월 24일, 루스벨트는 뉴딜입법의 가장 중요한 '국가산업

두려워할 것은 두려움뿐?

부흥법안'을 만들고 "국민 절반이 운이 좋아 잘 사는 것보다 바람직한 것은 모두가 잘 사는 것입니다"라고 노동자와 사용주 모두에게 서로에 대한 이해와 타협을 주문했다. 1935년 '사회보장법안'이 의회를 통과했다. 이렇게 해서 빈곤층들은 매달 15달러를 국가로부터 지원받을 수 있었다.

1936년 12월, 압도적인 표차로 루스벨트가 재선에 성공했다. 그러나 루스벨트가 제출한 각종 개혁법안은 공화당 일색이었던 대법원에서 계속 거부당했다. 뉴딜정책은 그렇게 금방 효과가 나타나지 않았다. 루스벨트는 공황으로 고통받던 사람들에게 '따뜻한 복지'를 주문처럼 외치고 다녔다. 루스벨트는 대중들이 꿈을 포기하지 않게 하기 위해 영화와 연극을 적극 지원했다. 그래서 국가가 직접 배우들에게 월급을 지급하면서 그들의 생계를 보장했다. 루스벨트의 따뜻한 정책들은 대중들을 하나로 모으는 역할을 했다.

물론 그렇다고 해서 루스벨트 시절이 노동자와 대중에게 행복만을 가져다 준 시기라고 생각해서는 곤란하다. 그 시기에도 비극은 존재했고 그것은 대체로 평범하거나 소외받거나 힘겨운 사람들의 몫이었다. 가장 비극적인 사건이 1937년 5월, 국가 공휴일인 현충일(Memorial Day)에 일어났다. 리퍼블릭 철강회사에서 해고된 노동자들이 가족들을 동반하고 시카고 남부에서 야유회 겸 시위를 하고 있었다. 이들 시위는 평화적이었고 합법적이었다. 그들은 자신들이 다녔던 공장으로 향하고 있었다. 그런데 갑자기 시위대 뒤에서 총성이 울렸다. 그러자 경찰은 즉각 총으로 응사했고 시위자 가운데 열 명이 사망하고 90명이 부상을 당했다. 참혹한 사건이었다. 언론은 이날 사건을 '현충일 대학살(Memorial Day Massacre)'이라고 불렀다. 시위대 뒤에서 들린 총성은 누군가의 음모로 기획된 것이었다. 그로 인해 경찰이 대응발사를 한 것이다. 이것은 공권력이 자본의 이익을 위해 얼마든지 노동자들을 학살할 수 있다는 것을 극명하게 보여준 사건이었다. 이런 참혹한 사건에도 불구하고 루스벨트 정부 시절 국가는 역사상 가장 따뜻한 정책들을 실천했다. 그래서 루스벨트는 미국에서 처음이자 마지막으로 네 번이나 대통령에 연임되는 기록을 세웠다.

두려워할 것은 두려움뿐?

케인스, 해결사로 나서다

1938년 2월 1일, 영국의 경제학자 존 메이너드 케인스는 미국의 루스벨트 대통령에게 편지를 띄웠다. 1937년 3월 또 다시 폭락한 주식이 그에게 엄청난 경제적 손실을 안겨준 다음 케인스는 자신의 경제이론을 확실히 믿지 못하는 루스벨트를 비판하는 편지를 썼다. "각하! 빨리 정부 재정을 더 많이 투자하세요. 아낄 때가 아닙니다. 공공사업에 정부가 나서는 것을 두고 논쟁할 때가 아닙니다. 중요한 것은 시간이고 얼마나 빨리 투입하느냐에 있습니다." 케인스가 누구인가? 근 백년이 지난 지금도 여전히 유효한 경제이론을 만든 이가 아닌가. 만일 지금 당장 경제학 전문가들에게 최고의 책 세 권을 꼽으라고 한다면 대개 애덤 스미스의 『국부론』, 마르크스의 『자본론』, 그리고 케인스의 『고용이자 및 화폐 일반이론』을 꼽을 것이다.

케인스는 1883년 영국의 대학도시 케임브리지에서 태어났다. 그가 태어난 해 마르크스는 의자에 앉아 숨을 거두었다. 마르크스는 죽는 순간에도 편안하지 않았다. 등에는 온통 고름이 가득했고 그 고통 때문에 누워서 임종하지도 못했다.

케인스의 아버지는 케임브리지대학교 경제학 교수이고 어머니는 케임브리지 시의 시장이었다. 그야말로 최고 엘리트 집안에서 자란 인물이다. 종종 사람들은 케인스를 맬서스와 비교하길 좋아한다. 두 사람은 성장과정도 그렇고 출신 대학도 같다. 어린 시절 케인스는 구개열로 놀림을 많이 받았는데, 그것은 맬서스도 마찬가지였다. 사람은 종종 자신의 단점을 장점으로 발전시킨다. 맬서스는 그런 인물이었다. 구개열 수술을 늦은 나이에 하는 바람에 그때까지 말을 약간 더듬고 어눌한 발음을 구사했던 맬서스는 단점을 보완하기 위해 말하기 연습을 자주 했다. 그래서 맬서스의 거친 문장은 종종 사람들의 비난을 들었지만 그의 연설은 사람들을 감동시키기에 충분했다.

그래서 그랬을까? 케인스는 아무도 관심 갖지 않는 맬서스의 이론을 집중 연구했다. 그는 "만일 리카도가 아니라 맬서스가 19세기 경제학의 뿌리였다면 오늘날 세계는 더 지혜롭고 풍요한 곳이 되었을 것이다"라고 말하기도 했다. 맬서스의 우울한 학문은 케인스에 의해 다듬어졌다. 케인스는 대학에서 수학을 전공했고 식민지 인도에서 잠시 관리로 있었다. 그런데 마셜의 권고로 그는 다시 케임브리지대학교에서 경제학을 공부하게 된다. 졸업 후 13년 동안 그는 공무원, 생명보험회사 회장, 경제학 전문지 《이코노믹 저널》 편집인 등 다양한 활동을 했다.

케인스가 각광받은 것은 1930년 미국 대공황으로 영국 경제가 엉망이었을 때다. 케인스는 대공황을 보면서 고전학파 경제이론으로는 공황의 핵심적 요인을 분석하고 해결할 수 없다고 보았다. 이때부터 그는 보수 경제이론가들에게 등을 돌리게 된다. 당시 영국 정부는 고전학파의 이론을 근거로 대공황에 대처하여 노동자들의 임금인상을 강력하게 억제하고 있었다. 그리고 인플레이션을 막기 위해 통화를 줄여나갔다. 상황은 1815년 곡물법 파동 당시 벌어졌던 맬서스와 리카도의 논쟁을 재현하는 듯 보였다.

케인스는 불황기 임금인하는 공황을 해결하는 것이 아니라 오히려 악화시킨다고 주장했다. 맬서스의 주장인 셈이다. 돈이 없는 노동자는 소비를 하지 못하고, 소비를 하지 못하면 공장 가동률이 떨어지고, 그러면 다시 노동자들 일자리가 줄어들고…… 고전학파 이론은 이런 악순환을 반복시킬 것이라 진단했다. 그는 국가가 민간부문의 기업에 도움이 될 각종 개발에 적극 나서야 한다고 주문했다. 공공부문 집행을 강력히 주장했으며 이자율은 저축과 투자에 의한 것이 아니라 화폐의 수요 공급에 의해 결정된다며 고전학파의 낡은 이론을 비판했다.

케인스처럼 공황에 정부가 돈을 더 찍어 사람들을 고용하고 시장을 정부가 간섭한다면 화폐가치가 떨어져 돈이 있는 사람들이 손해를 보게 된다. 그래서 공황에도 부자들은 정부의 시장개입을 절대적으로 반대하는 것이다.

그러나 케인스는 경제가 회복되지 않고 시장이 절망적인 상황으로 몰리면 자본주의는 멸망할 것이라며 낙관적인 사람들을 비판했다. 당시 부자들은 케인스의 이론을 지독히 싫어했다. 부자들은 언제든지 재산이 위협을 받으면 이념논쟁을 편다. 그들은 케인스의 방식이 공산주의적이라고 비난했다. 그러자 케인스는 "나는 자본주의 체제를 유지하고 잘못된 것을 개량하자는 것일 뿐이지, 공산주의 이론처럼 생산주체를 국가가 모두 소유하면 우월한 배분을 낳지 않는다고 보며 그 이론을 혐오한다"고 주장했다.

그렇게 해서 케인스의 주장은 대공황을 해결하는 멋진 아이디어로 각국에 채택되었다. 그의 이론은 공황을 벗어나는 중요한 정책이었다. 케인스는 자본주의의 잘못된 부분을 고쳐 새로운 자본주의를 만든 인물로 평가받고 있다. 그래서 그의 이론을 '수정자본주의 이론'이라고 부르기도 한다. 케인스는 투기를 싫어했지만 그 역시 1932년 싼 주식들을 대거 사들여 많은 시세차익을 거두었다. 실제 케인스는 1920년

두려워할 것은 두려움뿐?

까지 재산이 1만6000파운드에 불과했지만 1946년 4월 사망할 당시 그의 재산은 41만 파운드로 늘어 있었다. 모두 주식투자로 번 돈이었다. 그가 죽기 전에 세계경제를 위해 한 일은 1944년 뉴햄프셔 주 브레튼 우즈에서 '금본위제'를 채택한 것이었다. 전쟁이 끝나고 미국은 다시 세계 강대국의 자리에 앉았다. 유럽은 폐허였고 미국은 열심히 그들을 위해 더 많은 물건을 만들어 공급해야 했다. 미국은 과거보다 강력한 국가가 됐다. 미국 국민들은 돈을 마구 쓰는 것이 세계경제를 살린다고 생각했다.

타락천사와 **추락**천사

월스트리트에서 불황을 상징하는 동물은 곰이다. 반대로 호황을 상징하는 동물은 황소다. 1971년 뿔 달린 황소가 월스트리트에 등장했다. 양심적인 주식거래를 표방한 메릴린치 증권의 상징이었다. 하지만 황소는 어떤 위험에도 저돌적으로 달려드는 동물이란 점에서 월가의 무모함과 닮아 있었다. 메릴린치는 월스트리트를 상징하는 증권사다. 그런 회사가 2008년 9월 14일 일요일, 미국 소매은행 BOA에 전격 매각됐다. 같은 날 리먼브라더스와 베어스턴스가 파산했다. 메릴린치가 매각결정을 내리기까지는 불과 48시간밖에 걸리지 않았다. 한국 증

권가는 무엇보다 메릴린치가 매각됐다는 이야기에 충격을 받았다. 메릴린치의 창업주는 찰스 메릴. 1929년 미국의 대공황으로 빠져나간 주식투자자들을 다시 불러 모은 사람이다. 메릴 덕분에 불신으로 가득했던 월가는 신뢰를 회복할 수 있었다.

황소 찰스도 쓰러졌어!

1914년 찰스 메릴은 친구 에드먼드 린치와 동업하여 소액투자자들을 대상으로 채권이나 주식을 파는 금융회사를 만들었다. 찰스 메릴은 대공황 시절 식료품 체인사업에 집중투자해서 소매업으로 성공을 거두었다. 대공황의 긴 터널에서 벗어날 무렵 메릴린치는 증권사로 크게 도약했다. 그때부터 주식시장에서 개인투자자들을 고객으로 유치하는데 이 회사는 많은 노력을 기울인다. 찰스 메릴은 대학을 졸업한 젊은이들을 증권전문가로 양성시키기 위해 학교를 설립하고 이들을 지방 증권사에 투입했다. 그리고 신문광고를 통해 일반인들을 주식투자자로 끌어 모았다. 과거 아픈 기억 때문인지 선뜻 주식시장에 들어오지 않던 대중들은 찰스 메릴의 노력으로 다시 모여들기 시작했다.

그리고 1950년 다시 주식시장에 호황이 찾아왔다. 1929년 대공황 당시 미국 인구 1억2000만 명 가운데 주식을 거래했던 사람은 약 150

만 명뿐이었다. 1950년대 초, 미국의 주식인구는 겨우 인구의 4퍼센트인 600만 명이었지만 1950년 말에는 8퍼센트로 증가했다. 1950년대 미국 다우존스 공업주 평균주가 지수는 120에서 779로 다섯 배 이상 뛰었다. 1970년대 주식시장은 좋은 일보다 나쁜 일에 자주 출렁거렸다. 특히 석유위기로 인해 주식시장은 거의 폭락장세였다. '석유 30년 고갈론'은 주식시장을 다시 패닉상태로 만들어버렸다. 2달러 하던 유가는 30달러까지 치솟았다.

당시 꿀벌(투기꾼)들은 주식시장보다 이렇게 석유를 갖고 장난을 쳐서 돈을 벌었다. 1968년부터 미국은 심각한 인플레이션으로 몸살을 앓았다. "1달러 가지고 빵 하나도 얻을 수 없었다." 식료품 가게에서 투덜대던 미국 서민들의 말이었다. 닉슨은 물가를 통제함으로써 노동자들의 실질임금이 떨어지는 것을 막으려 했다. 물론 임금도 동결시켰다. 이런 조치들은 보수적인 사람들에게 인기를 얻었다. 그러나 달러가치가 하락하자 금이 계속 빠져나가고 있었다. 빠져나가는 금을 잡고 달러를 안정시키기 위해 닉슨은 특단의 조치를 취한다.

1971년 8월 15일, 닉슨 대통령은 금과 달러의 교환을 정지시켜버렸다. 그러자 투기세력들이 달러를 버리고 금을 사들이기 시작했다. 1970년대 주식시장은 완전히 바닥이었고 금과 석유, 식량 등 선물거래소가 재미를 보았다. 1972년부터 금값은 매년 50퍼센트 이상 급등했다. 1972년 5월 시카고 상품거래소에 외환선물시장이 개장됐다. 상품거래소가 생기면서 투기꾼들은 식량과 석유를 갖고 투기를 하면서 돈을 벌었다. 투기꾼들을 더 모으기 위해 2년 뒤에는 반드시 현금으로 상품거래를 해야 한다는 조항도 사라졌다.

지금의 미국 국무장관 힐러리 클린턴도 1978년부터 2년 동안 변호사로서 투자회사 자문을 하면서 그들에게 배운 투자기술에 따라 시카고 상품거래소에 투자를 해서 큰돈을 벌었다. 이 점은 힐러리 공격자들에게 두고두고 공격대상이 됐다.

1970년대를 지나면서 미국 경제는 침체의 늪에 빠져들었다. 그리고 그 모든 책임에 대한 화살은 정부의 시장개입을 지원한 케인스의 주장을 비난하는 것에 맞추어져 있었다. 실의에 빠져 있던 하이예크는 다시 주목을 받았다. 이 시기 영국에서는 대처 수상이 집권하면서 노조들을 탄압하기 시작했다. 공공노조 때문에 국가재정이 바닥났다며 대량해고를 시켜버렸고 민간에 기간산업들을 팔아버렸다. 미국도 레이건 정부가 들어서면서 노조의 파업을 배부른 투정으로 생각하면서 해고라는 초강수를 두었다. 그렇게 신자유주의 정책을 신봉하는 보수 정권들이 들어서면서 노동자들은 임금이 줄어들고 기업들은 늘어나는 현금으로 주식시장에서 장난질을 쳤다. 정치인들은 유동자금이 금융에서 또 다른 부가가치를 창출할 수 있도록 이상한 법안들을 만들었다. 이렇게 투기를 통한 경제성장이 시작되었다. 1982년 뉴욕의 증권거래소 하루 거래량이 1억 주를 돌파했다. 그러나 경기는 최악이었다. 실업률이 10퍼센트를 넘고 있는데 주식시장은 뜨거웠다. 그러다가 결국 다시 거품이 꺼지면서 주식은 휴지조각이 됐다. 미국은 자신들의 잘못된 경제정책의 책임을 다른 곳으로 돌리고 있었다.

1985년 미국은 늘어나는 무역적자를 해소하기 위해 일본과 독일 재무장관을 불러들여 강제로 '플라자협정'을 체결하게 했다. 그러자 미국의 달러가치에 경쟁력이 조금 붙었다. 1985년부터 엔화가 저평가되면서 일본에는 부동산버블이 불어닥쳤고 결국 10년 장기불황에 빠져들었다. 한 나라의 경제호황은 한 나라의 쇠락에서 시작된다는 것은 언제나 역사가 잘 보여준다. 질주하던 일본의 경제성장률이 주춤하자 미국이 재미를 보았다. 미국의 증권회사들은 개인투자자들에게 돈을 주면서 주식투자 승률게임에 집착했다. 이런 노력이 반영되어 미국 주식시장은 서서히 달아올랐다.

1987년 10월 19일 하루 동안 주식이 22퍼센트나 급락했다. 레이건 행정부는 기업의 인수합병에 대한 모든 규제를 완화했다. 그러자 약탈적인 투기세력들이 기업들을 헐값에 장난을 쳐서 매수하고 부풀려서 팔아먹었다. 투기꾼들은 인수대상 기업의 자산을 담보로 정크본드(투기등급 채권)를 마구 발행했다. 다시 탐욕의 거래가 시작된 것이다. 거짓과 탐욕의 거래에서 투기꾼들이 노리는 것은 언론의 부화뇌동

두려워할 것은 두려움뿐?

이다. 언론은 기업의 인수합병에 찬사를 아끼지 않았고 개인투자자들은 이런 기업의 주식을 고가에 사들였다.

언론은 마이클 밀켄 같은 투기꾼을 '추락천사'라고 불렀다. 그는 정크본드를 사들여 엄청나게 많은 투자수익을 거두었다. 과도한 금융 규제 완화는 사기꾼들을 활개치게 했다. 마이클 밀켄은 대학원 시절 부실채권 가격이 너무 저평가된 것을 간파하고 하이에나 직업을 선택했다. 언론에서는 썩은 고기를 먹는 이 사기꾼에게 우아한 찬사들을 아끼지 않았다. 주위로 약탈의 하이에나들이 몰려들었다. 이들은 한 5년 동안 큰 이익을 보았다. 그는 "월가의 젊은이들은 점심을 먹지 않는다"며 신입직원들을 무섭게 몰아 붙였다. 어떤 젊은이는 마이클 밀켄과 한 시간만 일을 해도 미쳐버릴 것 같았다고 털어놓았다. 추락천사는 1987년 10월 19일 '검은 월요일'에 주식폭락으로 최후를 맞았다. 마이클 밀켄은 증권사기 혐의로 유죄판결을 받고 2년을 감옥에서 보냈다. 금융사기는 어느 나라고 형량이 적다. 그래서 그들은 사기치고 걸리면 잠시 휴식기를 보내는 것이 전부다. 죄책감을 가질 마음도 시간도 없다.

당시 분위기를 가장 잘 묘사한 영화로 가브리엘 무치노 감독의 〈행복을 찾아서〉가 있다. 1980년 레이건 대통령 시절을 배경으로 한 이 영화의 주인공은 갑자기 불어닥친 불황으로 하루아침에 실업자가 된다. 1980년 초, 주인공은 의료기 영업사원으로 평범하지만 행복한 삶을 살고 있었는데 그 일상이 갑자기 무너져버린 것이다. 일자리를 잃은 주인공은 집의 임대료를 내지 못하고 자동차까지 압류 당하는 최악의 상황으로 빠져든다. 사랑하는 아내와는 결국 헤어지고 아들과 함께 집 없는 가장으로 하루하루를 산다. 거리에는 무료급식과 잠자리를 제공받기 위한 사람들이 길게 줄을 서 있다. 정부는 불법주정차 딱지 벌금을 내지 않았다고 생계를 위해 남겨둔 돈까지 빼앗아간다. 법 앞에서 예외를 두지 않는 국가는 한 개인으로 볼 때는 약탈적 존재나 다름없다.

샌프란시스코가 배경인 이 영화는 원래 TV 다큐멘터리였다. TV를 보고 감동을 받은 시청자들의 전화가 빗발치자 오프라 윈프리 쇼에 주인공이 출연했고, 노숙자 신세에서 주식중개인이 된 크리스 가드너의 이야기는 결국 영화로 만들어지게 됐다. 실제 인물인 크리스 가드너는 1954년 밀워키에서 태어났다. 어린시절부터 자행된 계부의 폭력을 견디다 못해 집에 불을 질러 살인미수죄를 적용받았고 소년원에 들어가게 된다. 그는 소년원을 나온 뒤 결국 다른 가정에 입양되었고 해군에 자원입대를 한 뒤 제대해서 단란한 가정을 꾸렸다. 그런데 갑자기 회사가 부도가 났고 실직자가 된 것이다. 그런 어느 날 주식중개인을 만난 그는 새로운 꿈을 품고 주식중개인이 되기로 한다. 그는 고졸 출신으로는 처음으로 주식중개인 인턴사원에 합격 하지만 인턴이라 월급은 주어지지 않았고 능력을 인정받기까지 아들과 노숙자 쉼터에

두려워할 것은 두려움뿐?

서 생계를 해결해야 했다. 수많은 난관을 극복하고 그는 드디어 정식 주식중개인이 된다. 열심히 전화통을 붙들고 투자자를 모집한 결과, 주인공 크리스 가드너는 그해 최고의 주식중개인이 되었고, 훗날 자산 1억8000만 달러를 보유한 투자회사를 운영하는 CEO로 성장했다. 이 영화의 주인공이 보여주다시피 자본주의가 재미있는 것은 멀쩡하던 사람이 갑자기 노숙자로 변하고 다시 열심히 일을 해서 정식 주식중개인이 되고 성장해서 투자회사의 최고경영자가 되는 드라마틱한 삶을 연출한다는 점이다. 이런 드라마의 특징은 남의 일일 때만 흥미진진하다는 점이다.

그러나 이런 드라마틱한 자본주의적 삶이 한국에서도 12년 전 시작됐다. OECD에 가입한 한국 정부는 무려 300개나 되는 종합금융사를 허가해주면서 이들이 세계금융시장의 선진 금융기법을 잘 배울 것이라고 믿었다. 이 유치원생 금융인들은 선진국 돈을 빌려 개발도상국의 위험부담이 높은 펀드에 투자하면서 처음에는 설탕물과 같은 달콤한 금융상품에 취해 있었다. 그런데 1997년 갑자기 한국 경제가 위험하다는 신호들이 국제 금융가에서 나돌기 시작했다. 먹잇감을 발견한 헤지펀드를 비롯한 투기꾼들은 한국의 금융시장을 들여다보고 있다가 공격을 개시했다. 속이 너무 훤히 보이는데다 먹을 것이 널려 있는 시장이 포착되었으니 즉시 그들이 달려든 것은 당연한 일이었다.

타이타닉에 환호하는 한국

　타이타닉이 1912년 4월 14일 침몰했을 때, 이 호화여객선의 소유주가 모건과 로스차일드 합작회사라는 것을 아는 사람은 많지 않았다. 1907년 금융위기를 딛고 미국 산업 지배력의 거의 절반을 차지한 모건과 유럽의 금융패권을 갖고 있는 로스차일드 가문은 유럽과 미국의 귀족들을 실어 나르는 배를 갖고 싶었다.

　초호화 여객선 타이타닉의 침몰은 많은 작가들에게 상상력을 제공했다. 우선 그 배에 승선한 사람들 중에는 당대 쟁쟁한 거부들과 이제 막 금광개발로 돈을 만지기 시작한 신출내기 부호들이 많았다. 미국의 광산재벌 구겐하임도 이 배에 승선하고 있었는데 그가 갖고 있던 보물이 무엇이었을까 항상 사람들은 궁금해했다. 타이타닉에 승선했다가 구사일생으로 살아남은 사람들의 명단이 《뉴욕타임스》에 매일 오르내리고 있었다. 그런데 사람들은 신문에서 이상한 것을 발견했다. 바로 'M' 이란 글자였다. 수백 명의 생존자 명단 가운데 딱 세 사람은 이름 대신 알파벳 M이 적혀 있었다. 나중에 안 일이지만 그들이 비로 로스차일드 대부 '마이어' 의 첫 글자를 표시한 로스차일드 집안사람이었다.

1998년 2월 20일 모두의 상상력을 자극한 대형사건을 스크린에 옮긴 영화 〈타이타닉〉이 한국에서 개봉됐다. IMF 체제에서 힘겨워하던 사람들은 자신들의 슬픈 자화상을 그린 것 같은 영화를 감상하며 눈물을 훔쳤다. 물론 처음에는 달러 낭비라고 불매운동까지 벌어졌지만 잘 만들어졌다는 입소문을 타고 600만 명이 넘는 관객이 영화를 관람했다.

불쾌감을 준다, 대본을 수정하라

〈타이타닉〉을 다시 한번 보았다. 세 시간에 육박하는 영화의 러닝타임은 딱 절반으로 나뉜다. 전편은 바닷속에 가라앉은 타이타닉

호, 그 침몰한 배에서 루이 16세가 처형 직전 분실한 50캐럿짜리 다이아몬드 목걸이의 행방을 추적한다. 그 목걸이를 약혼선물로 잠시 소유했던, 타이타닉 호에 승선했다가 살아남은 할머니의 증언으로 영화는 시작된다. 드디어 1912년 4월 12일 타이타닉 호가 영국에서 미국으로 항해를 시작했다. 길이 250미터, 4만6000톤의 타이타닉 호는 21층 건물과 맞먹는, 당시로는 어마어마한 규모의 배였다. 이 배를 건조하기 위해 영국, 스웨덴, 노르웨이, 독일 4개국이 매달렸다. 타이타닉을 운항하는 선장은 "이 배는 신도 침몰시키지 못할 것이다"라고 큰 소리를 쳤다. 이런 호언은 항해노선이 다소 불안한 북대서양 항로였기 때문에 공포심을 잊기 위한 포장술이기도 했지만 배가 이중으로 제작돼 웬만한 빙산충돌은 끄떡없다는 자신감의 발로이기도 했다. 그렇게 해서 당시 인간이 만들 수 있는 가장 멋지고 단단한 배가 탄생했다. 1912년 4월 12일 첫 항해에 나선 타이타닉은 열심히 석탄을 집어넣는 노동자들 덕분에 힘차게 앞으로 나아가고 있었다. 영화는 타이타닉 선실 내의 여러 사람들, 부자와 가난한 사람들을 대조적으로 비춰준다. 1등 객실 귀족들의 모습은 겉으로는 화려하지만 허위의식이 가득하다. 영화는 전통귀족과 금광개발로 갑자기 부자가 된 신흥귀족 사이의 갈등도 보여준다. 전통귀족들은 신흥귀족의 천박함을 곱지 않은 시선으로 바라본다.

그러다가 카메라는 자유분방하고 거침없는, 그렇지만 지저분한 3등 객실 사람들의 파티를 보여준다. 그들의 파티는 즐거움만 있으면

두려워할 것은 두려움뿐?

됐다. 영화는 1등 객실의 주인공 여인과 3등 객실의 청년이 서로 사랑하면서 멜로영화로 변한다. 할머니는 늙고 주름진 얼굴이지만 타이타닉 호에서 경험했던 젊은시절의 뜨거운 사랑이야기를 풀어나간다. 몰락한 집안 때문에 돈 많은 남자에게 팔리듯이 약혼을 하게 된 그녀 로즈로서는 이 여행이 약혼여행이나 마찬가지였다. 자신의 처지를 비관해 자살하려던 그녀는 3등 객실 청년 잭의 도움으로 살아남는나.

영화가 후반부로 치닫기 시작할 즈음, 비극의 순간이 재현된다. 배는 항해 사흘 만인 4월 15일, 거대한 빙산과 충돌한다. 배가 침몰하기 시작하자 사람들은 여자와 어린아이들을 먼저 대피시키려한다. 여기서부터 나는 이 영화의 대본이 실제와 다를지도 모른다는 의심을 했다. 이 영화의 대본은 감독 제임스 카메론이 직접 쓴 것이라 한다. 그는 타이타닉에 관련된 여러 책들을 읽다가 부자들만 살아남고 가난한 사람들은 모두 죽었다는 것에 충격을 받았단다. 하지만 처음 쓴 대본을 본 투자사 20세기 폭스와 파라마운트는 부자들을 미워하는 영상으로 가득 채워져 흥행에 부담이 되니 대본수정이 필요하다는 의견을 냈고 제임스 카메론도 그들의 생각에 동의했다. 그렇게 해서 〈타이타닉〉은 휴머니즘이 가미된 영화로 탄생한 것이다. 오락적인 상업영화였지만, 그 나름 놀라운 문제의식을 가졌던 〈타이타닉〉은 이듬해 아카데미 시상식에서 대부분의 상을 거머쥐며 작품성을 인정받기도 했다.

그런데 이런저런 뒷이야기를 알고 나자 삐딱한 의심이 더욱 부풀어 오른다. 특히 배가 가라앉고 있음에도 본분을 지키고 앉은 악사들의 연주장면은 눈에 거슬릴 정도로 의미심장하게 보인다. 침몰의 순간에도 직업의식을 발휘하는 악사들의 저 투철함 속에, 다른 의미가 숨어 있는 것은 아니었을까? 물론 배가 가라앉는 순간에조차 승객들을 위해 아름다운 음악을 연주하는 악사들의 직업의식은 찬사를 들어 마땅한 일이다. 얼마나 고귀한 마음인가! 그러나 모자라는 구명보트의 승선자를 가려내기 위해, 즉 3등 객실의 '값싼' 승객들보다 먼저 1, 2등 객실의 '고급' 승객들이 구명보트에 오르게 하기 위해 악사들의 연주가 이용된 것은 아니었을까 하는 의심이 든다는 이야기다.

침몰하는 대한민국 타이타닉에 열광하다

배가 완전히 기울어지는 순간까지도 연주를 하는 악사들의 모습은 사뭇 장엄하기까지 하다. 그들이 연주하는 찬송가 '내 주를 가까이 하려 함은'이 울려 퍼지는 가운데, 배는 가라앉는다. 구명보트에 오르지 못한 사람들 또한 배에서 떨어져 차가운 물속에 빠지거나 배와 함께 가라앉는다. 이렇게 해서 2228명의 타이타닉호 승객 중 1523명이 사망했다. 당시 사망한 사람의 대부분은 3등 객실의 승객이었다. 영국에서의 찌든 삶을 뒤로 하고 배에 오른 그들은 미국에서의 새로운 삶을 꿈꾸

두려워할 것은 두려움뿐?

던 노동자들이었다. 어쩌면 그들은 마지막 순간까지 들려온 음악소리에 취해 위기의 징후를 너무 뒤늦게 깨달았던 것은 아니었을까? 조금 일찍, 그들이 다른 징후를 보고 들을 수 있었다면 그들의 생사는 달라지지 않았을까?

IMF 외환위기를 겪던 시절, 대한민국은 침몰위기의 타이타닉 호와 사정이 크게 다르지 않았다. 우리에게도 의도와 목적은 달랐겠으나 사명감과 직업의식이 투철한 악사들이 많았다. 정부가 그랬고, 언론이 그랬다. 그러나 타이타닉 호의 선장이 구명보트를 내려 승객을 구하려고 했던 것과는 달리, 선장 역할을 했어야 할 우리의 정부는 한국 경제가 튼튼하기 때문에 어떤 위기에도 끄떡없다고 큰소리를 칠 뿐이었다. 상황이 얼마나 다급하건 듣기 좋은 음악만을 연주하는 악사가 되기로 한 것이다. 언론 또한 다르지 않았다. 우리의 언론들은 외국 언론에 맞서 투기자본 음모론을 펼치며 정부의 마지막 연주를 성실하게 도왔다. 이 대단한 악사들 사이에 한 가지 결정적 차이가 있다면, 타이타닉 호의 악사들이 절체절명의 순간 불안에 사로잡힌 승객들을 위로하려 음악을 연주하다가 장렬한 최후를 맞았던 것과는 달리, 우리의 악사들은 사실을 왜곡하고 위기체감을 지체시켜 더 큰 손실만을 불러왔다는 것이다. 게다가 그들은 아무런 책임도 지지 않았다. 영화 속 3등 객실의 승객들처럼 한국의 서민들은 악사들의 음악만 듣고 있다가 어찌해볼 여지도 없이 위기에 휩쓸리고 말았다. 뒷감당 또한 각자의 몫이었을 뿐이다.

타이타닉의 침몰 이후 이 배의 선장 로드는 1962년 84세 나이로 숨을 거두었다. 그는 부자들만 살리고 가난한 사람들은 죽였다는 비난을 듣고 억울해했다. 실제로 그 사건이 일어나고 미국에서는 부자들이 살아남은 것이 가난한 사람들의 희생 때문이라는 비난이 일기도 했다. 대공황 기간에 루스벨트 대통령은 타이타닉을 이야기하면서 부유세를 신설하기도 했다.

1997년 12월, 한국에서는 IMF라는 환란이 닥친 상황에서 대선이 치러졌다. 종종 우리에게 기분 나쁜 기사들을 쓰는 영국의 《파이낸셜 타임스》는 그해 12월 16일자에 다음과 같은 기사를 실었다. "한국이란 침몰하는 타이타닉 호에 세 명의 후보들이 서로 선장이 되겠다고 치열하게 난투를 벌이고 있다."

'담보부족'의 '깡통차기'

좋은 추억은 아니지만 우리가 경험했던 1997년 IMF 시절을 잠시 생각해보자. 답답하니까 웃긴 이야기부터 해보자. 당시 주식투자를 했다가 완전 거덜이 난 개인투자자가 깡통계좌를 바라보며 한 말이 사람들의 마음을 대신했다. "아프리카에 사는 가장 무서운 부족이 뭔 줄

아나? '담보부족' 이래. 그럼 이들이 가장 즐기는 스포츠가 또 뭔 줄 아나? 바로 '깡통차기' 야."

1997년 12월 24일, 환율이 1964원까지 올랐다. 은행 마감이 다 된 시간, 외환은행 본점에 묵직한 가방을 들고 나타난 검은 정장 차림의 여인이 사람들의 이목을 끌었다. 그녀는 검은 가방을 은행 창구에 내밀었다. 은행 여직원은 그녀가 내민 가방을 보고 깜짝 놀랐다. 가방 안에는 150만 달러가 들어 있었다. 바로 그녀가 IMF 시절 국민들은 금모으기 운동을 하고 있는데 자기만 잘살겠다고 달러를 모아 투기를 일삼았던 '달러부인' 이었다.

1997년 12월 25일, 거리에서는 크리스마스 캐럴을 들을 수 없었다. 백화점도 그해만큼은 캐럴을 틀지 않았다. 당시 한국을 방문 중이던 IMF 관계자는 "한국 사람들이 이처럼 공황상태에서도 두루마리 화장지를 사재기하는 것을 보고 놀랐다. 패닉상황에서도 청결을 먼저 생각하는 국민들은 처음 보았다" 는 말을 하기도 했다. 덕담도 아니고 비아냥도 아닌 현실 그대로의 모습이었다.

모두가 **가짜**였어!

돈이 돈을 버는 것은 투기다. 일찍이 막스 베버는 생산은 전혀 하지 않고 돈놀이를 하며 산업활동에 기생하는 유대인 자본을 '천민자본주의'라고 비판했다. 그러나 1997년 천민자본주의 머리에 월계관을 씌워준 일이 있었다.

1997년 10월 투기상품의 하나인 파생상품을 개발한 경제학자 두 사람, 로버트 머튼과 마이런 숄즈에게 자본의 규모를 무한하게 확장시켰다는 공로로 노벨경제학상을 주었다. 많은 수학자들이 여러 가지 시뮬레이션을 통해 확인해보니 그들이 개발한 상품은 완벽하다는 결론

두려워할 것은 두려움뿐?

을 얻었다. 그들 공식에 따라 1994년 생겨난 투자회사 LCTM(롱텀캐피털매니지먼트)은 매년 높은 이익을 투자자들에게 가져다 주었다. 4년 동안 185퍼센트라는 경이적인 수익률을 기록하자 이 회사를 따라하는 각종 투자회사들과 헤지펀드들이 생겨났다. 하지만 러시아의 모라토리움 선언이라는 변수를 예측하지 못했고 결국 월계관을 받은 투자회사는 창립한 지 5년 만에 천문학적인 손실을 발생시키고 몰락했다.

모파상의 단편소설 『목걸이』는 그 치밀한 구성 때문에 소설창작 강의에 제격인 작품이다. 실제로 소설창작을 전공하는 학과에서는 한 학기 동안 이 소설을 분석하고 강의하기도 한다. 소설의 내용은 이렇다. 파티에 초대 받은 프랑스 중산층 부인이 입을 옷과 액세서리가 마땅치 않자 친구에게 옷과 목걸이를 빌린다. 파티를 잘 치르고 집으로 돌아온 그 부인은 갑자기 목에 있어야 할 목걸이가 없음을 알게 된다. 보석상에 가서 목걸이 가격을 물어본 부인은 기절초풍한다.

3만 프랑. 똑같은 목걸이를 구하기 위해서 그녀는 집을 팔고 작은 다락방으로 세를 든다. 남편은 빌린 돈을 갚기 위해 밤에도 다른 일을 한다. 아내 역시 안락한 생활을 접고 다른 집 부엌일을 도우며 돈을 벌어야 했다. 그렇게 10년 동안 열심히 일을 한 부부는 빌린 돈을 갚고 다락방 신세도 면하게 된다. 그리고 어느 날 우연히 거리에서 그 목걸이를 빌린 친구와 마주친다. 그녀는 힘들었던 지난 10년을 친구에게 이야기한다. 그러자 친구는 깜짝 놀라며 그 다이아몬드 목걸이는 가짜였다고 말한다. 가격이 고작 500프랑이란 이야기를 듣는 순간 여인은 허망한 표정을 짓고 소설은 끝이 난다.

모파상의 『목걸이』처럼 1997년 노벨경제학상을 받은 파생상품이 가짜라는 것이 판명됐다. 그렇지만 가짜 목걸이를 가지고 진짜라고 우기는 사람들로 인해 세계는 오늘날 금융위기를 겪게 됐다.

2001년 미국 기업순위 6위의 회사 엔론이 파산했다. 1985년 휴스턴에서 시작한 이 작은 기업은 처음에는 가스배관공사를 하는 그저 그런 회사였다. 그런 회사가 1990년 IT 거품시대를 맞아 놀랄 만한 변신을 시도했고 작은 기업들을 집어삼키며 미국 재계순위 6위까지 치고 올라간다. 그런데 갑자기 2001년 12월 2일, 엔론은 채권자 보호신청을 했다. 2만 명의 직원들은 어리둥절했다. 미국 FBI 검사들은 이 기업의 회계장부를 들여다보다 깜짝 놀랐다. 매출액과 순이익이 모두 허위였다. 그런 가운데 회사는 파산신청을 했고, 주주들의 피해 규모는 무려 655억 달러나 됐다. 그런데 이 기업을 조사하니까 더 추악한 과거들이 쏟아져 나왔다.

2001년 3월, 캘리포니아에 단전사고가 자주 발생했는데 조사를 해보니 전기요금을 인상시키기 위해 이 회사가 벌인 자작극이었다. 그

두려워할 것은 두려움뿐?

해 캘리포니아 전기요금은 400퍼센트나 올랐다. 더 충격적인 사건은 회사가 파산상태에 있는 상황에서 회사 경영진이 몰래 10억 달러나 되는 노후자금을 빼돌리다 걸렸다는 것이었다. 결국 이에 분노한 직원이 부사장을 총으로 쏴 죽이는 일까지 벌어졌다.

엔론사건을 계기로 미국 사법당국은 미국을 대표하는 많은 기업들을 조사하기 시작했다. 그들의 회계장부를 들여다보던 FBI는 그만 장부를 넢어버렸다. 보면 볼수록 치졸한 수법들이 모두 장부에 기록되어 있었다. 모든 사실을 밝히면 미국 경제가 공중분해 될 처지였다. 만약 FBI가 『꿀벌의 우화』를 감안하지 않았다면 미국은 9 · 11테러보다 더 큰 충격에 빠져들었을 것이다. 그런 엔론에게 미국 경제지들은 저마다 '최고의 혁신기업' 이란 칭호를 선사하고 광고를 받았다.

2002년 엔론에 실망한 자본이 빠져나와 미국 부동산으로 몰렸다. 일부는 런던 금융시장으로 흘러들어갔다. 그 무렵 인터넷 버블도 꺼지고 있었다. 미국의 기술주 나스닥 주식시장은 2000년 3월 5000포인트를 끝으로 하강국면에 접어들었고 불과 1년 만에 3000포인트가 빠졌다. 투자자들은 다시 투자할 곳을 고민하고 있었다. 미국은 돈이 다른 나라로 나가는 것을 막기 위해 2001년 6퍼센트였던 기준금리를 1년 만에 1퍼센트대로 낮췄다. 그러자 시중자금은 부동산으로 몰려들기 시작했다. 2002년부터 3년 동안 미국 서부의 캘리포니아와 네바다, 동부 플로리다 등지의 집값이 정신없이 치솟았다. 캘리포니아의 집값은 3년 동안 100퍼센트가 넘게 올랐고 다른 지역도 약 80퍼센트나 상승했다. 세계의 금융자본들은 부동산 상품에 돈을 밀어 넣었다.

2004년 7월《조선일보》는 '미국 남부로 몰려드는 한국의 자금들'이란 특집기사를 게재했다. "한국의 10억 원대 고액 재산가들이 LA, 오렌지카운티 등 미국 서부지역과 하와이 등을 투자대상으로 삼고 부동산을 사들이고 있다"는 보도였다. 교포들이 세운 은행에 신규자금들이 몰려들고 이들의 부탁으로 부동산이 매매되면서 중소형 주택들은 가격이 30퍼센트 이상 폭등했다. 한국의 부동산 투기꾼들이 해외에서 돈을 벌기 시작한 것이다. 이제 우리나라 투기기술은 동남아시아와 멀리 중동 두바이까지 수출되고 있다.

교활한 금융업, 배고픈 제조업

1971년 세계경제시장에 존재하는 돈의 90퍼센트가 무역결제 혹은 직접투자에 의해 움직였다. 제조업체는 더 많은 이윤을 남기기 위해 많은 경영기법을 개발했다. 남의 좋은 것을 모방하는 벤치마킹부터 시작해 아웃소싱, 식스 시그마, 리엔지니어링, 전사적 자원관리, 다운사이징 등 무수하게 많은 경영이론들이 탄생하고 사라졌다. 하지만 1990년부터 이런 경영관련 이론들은 자취를 감추었다. 더 이상 쥐어짤 것이 없는 것인가? 딱 한 가지 남은 것이 있다. 여전히 노동자들의 사치스런 모습을 보기 싫어하는 자본가들, 그리고 그들의 생각을 추종

하는 정치인들의 쥐어짜기 법안들이다.

최저임금제는 애초 열악한 노동자를 보호하기 위해 만든 법안이다. 죽지 않을 만큼은 쥐야 하지 않겠느냐는 인권차원에서 만들어진 것이다. 그런데 자본가들은 최소의 임금을 주는 것도 못마땅했다. 그래서 그 제도를 탄력적으로 적용하는 법률안이 국회에 올라왔다. 기업들의 이익에 불철주야 고민하는 의원님들 33명이 함께 이름을 올렸다. 이들의 주장은 이렇다. 기업들이 임금이 높다고 고용을 하지 않으니 고령노동자들이나 여성노동자들은 최저임금에 적용받지 않는 탄력임금제를 운영하자는 것이다. 최저임금보다 더 낮은 임금이라도 받고 일을 하라는 의미다. 최저임금을 낮추고 여성노동자나 15세 이하 소년노동자들을 공장에 고용하자는 1840년대 영국 국회의원들과 오늘날 최저임금제를 낮춰 고령노동자들을 취직시키려는 한국 국회의원들은 노동자들을 먼저 생각하는 사람들이 아니다. 성공에 도취된 사회는 성공한 사람들만 조명한다. 성공한 사람들만 국회의원이 되기 때문에 이들은 사회에서 도태되고 낙오된 사람들의 아픔을 잘 모른다. 그들이 만드는 법은 항상 경쟁을 부추긴다. 그들은 우리나라 기업들이 다른 나라 기업들과 경쟁하기 쉽도록 내부의 걸림돌은 모두 제거한다. 그래서 노동이 희생당하는 것을 고려하지 않는다.

수준 높은 교육을 받은 사람들은 어떻게 하면 인간을 더 혹사시키고 성공이란 목표에 도달시키느냐에 관한 것만 연구한다. 미국 하버드 비즈니스 트레이닝 스쿨에서는 인간을 실험실 쥐처럼 이용하기도 한다. 그들이 가르치는 내용은 "자, 여기 여러 명의 아이들이 있다. 이들에게 인생설계와 성공에 대한 계획을 물었다. 그리고 30년 뒤 그들의 삶을 들여다보니 목표가 없던 27퍼센트의 아이들은 거지나 빈곤층이 됐고, 목표가 희미했던 60퍼센트의 아이들은 그저 그런 인간이 됐으며, 나머지 10퍼센트는 목표가 있었지만 비교적 단기적이어서 그런지 아직도 성공 근처에서 배회하고, 단지 3퍼센트만이 뚜렷하고 장기적인 목표를 갖고 있어 화려한 인물로 성장해 있었다." 뭐 이런 것들이다. 3퍼센트의 성공은 어느 사회나 있다. 그러나 3퍼센트의 성공은 미화되고 나머지 97퍼센트는 바보 같은 삶을 살았다고 단정해버리니, 안타깝고 불쌍한 97퍼센트의 범인들은 스스로 '난 참 바보처럼 살았다'를 연발한다.

성공한 3퍼센트만 인정받는 사회. 결과가 좋으면 과정은 어떤 것이든 상관하지 않는 사회. 이런 사회는 97퍼센트의 사람들을 영혼도 나약하고 삶을 악착같이 살지 않는 나태한 족속으로 규정한다. 실패와 가난이 죄악으로 치부되는 세상인 것이다. 누가 너보고 가난하라고 한 적 있느냐? 항상 가난하고 무능한 것들이 사회에 불만이라니까? 가난이 무능 때문이라고 몰아붙이는 자본주의의 사회이념은 사람을 숨 막히게 한다.

우리의 노인들을 한 번 보자. 산업화 시대, 험한 세상 살았던 70, 80대 대한민국 할아버지 할머니, 허리가 기역자로 꺾여 있음에도 불구하고 리어카를 끌고 도심지를 배회하신다. 일이 없어지고 있다. 선량한 일꾼들은 사라지고 투기꾼들만 늘어가고 있다. 하루에 수십 통의 이력서를 메일로 보내도 돌아오는 것은 사채업자들의 광고메일뿐이다. 산업의 패러다임이 너무도 빨리 바뀌었다.

산업 패러다임에 관한 흥미로운 이야기를 하나 해보자. 1830년대 미국에서 가장 유망한 수출상품은 얼음이었다. 얼음공장은 동남아 열대지방을 공략하느라고 땀을 뻘뻘 흘리고 있는 유럽 제국주의자들에게 잘 얼린 얼음을 제공하고 돈을 벌었다. 당시 미국에는 얼음공장에 투자해서 돈을 번 사람들이 많았다. 1880년까지 얼음무역은 급속히 성장했다. 얼음이 그만큼 많이 수출되었다는 것은 그만큼 제국주의 침탈이 가속화됐다는 이야기다. 당시 미국 신문들은 겨울 날씨가 춥지 않으면 얼음공장부터 걱정하는 기사들을 실었다. 지금 제조업은 사라진 얼음공장처럼 변해가고 있다.

순진한 제조업은 죽고 속임수 금융업만 살았다. 금융위기는 곧 제조업 붕괴로 이어졌다. 금융이 사기를 쳤는데 그 옆에서 열심히 일을 하던 제조업이 부도가 나는 형국이다. 공황은 항상 이런 몰골이다. 오늘날 세계경제시장에서 움직이는 돈은 투기자본이 대부분이다. 노동자들의 고용을 창출하는 제조업은 이제 쇠퇴기에 접어들었다. 열심히 일을 하지 않는, 아니 일할 기회가 주어지지 않는 현대인들은 배만 불룩하고 손과 발은 가느다란 괴물이 됐다. 컴퓨터 앞에 가만히 앉은 금융자본이 실시간으로 국경을 넘나들며 투기행태를 벌여 순식간에 돈을 버는 현실에서 아직도 공장에서 담금질을 하고 무엇을 만든다는 것은 여간 전근대적인 일이 아니다.

제조업의 상징 '자동차 산업'은 미국 경제의 천덕꾸러기이다. 언론은 열심히 일하는 제조업 노동자들의 월급이 많다고 욕을 한다. 컴퓨터로 돈놀이에 빠져 있는 금융이 돈은 더 많이 받는데 욕을 먹는 것은 언제나 제조업이다. 제조업 생산으로 부의 축적이 이루어지던 시대는 끝났다는 것이 꿀벌의 사회 언론들이 바라보는 산업 패러다임이다. 제조업은 죽어가고 돈을 갖고 각종 속임수를 벌이는 금융의 시대가 도래한 것이다. 제조업 노동자들은 다시 빈곤에 빠져들고 있다. 오늘날이 자본주의 말기라면 그 속에서 노동자들은 두 가지로 구분된다. 배가 불룩하고 손발이 가는 투기 금융노동자들과 햇빛을 보지 못해 창백한, 하루 종일 단순 노동에 시달리는 하층 노동자들.

미국의 자동차 도시 디트로이트는 폐허의 모습으로 변했다. 대신 금융위기로 세계경제가 휘청거리고 있는 현재, 쿠바 남쪽 카리브 해케이먼 제도에는 이상한 자금들이 몰려들고 있다고 한다. 그곳에는 골프장과 함께 은행들이 즐비하다. 뉴욕과 런던의 대표적인 은행들도 이곳에 지점을 갖고 있다. 이 섬에는 호화로운 골프장뿐 아니라 국제적인 은행과 기업들과 연관된 지점들이 수천 개 자리하고 있다. 세금도 없고 돈을 숨기기 딱 좋은 곳이다. 이곳 말고도 카리브 해 주변 버뮤다 제도, 파나마 등지에도 자금 도피처가 있다. 카스트로 정권이 들어서기 이전 쿠바도 조세도피처로 각광받았다. 하지만 1961년 공산주의 정권이 들어서고 미국 부호들의 재산을 쿠바 정부가 압류하자 그들은 엄청난 충격을 받았다.

"금융감독원 발표에 따르면 2008년 7월부터 10월까지의 외국인 주식순매도 금액 19조2759억 원 가운데 케이먼 제도 등 조세회피지역(tax haven)에서 나온 주문이 8조1685억 원에 달했다. 헤지펀드들이 수익률을 높이기 위해 조세회피지역에 페이퍼 컴퍼니를 세워 자금을 운영하는 점을 감안할 때, 이곳에서 나온 주문은 대부분 헤지펀드 자금이라는 것이 증권업계의 분석이다."

'헤지펀드가 온다: 한국 금융사 속의 헤지펀드',
《이데일리》, 2008년 12월 11일

서인도 제도 카리브 해의 아이티공화국과 케이먼 제도는 거리상으로는 가깝지만 두 사회는 자본주의 모순을 극명하게 보여주는 공간이다.

두려워할 것은 두려움뿐?

45

설탕물에 취해가는 자본주의

1206년 보르칸 산이 보이는 호수에서 몽골부족 전체의 족장들이 모인 가운데 드디어 테무친은 몽골제국의 명실상부한 '칸'으로 등극했다. 칭기즈칸의 꿈은 원대했다. 몽골뿐 아니라 중국과 유럽을 다 차지하는 것이 그의 꿈이었다. 칭기즈칸은 즉위식이 끝난 후 모든 병력을 데리고 고비사막으로 향했다. 그리고 7일 동안 죽음의 훈련을 시작했다. 칭기즈칸은 일주일 동안 식량도 없이 오직 물만 주고 포위와 공격 훈련을 거듭했다. 잠자는 시간과 휴식시간도 줄였다. 칭기즈칸은 마지막 7일 째까지 이런 혹독한 훈련에서 살아남은 자들로 '칸 친위

대'를 구성했다. 그리고 그들을 상대로 자신이 그동안 살아온 세월을 회상하는 연설을 했다.

"가난하다고 탓하지 말라! 나는 초원에서 들쥐를 먹으면서 살아왔다. 전쟁은 내 직업이며 나는 살기 위해 전쟁터에 모든 것을 바쳤다. 고독하다고 슬퍼하지 말라! 나는 그림자 말고는 친구가 없었다. 배운 것이 없다고 탓하지 말라! 나는 내 이름도 쓸 줄 몰랐다. 하지만 나는 내가 모르는 대신 다른 사람의 말을 경청할 줄 알았다. 막막하다고 포기하지 말라! 나는 목에 칼을 쓰고도 적진에서 탈출했고, 화살이 뺨을 뚫었지만 죽지 않고 살아남았다. 잘 들어라! 가장 무서운 것은 적이 아니라 자기 안에 있는 두려움이다. 나는 이제 내 안에 남아 있는 거추장스러운 것을 모두 털어버릴 것이다. 그리고 내 발길 닿는 모든 곳을 지배할 것이다."

약육강식, 강자만이 사는 세상이라고 하지만 그렇다고 모든 약자가 죽는 것은 아니다. 질긴 생명력으로 살아남아야 한다. 칭기즈칸처럼 죽음 앞에서도 삶을 포기해서는 안 된다. 프랭클린 루스벨트도, 버락 오바마도 자기 안의 두려움이 제일 무서운 적이라고 이야기하지 않았던가?

『창조적 파괴』의 저자 조지프 슘페터는 자본주의가 곧 멸망할 것

같지만 자본주의는 항상 위기에서 다시 태어난다고 이야기했다. 그러나 그는 마르크스 경제학을 전공한 교수답게 자본주의의 비극을 이야기했다. "자본주의가 공황에서 다시 살아나더라도 꼭 멀쩡한 사람의 피를 마셔야 회복됩니다. 공황 뒤에 찾아오는 그 흡혈귀의 시간을 견뎌내야 합니다." 자본주의는 지금 산소 호흡기를 끼고 숨을 헐떡이고 있다. 돈은 자꾸 만들어져 투입되지만 어디론가 흘러들어가고 돌지 않는다. 그러나 자본주의는 죽지 않았다. 슘페터의 예언처럼 되살아날 것이며, 착하고 선량한 사람들의 피를 빼앗고도 착한 척 할 것이다. 그리고 또 다시 자본주의 경제는 경쟁의 바퀴를 돌릴 것이다.

자본주의 경제의 상징인 설탕 소비량이 자꾸 늘어난다. 그런데 작년 미국의 꿀벌 40퍼센트가 사라졌다고 한다. 설탕물을 빨던 꿀벌이 사라진 것이다. 설탕물을 과다섭취하면 결국 혈당이 떨어지고 면역력이 약해져 가벼운 바이러스에도 쉽게 병을 앓게 된다. 체질이 약해진 자본주의 경제 시스템이 약한 투기에도 금방 쓰러지는 것은 그 때문이다.

마르크스 시절에는 공황이 10년마다 반복됐다. 마르크스는 이것이 면공업 방직기계의 수명과 관련이 있다고 보았다. 그러나 그것은 150년 전 이야기이고 이제 공황은 아니지만 거품경제는 수시로 일어난다. 오늘날 우리나라의 경우를 보자. 1997년 IMF 위기 이후 12년 동안 대한민국은 벤처거품, 카드대란, 부동산투기광란 등을 거쳤다. 꼭 4년

마다 한 번씩 광란의 투기파티가 벌어졌다. 설탕물을 과다섭취하는 한국은 다른 어느 자본주의 국가보다 투기에 강렬하게 집착하고 있다.

이제 어디에도 열심히 꽃을 찾아 꿀을 모으는 꿀벌들은 없다. 이 척박한 땅에서 열심히 일을 하던 꿀벌들은 굶어 죽고 있으며 설탕물처럼 달콤한 투기에 의지하는 꿀벌들만 살아남고 있다. 그러나 설탕물에는 각종 독성들이 있어 결국 설탕물에 중독된 꿀벌들은 제 성질에 못 이겨 죽고 마는 법이다. 다시 찾아온 공황은 1930년 대공황과 같이 장기간 지속될 것이다. 잠시 회복이 돼도 또 다른 바이러스로 금방 병들게 되어 있다. 이미 경제체질은 1970년대보다 좋지 않다. 한국은 물론이고 세계경제가 다른 시스템을 간절하게 원하고 있다.

한동안 세계는 캄캄한 길을 가게 될 것이다. 누구도 오늘과 같은 암담한 현실이 전개될 것이라 상상하지 못했다. 자본주의 역사가 보여주듯이 탐욕의 악순환은 이처럼 처절한 고통으로 끝을 맺는다. 슘페터의 말처럼 오늘의 이 참담함이 '창조적 파괴'의 산통이 아닐 수도 있다. 그동안 사람들은 자본주의의 타락과 부도덕함이 창조적 파괴를 위한 아픈 진통이라고 생각했다. 1612년 네덜란드에서 처음으로 주식거래소가 생긴 후 400년 동안 자본주의는 여러 역사를 거쳐왔다. 제국주의와 동거하다 공산주의와 경쟁했고 최근 약 30년 동안은 대안 없는 사회경제체제로 군림해왔다. 그러나 이제는 분명 과거와 다른 길을 걸어야 할 때다.

한국, 신자유주의의 마지막 전쟁터

새로운 자본주의가 만들어지기까지 이전의 체제는 많은 상처들을 남기고 사라질 것이다. 이미 한국은 죽은 맬서스주의가 판을 치는 사회가 됐다. 한국은 아직도 세계에서 유일하게 공산주의와 대결하고 있는 국가다. 그런 가운데 세계 자본주의 역사에서 보기 드문 고도성장을 이룩했다. 동시에 한국은 후기자본주의의 온갖 병폐들이 모두 다 자리하고 있는 전시장과 같은 나라이기도 하다. 세계 투기꾼들에게 완전히 노출된 한국은 모든 시장이 투기장으로 변했다. 새로 만들어지는 경제법안들은 모두 투기꾼들에게 더 많은 문호를 개방하고 있다. 미국의 부시 정부가 도입했다 실패한 여러 법안들이 한국에서 새롭게 만들어지고 있다. 하나같이 대기업들을 위한 것이고 서민이나 노동자들의 삶의 질을 위한 법안은 없다. 대기업들의 은행업 및 방송산업 진출 허용, 비정규직 노동자 고용 의무기간 연장 등 큰 놈은 살고 작은 놈은 사라지는 약육강식의 법안들 뿐이다. 이런 한국 덕분에 미국에서 철수했던 헤지펀드들이 규모는 크지 않지만 수익성이 널려 있는 한국에 입맛을 다시고 있다.

IMF 시절 재미를 보았던 헤지펀드들이 한국의 부동산과 주식들을 속속 사들이고 있다. '바이 코리아'가 다시 시작된 것이다. 내수시장이 거의 죽은 한국은 오늘날과 같은 세계경제위기 속에서 매우 취약한 국가다. 그런 나라에 투기자본들이 들어와서 이것저것 들썩이고 있다. 왜 그럴까? 한국은 여전히 불로소득과 투기에 대한 기대심리가 강한 나라다. 한국에서 전통적인 부자들 얼마를 뺀 나머지 부자들은 투기로 한 몫 챙긴 경우가 대부분이다. 압축성장의 추억은 곧 투기의 추억이다.

이제 한국은 전쟁터가 됐다. 한국의 투기고수들과 국제적 전문 투기꾼들인 헤지펀드들 사이의 대결이 시작된 것이다. 위험한 것은 한국 중산층들이다. 가진 재산이 그리 많지 않은 이들은 숱한 사기꾼들의 유혹에 쉽게 넘어갈 가능성이 많다. 재산의 80퍼센트가 몰려 있는

두려워할 것은 두려움뿐?

부동산을 갖고 이 포커게임 같은 투기시장에 발을 들여놓으려 하고 있는 것이다. 국제 헤지펀드들은 한국의 부동산이나 알짜배기 회사들 몇 개를 먹고 나면 론스타가 그랬듯이 썰물처럼 사라질 것이다. 그리고 나면 한국은 완벽한 빈곤국가로 전락할 것이다. 더욱이 불안한 것은 투기로 재미를 보았던 정부가 지금 집권하고 있다는 사실이다. 그들 재산이 모두 투기를 통해 얻은 불로소득이기에 이들은 좋지 않은 습관으로 나라 경제를 악화시킬 가능성이 높다.

한국의 투기꾼들에게는 참 많은 먹잇감이 있다. 환율시장부터 주식시장, 다양한 펀드들, 그리고 제일 맛난 것은 역시 전국적으로 10만 명이나 되는 부동산투기꾼들이 들끓고 있는 부동산투기시장이다. 지금 한국에는 이상한 경제현상이 계속 벌어지고 있다. 경제 현실은 암담한데 주식은 치솟고 있다. 불과 두어 달 만에 30퍼센트가 급등했다. 세계경제는 먹구름인데 한국은 장밋빛이다. 긍정의 심리로 돈을 버는 사람들은 세계경제가 바닥을 치면 가장 먼저 선두로 치고 나갈 나라가 한국이란다. 골드만삭스같이 선물시장에서 석유나 곡물을 가지고 투기를 일삼는 회사는 한국이 일본, 중국을 제치고 2050년 세계 2위의 경제대국으로 발돋움 할 것이란다. 참 고마운 이야기지만 40년 뒤 그 예측이 틀렸다고 따질 수 있는 사람은 많지 않다. 대개 다 무덤에 있을 테니까. 한국은 수출이 늘어나면 일본의 자본재를 더 많이 써야 하는 산업구조다. 이러한 경제적 종속국이 어떻게 종주국을 따라 잡을 수 있다고 하는지 참 궁금하다. 칭찬은 고맙지만 사기 진작용은 아닌 것 같고 한국에 투자자들을 끌어 모으기 위한 사탕발림용 발언이란 것이 표가 난다.

한국 경제를 대표하는 삼성전자가 치킨게임에서 살아남으면서 독주체제를 굳힐 거란 기대감이 관련 주식을 끌어올리고 있다. 그러나 투자된 외국자본은 결국 한국의 주식시장과 부동산 시장을 잔뜩 흔들어 이익을 챙긴 뒤에는 썰물처럼 빠져나갈 것이 뻔하다. 두바이를 보라! 자본의 천국이던 바다 한가운데 인공 섬이 지금 신기루로 변해가고 있다. 하지만 여전히 부동산 투기의 천국이던 그곳의 실패사례는 한국에서 외면당하고 있다. 이 시간이 지나면 얼마나 많은 중산층들이 빈곤층으로 추락할지 모른다.

잘못된 정책으로 자꾸 한국을 신자유주의의 마지막 전쟁터, 혹은 투기시장으로 몰아넣는 이 정부에 대해 이성적인 국민들은 제동을 걸어야 한다. 그것은 이념의 좌우를 넘어서 국가 생존권과 직결된 문제다. 국제 투기꾼들과 전쟁을 치러 이겨낼 재간은 없다. 몇몇 영웅이 탄생하고 많은 중산층이 패배하는 전쟁은 이긴 전쟁이 아닌 것이다. 이 전쟁과도 같은 경제위기에서 살아남기 위해서는 개인이 모두 정치적 무관심에서 벗어나 새로운 사회건설을 위해 꼼꼼하게 따져야 한다.

참고문헌

권홍우, 『부의 역사 - 대항해 시대에서 석유 전쟁까지』, 인물과사상사, 2008.

기 드 모파상, 김주열 옮김, 『목걸이』, 아이세움, 2008.

김수행, 『알기 쉬운 정치경제학』, 서울대학교 출판부, 2008.

김은석, 『개인주의적 아나키즘』, 우물이있는집, 2004.

김종래, 『칭기스칸의 리더십 혁명』, 크레듀, 2006.

뉴욕타임즈 기획, 김석정 옮김, 『뉴욕타임즈가 공개하는 숨겨진 역사』, 책빛,
　　2008.

다니엘 그로스 외, 장박원 옮김, 『Forbes지 선정 미국을 만든 비즈니스 영웅
　　20』, 세종서적, 1997.

다니엘 디포, 윤혜준 옮김, 『로빈슨 크루소』, 을유문화사, 2008.

로버트 L. 하일브로너, 김정수 · 이현숙 옮김, 『고전으로 읽는 경제사상』, 민
　　음사, 2001.

로버트 L. 하일브로너, 장상환 옮김, 『세속의 철학자들』, 이마고, 2008.

로버트 Z. 알리버·찰스 P. 킨들버거, 김홍식 옮김, 『광기, 패닉, 붕괴─금융위기의 역사』, 굿모닝북스, 2006.

로이 스트롱, 강주헌 옮김, 『권력자들의 만찬』, 넥서스, 2005.

로저 프라이스, 김경근·서이자 옮김, 『혁명과 반동의 프랑스사』, 개마고원, 2001.

리오 휴버먼, 장상환 옮김, 『자본주의 역사 바로 알기』, 책벌레, 2000.

마이크 대시, 정주연 옮김, 『튤립, 그 아름다움과 투기의 역사』, 지호, 2002.

막스 갈로, 임헌 옮김, 『나폴레옹 1~5』, 문학동네, 1998.

박지향, 『영국사 - 보수와 개혁의 드라마』, 까치글방, 2007.

볼테르, 송기형·임미경 옮김, 『관용론』, 한길사, 2001.

사빈 포레로 멘도자, 김병욱 옮김, 『프랭클린 델러노 루스벨트』, 동아일보사, 2003.

샤를 피에르 보들레르, 윤영애 옮김, 『파리의 우울』, 민음사, 2008.

샤를 피에르 보들레르, 윤영애 옮김, 『화가와 시인』, 열화당, 2007.

슈테판 츠바이크, 안인희 옮김, 『광기와 우연의 역사 1』, 자작나무, 1996.

스벤 린드크비스트, 김남섭 옮김, 『야만의 역사』, 한겨레신문사, 2003.

스탕달, 이동렬 옮김, 『적과 흑』, 민음사, 2004.

안토니아 프레이저, 이미애·정영문 옮김, 『마리 앙투아네트』, 현대문학, 2006.

앤드레 코스톨라니, 김재경 옮김, 『돈, 뜨겁게 사랑하고 차갑게 다루어라』, 미래의창, 2005.

애덤 스미스, 김수행 옮김, 『국부론—상·하』, 비봉출판사, 2007.

앨런 브링클리, 황혜성 옮김, 『있는 그대로의 미국사 1, 2, 3』, 휴머니스트, 2005.

에드멘드 윌슨, 유강은 옮김, 『핀란드 역으로』, 이매진, 2007.

에두아르트 푹스, 이기웅·박종만 옮김, 『풍속의 역사 4—부르주아의 시대』, 까치글방, 2001.

에드워드 챈슬러, 강남규 옮김, 『금융투기의 역사』, 국일증권경제연구소, 2001.

에릭 홉스봄, 정도영 옮김, 『자본의 시대』, 한길사, 1998.

에릭 홉스봄, 김동택 옮김, 『제국의 시대』, 한길사, 1998.

에릭 홉스봄, 정도영·차명수 옮김, 『혁명의 시대』, 한길사, 1998

왕자이펑 외, 양성희·김인지 옮김, 『대국굴기—세계를 호령하는 강대국의 패러다임』, 크레듀, 2007.

외젠 들라크루아, 강주헌 옮김, 『위대한 낭만주의자—외젠 들라크루아』, 창해, 2008.

윌리엄 고드윈·피터 마셜 엮음, 강미경 옮김, 『최초의 아나키스트』, 지식의숲, 2006.

이건수, 『보들레르—저주받은 천재시인』, 살림, 2006.

자크 아탈리, 이효숙 옮김, 『마르크스 평전』, 예담, 2006.

장 마리 펠트, 김중현 옮김, 『향신료의 역사』, 좋은책만들기, 2005.

장 마생, 양희영 옮김, 『로베스피에르, 혁명의 탄생』, 교양인, 2005.

장 자크 루소, 최석기 옮김, 『인간불평등기원론/사회계약론』, 동서문화사, 2007.

제리 멀러, 서찬주 · 김청환 옮김, 『자본주의의 매혹』, 휴먼앤북스, 2006

제임스 M. 스트록, 최종옥 옮김, 『꿈을 이룬 대통령』, 느낌이있는나무, 2002.

제프리 D. 삭스, 김현구 옮김, 『빈곤의 종말』, 21세기북스, 2006.

조나단 스위프트, 신현철 옮김, 『걸리버 여행기』, 문학수첩, 1992.

조나단 스위프트, 류경희 옮김, 『통 이야기』, 삼우반, 2003.

존 K. 갤브레이스, 이헌대 옮김, 『대폭락 1929』, 일리, 2008.

존 스타인벡, 김승욱 옮김, 『분노의 포도 1, 2』, 민음사, 2008.

주경철, 『네덜란드-튤립의 땅, 모든 자유가 당당한 나라』, 산처럼, 2003.

주경철, 『대항해시대』, 서울대학교출판부, 2008.

찰스 디킨스, 왕은철 옮김, 『올리버 트위스트』, 푸른숲, 2006.

칼 마르크스, 강신준 옮김, 『자본 I-1, I-2』, 길, 2008.

케네스 O. 모건, 영국사학회 옮김, 『옥스퍼드 영국사』, 한울, 2009.

크리스 하먼, 천경록 옮김, 『민중의 세계사』, 책갈피, 2004.

테오도르 젤딘, 김태우 옮김, 『인간의 내밀한 역사』, 강, 2005.

토머스 로버트 맬서스, 이극찬 옮김, 『인구론』, 을유문화사, 1992.

토머스 모어, 주경철 옮김, 『유토피아』, 을유문화사, 2007.

페터 벤데, 권세훈 옮김, 『혁명의 역사』, 시아출판사, 2004.

폴 존슨, 김영명·김일세 옮김, 『벌거벗은 지식인들』, 을유문화사, 1999.

F. 스콧 피츠제럴드, 방대수 옮김, 『위대한 개츠비』, 책만드는집, 2001.

프랜시스 윈, 정영목 옮김, 『마르크스 평전』, 푸른숲, 2001.

프레더릭 모턴, 이은종 옮김, 『250년 금융재벌 로스차일드 가문』, 주영사, 2008.

피터 L. 번스타인, 김승욱 옮김, 『황금의 지배』, 경영정신, 2001.

하마우즈 떼쓰오, 김성동 옮김, 『대영제국은 인도를 어떻게 통치하였는가-영국동인도회사 1600~1858』, 심산, 2004.

하인리히 E. 야콥, 곽명단·임지원 옮김, 『빵의 역사』, 우물이있는집, 2005.

히라타 키요아키, 장하진 옮김, 『사회사상사』, 한울, 1990.

히로세 다카시, 박승오 옮김, 『미국의 경제 지배자들』, 동방미디어, 2000.

헨리 조지, 김윤상 옮김, 『진보와 빈곤』, 비봉출판사, 1997.